苏·区·振·兴·智·库

原中央苏区振兴发展实证研究
——以赣南为例

田延光◎主编　张明林　曾令铭　张　琪◎著

AN EMPIRICAL STUDY ON THE REVITALIZATION OF THE FORMER CENTRAL SOVIET AREA
—A CASE STUDY OF GANNAN

经济管理出版社
ECONOMY & MANAGEMENT PUBLISHING HOUSE

图书在版编目（CIP）数据

原中央苏区振兴发展实证研究——以赣南为例/田延光主编，张明林、曾令铭、张琪著．—北京：经济管理出版社，2018．12
ISBN 978-7-5096-5603-7

Ⅰ．①原…　Ⅱ．①田…②张…③曾…④张…　Ⅲ．①区域经济发展—研究—赣南地区　Ⅳ．①F127．56

中国版本图书馆 CIP 数据核字（2018）第 294358 号

组稿编辑：丁慧敏
责任编辑：丁慧敏　乔倩颖　詹　静
责任印制：黄章平
责任校对：张晓燕

出版发行：经济管理出版社
（北京市海淀区北蜂窝 8 号中雅大厦 A 座 11 层　100038）
网　　址：www. E-mp. com. cn
电　　话：（010）51915602
印　　刷：北京玺诚印务有限公司
经　　销：新华书店
开　　本：720mm×1000mm/16
印　　张：17
字　　数：244 千字
版　　次：2019 年 2 月第 1 版　　2019 年 2 月第 1 次印刷
书　　号：ISBN 978-7-5096-5603-7
定　　价：58．00 元

目录

第一章

引言

赣南等原中央苏区地跨赣闽粤，是土地革命战争时期中国共产党创建的最大最重要的革命根据地，是中华苏维埃共和国临时中央政府所在地，是人民共和国的摇篮和苏区精神的主要发源地，为中国革命做出了重大贡献和巨大牺牲。由于战争创伤的影响，以及自然地理等多种原因，迄今为止，原中央苏区特别是赣南地区，经济发展仍然滞后，民生问题仍然突出，贫困落后面貌仍然没有得到根本改变。还有不少群众住在危旧的土坯房里，喝不上干净的水，不能正常地用电，一些红军和革命烈士后代生活依然困窘；基础设施薄弱、产业结构单一、生态环境脆弱等制约当地经济社会发展的问题仍然比较突出。振兴发展赣南等原中央苏区，既是一项重大的经济任务，又是一项重大的政治任务，对于全国革命老区加快发展具有标志性意义和示范作用。支持赣南等原中央苏区振兴发展，是尽快改变其贫困落后面貌，确保与全国同步实现全面建设小康社会目标的迫切需求；是充分发挥其自身比较优势，逐步缩小区域发展差距的战略需要；是建设我国南方地区重要生态屏障，实现可持续发展的现实选择；是进一步保障和改善民生，促进和谐社会建设的重大举措。

2012 年，国务院出台《国务院关于支持赣南等原中央苏区振兴发展的若干意见》（国发〔2012〕21 号，以下简称《若干意见》）。《若干意见》主要目标是：到 2015 年，赣南等原中央苏区在解决突出的民生问题和制约发展的薄弱环节方面取得了突破性进展。到 2020 年，赣南等原中央苏区整体实现跨越式发展。现代综合交通运输体系和能源保障体系基本形成；现代产业体系基本建立，工业化、城镇化水平进一步提高；综合经济实力显著增强，人均主要经济指标与全国平均水平的差距明显缩小；人民生活水平和质量进一步提升，基本公共服务水平接近或达到全国平均水平，与全国同步实现全面建设小康社会目标。

《若干意见》实施五年（2012~2017 年）来，在党中央、国务院的正确领导下，在国家部委大力支持和江西省强力推动下，赣州市委、市政府带领广大干部群众以习近平总书记系列重要讲话精神为引领，弘扬苏区精神，“撸起袖子加油干”，全力以赴落实《若干意见》，赣南苏区振兴发展取得阶段性明显成效，呈现“五年大变样”的新气象，为实现2020年跨越式发展、同步小康目标奠定了坚实基础，《若干意见》成为近年来成效最明显、落实最好的国家区域发展战略之一。因此，有必要对赣南苏区振兴发展绩效进行系统总结，密切关注振兴发展过程中存在的问题，并提出今后发展的思路和对策。

第一节　本书目的和意义

一、目的

本书通过综合运用新制度经济学、发展经济理论、空间地理经济理论、计量经济学等领域的基本理论和研究方法，利用赣南苏区的调查和统计数据，围绕赣南苏区振兴发展主题，测度赣南苏区振兴发展政策效应，比较赣南苏区振兴发展相关指标，探索赣南苏区振兴发展变迁规律，揭示赣南苏区各县域空间差异格局及变化趋势，指出赣南苏区振兴发展过程中存在的问题，从而为进一步推进赣南苏区发展决策提供参考，具体目标如下：

（1）比较分析赣南苏区振兴发展指标变化，探索赣南苏区振兴发展变化规律；

（2）分析赣南苏区各县域经济社会发展空间格局，探索其空间变化规律；

（3）对赣南苏区振兴发展效果进行评价，探索赣南苏区振兴发展存在的关键问题；

（4）定量测定《若干意见》的实施对赣南苏区振兴发展的政策效应。

二、意义

（一）现实意义

在近年来如何推进贫困地区扶贫攻坚活动，全面实现小康是我国面临的重要问题，本书以赣南苏区振兴发展为议题，研究赣南苏区振兴发展变化趋势、空间格局及演变，将为推动赣南苏区振兴发展提供重要智力支持。本书将积极探索《若干意见》的实施对赣南苏区振兴发展的政策效应，为正确评估赣南苏区振兴发展战略实施效果提供理论依据。本书研究总结了赣南苏区振兴发展过程中面临的难题，也为制定和优化赣南苏区振兴扶持政策提供重要的参考意见。

（二）理论意义

本书深入实证研究赣南苏区振兴发展的绩效，具有以下重要理论意义：①基于新制度经济学、发展经济理论，构建政策因素对赣南苏区振兴发展的影响模型，并实证分析政策因素的影响效应，揭示测定《若干意见》对赣南苏区发展的总体效应，丰富了赣南苏区振兴发展的政策效果方面的研究成果。②基于发展经济学理论，利用比较分析方法，总结赣南苏区经济、社会、生态多指标变化趋势与规律，探索制约赣南苏区振兴发展的核心问题和因素，为破解赣南苏区发展提供重要思路，从而丰富国际发展经济学理论。③建立赣南苏区振兴发展县域空间差异分析模型，揭示赣南苏区振兴空间演化规律，并对赣南苏区发展空间布局提出建议。从现有文献看，深入研究上述问题的成果极少，本书将弥补赣南苏区振兴发展研究的不足。

第二节　本书主要内容

本书主要内容包括如下几点：

一、赣南苏区振兴发展战略

分析赣南苏区振兴发展战略提出的背景、意义和国务院出台《国务院关于支持赣南等原中央苏区振兴发展的若干意见》的目的以及赣南原中央苏区振兴发展的目标任务、战略定位，加大扶持力度，加快新型工业化和城镇化进程，以解决突出的民生问题为切入点，着力改善城乡生产生活条件；以加快交通、能源、水利等基础设施建设为突破口，着力增强发展的支撑能力；以承接产业转移为抓手，着力培育壮大特色优势产业；以发展社会事业为重点，着力提升基本公共服务水平；以保护生态环境为前提，着力促进可持续发展；以改革开放为动力，着力破解体制机制障碍，努力走出一条欠发达地区实现跨越式发展的新路子，使原中央苏区人民早日过上富裕幸福的生活，确保与全国同步进入全面小康社会，让赣州市这一革命老区从贫困落后的局面中脱颖而出，成为实现“中国梦”的全国革命老区振兴示范区。

二、赣南苏区振兴实践与探索

本书内容主要总结了自 2012 年以来赣南苏区振兴发展所做的努力，包括赣南苏区扶贫攻坚发展、赣南苏区民生改革与发展、赣南苏区经济振兴发展、赣南苏区生态振兴的实践探索和赣南苏区改革创新与开放探索。

（一）赣南苏区扶贫攻坚发展

赣州市编制实施《革命老区（赣州）扶贫攻坚示范区发展规划》，形成“1+1+17”的精准扶贫工作政策体系，统筹推进了 1419 个贫困村扶贫工作。建立扶贫开发资金持续增长机制，市、县每年安排扶贫开发投入占本级财政收入比例不低于 2%。30.82 万户贫困户都有帮扶责任人，做到“五年不变、一包到底，不脱贫不脱钩”。整合涉农资金，集中扶持脐橙、油茶、烟叶等扶贫产业。探索设立扶贫救助基金。

（二）赣南苏区民生改革与发展

自 2012 年《若干意见》颁布实施以来，赣州市人均教育、医疗卫生和社保就业支出分别占全国平均水平的 78%、89% 和 78%，比 2011 年占比分别提高 7 个、13 个、2 个百分点；赣州市基本公共服务水平各项指标呈明显增长趋势，教育、卫生医疗、社会保障等基本公共服务水平快速提高，大部分公共服务水平接近中西部平均水平。

（三）赣南苏区经济振兴发展

自2012年以来，赣州市上下坚持解放思想、内外兼修、北上南下，突出打好六大攻坚战，交通、能源、产业等薄弱环节得到较大幅度的改善和提升，一批重大基础设施建设取得了重大进展，区域性交通枢纽加快构建，电力、油气等能源保障能力明显增强，水利设施条件大为改善，实现了“十三五”良好开局。主要经济指标增速高于全国以及江西省的平均水平。2012~2016年，地区生产总值由1508.49亿元增加到2194.34亿元，年均增长9.1%；规模以上工业增加值由566.97亿元增加到847.9亿元，年均增长9.9%；固定资产投资由1035.91亿元增加到2205.51亿元，年均增长22.6%；财政总收入由230.81亿元增加到366.32亿元，年均增长11.7%；一般公共预算收入由141.28亿元增加到243.18亿元，年均增长14.4%；进出口总额由32.89亿美元增加到41.12亿美元，年均增长5.0%，其中出口总额由28.39亿美元增加到33.91亿美元，年均增长3.9%；城镇居民人均可支配收入由18704元增加到27086元，年均增长9.0%；农民人均可支配收入由5301元增加到8729元，年均增长12.9%。

（四）赣南苏区生态振兴的实践探索

2012年《若干意见》出台之后，赣州市大力加强生态建设和水土保持，持续加大环境治理和保护力度，大力发展循环经济，持续推进绿色发展，争当生态文明试验区建设排头兵。赣州市以前所未有的决心、力度推进生态文明建设，着力构筑我国南方地区重要生态屏障。争取多年的东江流域上下游横向生态补偿机制得到落实，全年获得奖补资金3亿元，出境断面水质达标率100%。森林质量明显提高，10年改造1000万亩低质低效林首战告捷，完成首批68.23万亩改造任务，阔叶树比重达到25%以上，森林覆盖率稳定在76.4%以上。崇义县获批全国首批县级国家级森林城市创建县，上犹县入选省生态文明建设十大领跑县。

（五）赣南苏区改革创新与开放探索

一方面，赣州市高度重视体制机制创新，并以体制机制创新引领各项工作开展，通过简政放权等大大提高了办事效率，并为产业发展营造了良好的生态环境。通过争取政策支持、积极开展各项试点和示范区工作，积极有序地推进承接产业转移工作，拓展与周边省市地区合作，促进地方特色产业的转型升级。另一方面，大力促进赣州开放发展，以打造赣州港为抓手，推动开放性经济发展，为赣州市企业和产品“走出去”营造了更为良好的发展环境。

三、赣南苏区振兴发展的效果评价

（一）赣南苏区振兴发展指标比较分析

本书将构建一个赣南苏区振兴发展指标体系，涵盖民生类、经济类、生态保护类三大类型指标。民生类指标包括民生指数、教育、卫生医疗、社会保障与养老、农村生活条件及扶贫等；经济类指标包括 GDP 类、产业类、投资类、消费类、支出类等二级指标；生态保护类指标包括森林类、水体类、空气类、能耗类等二级指标。本部分将对比近五年来（2013~2017年）赣州市民生指标、经济指标和生态保护指标的变动情况，从中发现赣州市经济振兴发展的基本问题及基本成效。

（二）赣南苏区区域发展差异比较分析

近五年来，赣南等原中央苏区积极开拓进取，经济社会进步明显，但各县发展速度和发展质量存在着差异。本书通过利用传统统计方法分别对赣南各县经济发展绝对差异和相对差异进行测度，并结合探索性空间数据分析（ESDA）方法，以赣南苏区 18 个县（市、区）作为研究单位，分别从时间、空间以及关联性三个角度对 2009~2017 年赣南苏区县域经济差异的空间格局及演化进行了分析。结果表明：赣南苏区区域之间绝对差异在增大，但相对差异有所缩小；赣州西部区域差异明显，是区域差异的主要贡献者；赣南苏区区域空间分化明显，两极分化趋势逐渐减弱；根据空间关联性分析，赣南苏区区域经济表现出空间正相关，这表明苏区振兴发展进一步提升赣南区域之间的集聚程度。

四、赣南苏区振兴发展问题与对策分析

（一）加大精准力度，实施脱贫攻坚，确保赣南苏区在同步全面小康中不掉队

赣南贫困人口基数大，在全国都占有一定比例，没有赣南的小康，就没有江西省乃至全国的小康。建议国家及江西省加大对赣南精准脱贫攻坚的支持力度，在扶贫投入、兜底保障、产业扶贫、金融扶贫、社会扶贫等方面予以帮扶，切实形成扶贫合力，彻底解决赣南贫困面大、贫困程度深的问题。

（二）支持瑞兴于产业园区和“三南”产业园区一体化发展

建议江西省大力实施“双核”驱动战略，集中资源将赣州市建设成支撑江西南部发展的核心增长板块，形成省会南昌、省域副中心城市赣州双核驱动全省发展的新格局。建议赣州市加快谋划和推进高铁经济带、东江生态经济带、赣粤赣闽产业合作示范区、瑞（金）兴（国）于（都）经济振兴试验区、“三南”（龙南、定南、全南）承接加工贸易转移示范地建设，着力打造经济发展新引擎。

（三）强化产业支撑，谋划创新引领

新型工业化处在一个新的关键时期，建议国家推动开展央企对口帮扶赣南工作，实行一个央企对口帮扶一个国家级产业园区，落实一个重大产业牵引项目。

（四）赣州市大力推进“两城两谷一带”等重大产业项目建设

支持赣州市发展新制造经济，加快推进“中国制造 2025”试点示范城市建设，将中国“稀金谷”纳入国家双创平台，赣州经济技术开发区列为国家新能源汽车产业基地。支持赣州市发展新服务经济，着力培育服务业新业态、新模式，建设全国服务业发展示范基地。培育创新型领军企业，大力发展“互联网+”，支持发展分享经济，推进数据资源转化为发展的新动能。

（五）完善基础设施，加强开放口岸，助推赣州市成为“一带一路”、长江经济带设施连通中的重要节点

从全面融入国家“一带一路”、长江经济带战略去考量，赣州市的基础设施建设需要补短强基、降本增效，通过提供更高效的基础设施服务，提高区域发展竞争优势，强化在开放新格局中的重要地位。建议国家加快赣州至南昌、赣州至深圳、长沙至赣州、赣州至广州的高速铁路建设，以及瑞金至梅州的铁路建设，提升赣州黄金机场航空口岸功能并建设瑞金机场，加强综合枢纽站场建设，支持对既有干线公路穿城改线及繁忙路段扩能改造，进一步提升赣州市的区域性综合交通枢纽地位。加快赣州港、龙南保税物流中心、综合保税区等开放口岸以及平台建设，支持赣州市建成我国中部地区重要的内陆口岸。

（六）筑牢生态屏障，实现绿色发展，建设全国生态文明试验区

赣州市在建设我国南方地区重要生态屏障中具有重要地位。建议国家进一步加大对赣州市生态建设的投入，支持赣州市推进实施国家山水林田湖生态保护修复试点、东江流域上下游横向生态补偿、低质低效林改造、农村环境综合整治、水土保持、重金属污染综合防治、废弃矿山修复治理、重点流域区域水污染防治等重大生态项目，切实巩固生态屏障作用。

（七）加大对口支援，发挥政策引领，进一步促进赣州市经济社会持续健康快速发展

建议国家加大对口支援赣州市的工作力度，对国家部委新出台的重大政策、项目和试点，优先安排到赣南实施。进一步优化部委资源，深化“援县促市”。开展央企对口支援、科研院所对口支援、沿海发达地区对口支援赣州市工作。

（八）夯实振兴成果，适应新的需求，启动“十四五”赣南等原中央苏区振兴发展战略研究

赣南苏区振兴发展起点较低，历史欠账多，到2020年与全国同步实现全面小康，发展水平也相对较低，仍属于我国欠发达地区之一。建议国家

启动“十四五”时期的赣南等原中央苏区振兴发展战略研究，提出巩固扩大振兴发展成果、纵深推进《若干意见》实施的政策建议，谋划出台赣南等原中央苏区新一轮振兴发展的实施意见。

第三节 本书的研究方法、数据获取方案及技术路线

一、研究方法

本书将综合采用文献研究、实地调查法（包括参与式观察、访谈、关键知情人访谈等）以及案例研究、描述性统计分析、计量经济模型、空间分析等方法（见表1–1）。

表1–1 本书研究方法

研究内容	研究方法
赣南苏区经济发展指标比较分析，赣南苏区振兴实践与探索	文献资料分析、调查分析、比较分析
赣南苏区振兴发展效果评估	文献资料分析、调查分析、专家会谈
赣南苏区发展空间差异分布及演化规律	空间数据分析（ESDA）方法、空间分析方法
赣南苏区振兴发展的政策效应测度	工具变量法、OLS回归分析
赣南苏区振兴发展面临的问题及对策	案例访谈、归纳法、专家座谈等方法

二、数据获取方案

（1）分解研究内容，落实目标任务。本书在课题主持人统一组织下，协作单位分工负责，开展赣南等原中央苏区经济发展指标、社会保障指标、民生发展指标、支持政策等资料收集和实地调研。

（2）组建调查小组。具体组建 9 个调查小组。课题组每位骨干成员负责一组，参加调研人员主要有课题组成员、江西师范大学商学院研究生和本科生。

（3）调查对象。样本的确定：根据不同经济发展水平，在东部、南部、西部选定典型县域，就主管经济、社会、生态、民生的基层干部和农户、居民、企业展开调研。

（4）调查内容。问卷内容主要包括赣南苏区振兴发展的效果、居民收入、民生获得感、农民收入改善、基础设施改善、经济发展提升等。

（5）调查方法。以实地问卷调查形式为主，通过参与式观察、访谈、焦点小组讨论、关键知情人访谈等方式采集数据和资料。

三、技术路线图

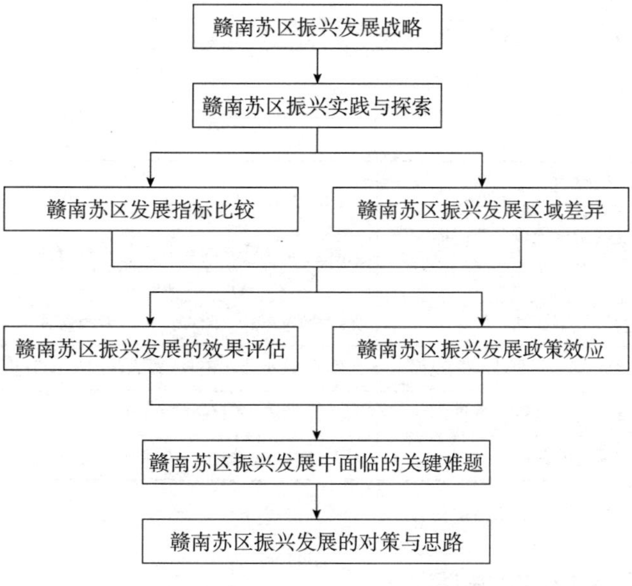

图 1-1　本书的技术路线图

第四节　本书拟解决的关键问题、研究特色及创新

一、拟解决的关键问题

（1）赣南苏区振兴发展指标。要对赣南苏区振兴发展进行评价，其关键是选取合理指标，构建科学的指标体系，这是本书研究的起点和关键；如何结合赣南区域的特征，从赣南经济发展、社会发展、基础建设和对外开放等维度构建指标体系，是测量赣南苏区振兴发展指标的关键。

（2）赣南苏区振兴政策效应测定。由于《若干意见》发布时间是2012年，自2013年开始，大量扶持政策开始惠及赣南等原中央苏区，我们将2013~2017年作为赣南苏区扶持政策影响期，以江西省南昌、九江、宜春、上饶等区市作为研究的对照组。根据2008~2012年发展趋势模拟赣南等原中央苏区发展趋势，探索赣南苏区政策效应，这是本书拟解决的关键问题。

（3）赣南苏区振兴发展空间分布。区域经济发展不平衡是政府和社会普遍关注的问题，通过利用传统统计方法分别对绝对差异和相对差异进行测度，并结合探索性空间数据分析（ESDA）方法，以赣南苏区18个县（市、区）作为研究单位，分别从时间、空间以及关联性三个角度对2009~2017年赣南苏区县域经济差异的空间格局及演化进行了分析，这是本书需解决的又一个关键问题。

二、研究特色

（1）选题角度有特色。苏区振兴发展是一个有中国特色的问题。大量政治学、社会学、历史学学科对苏区历史发展进行研究。但在新时代背景下，面临扶贫攻坚重要历史使命的广大苏区经济发展滞后，如何实现全面

振兴是重要的现实问题。借鉴发展经济学相关理论，采用计量分析方法研究苏区振兴效果的非常缺乏，本书作出大胆尝试性研究。到目前为止，同类选题和相类似的研究成果不多，选题较为新颖，特色比较鲜明。

（2）研究方法有特色。目前关于苏区振兴发展绩效评价定量研究成果不多。本书尝试应用计量经济方法，测定赣南苏区振兴发展政策效应，评估苏区振兴发展绩效，相比于现有文献来说，可视为方法应用上的新突破。此外，运用空间地理研究方法，分析赣南县域空间分布及其差异，探索其演化规律，这在该领域研究上也具有重要价值。

三、研究创新

（1）构建一个苏区振兴发展的政策效应测度模型，并进行测度。到目前为止，苏区振兴发展研究多为描述性研究，本书有利于为认识扶持政策对苏区振兴发展影响效果，并为如何改善苏区振兴发展和优化政策提供重要参考依据，这也是本书的创新点。

（2）运用空间经济学分析方法，分析赣南苏区空间发展格局及演化规律，这一点是亟待突破的研究难点，也是本研究的创新之处。到目前为止，很少有学者运用该研究方法对此进行研究，这大大拓展了苏区振兴发展研究的学术空间。

第二章

赣南等原中央苏区振兴发展战略

赣南等原中央苏区在中国革命史上具有特殊重要的地位。中华人民共和国成立后，特别是改革开放以来，赣南等原中央苏区发生了翻天覆地的变化，但由于种种原因，经济社会发展明显滞后，与全国的差距仍在拉大。因此，迫切需要促进赣南苏区的振兴发展。

第一节　赣南等原中央苏区振兴发展的意义

一、重要性和紧迫性

赣南等原中央苏区地跨赣闽粤，是土地革命战争时期中国共产党创建的最大最重要的革命根据地，是中华苏维埃共和国临时中央政府所在地，是人民共和国的摇篮和苏区精神的主要发源地，为中国革命做出了重大贡献和巨大牺牲。由于战争创伤的影响，以及自然地理等多种原因，迄今为止，原中央苏区特别是赣南地区，经济发展仍然滞后，民生问题仍然突出，贫困落后面貌仍然没有得到根本改变。还有不少群众住在危旧土坯房里，喝不上干净水，不能正常用电，一些红军和革命烈士后代生活依然困窘；基础设施薄弱、产业结构单一、生态环境脆弱等制约当地经济社会发展的问题仍然比较突出。振兴发展赣南等原中央苏区，既是一项重大的经济任务，又是一项重大的政治任务，对于全国革命老区加快发展具有标志性意义和示范作用。支持赣南等原中央苏区振兴发展，是尽快改变其贫困落后面貌，确保与全国同步实现全面建设小康社会目标的迫切要求；是充分发挥其自身比较优势，逐步缩小区域发展差距的战略需要；是建设我国南方地区重要生态屏障，实现可持续发展的现实选择；是进一步保障和改善民生，促进和谐社会建设的重大举措。

二、发展机遇

赣南等原中央苏区既存在着历史包袱沉重、现实基础薄弱等困难和问题，又具有加快发展的有利条件和重大机遇。区位条件相对优越，是珠三角、厦漳泉地区的直接腹地和内地通向东南沿海的重要通道；特色资源丰富，素有世界钨都和稀土王国之称；正处于产业转移加快推进和工业化、城镇化加速发展的阶段，市场开发潜力大；国家扶持力度进一步加大，原中央苏区人民思富图强、负重拼搏的意识不断增强。当前赣南等原中央苏区已进入加快发展的关键时期，必须牢牢抓住历史机遇，奋力攻坚克难，努力实现全面振兴和跨越式发展。

第二节　赣南等原中央苏区振兴发展的总体要求

一、指导思想

以邓小平理论和“三个代表”重要思想为指导，深入贯彻落实科学发展观，弘扬苏区精神，加大扶持力度，加快新型工业化和城镇化进程，以解决突出的民生问题为切入点，着力改善城乡生产生活条件；以加快交通、能源、水利等基础设施建设为突破口，着力增强发展的支撑能力；以承接产业转移为抓手，着力培育壮大特色优势产业；以发展社会事业为重点，着力提升基本公共服务水平；以保护生态环境为前提，着力促进可持续发展；以改革开放为动力，着力破解体制机制障碍，努力走出一条欠发达地区实现跨越式发展的新路子，使原中央苏区人民早日过上富裕幸福的生活，确保与我国其他地区同步进入全面小康社会。

二、基本原则

(1) 统筹兼顾，突出重点。在原中央苏区范围内，赣南具有特殊地位，面临特殊困难，要把支持赣南加快发展作为工作重点，协同推进原中央苏区整体振兴的发展。

（2）立足当前，着眼长远。采取更加有力的措施，力争两三年内使突出的民生问题得到有效解决；加快实施一批增强“造血”功能的工程和项目，不断提升自我发展能力。

（3）加快发展，推进转型。坚定不移地走新型工业化、城镇化道路，同步推进农业现代化，促进“三化”协调发展；坚持加快发展与转型发展相结合，努力实现又好又快发展。

（4）改革创新，开放合作。进一步解放思想，开拓创新，深化重点领域和关键环节改革，鼓励先行先试，增强发展动力和活力；加强区域合作，构筑开放平台，提高对内对外开放水平。

（5）国家扶持，自力更生。充分考虑赣南等原中央苏区的特殊地位和当前面临的特殊困难，国家在资金、项目和对口支援等方面进一步加大支持力度；充分调动和发挥地方的积极性、主动性、创造性，大力弘扬苏区精神，通过自身努力加快发展。

三、战略定位

（1）全国革命老区扶贫攻坚示范区。集中力量打好新阶段扶贫攻坚战，编制实施罗霄山片区区域发展与扶贫攻坚规划，为全国革命老区扶贫开发、群众脱贫致富、全面建设小康社会积累经验，提供示范。

（2）全国稀有金属产业基地、先进制造业基地和特色农产品深加工基地。建设具有较强国际竞争力的稀土、钨稀有金属产业基地。依托本地资源和现有产业基础，大力发展新材料和具有特色的先进制造业。建设世界最大的优质脐橙产业基地和全国重要的特色农产品、有机食品生产与加工基地。

（3）重要的区域性综合交通枢纽。依托赣州区域性中心城市的区位优势，加快现代综合交通体系和快速通道建设，建成连接东南沿海与中西部地区的区域性综合交通枢纽和物流商贸中心。

（4）我国南方地区重要的生态屏障。推进南岭、武夷山等重点生态功能区建设，加强江河源头保护和江河综合整治，加快森林植被保护与恢复，提升生态环境质量，切实保障我国南方地区的生态安全。

（5）红色文化传承创新区。加强革命遗址保护和利用，推动红色文化发展创新，提升苏区精神和红色文化影响力，建设全国爱国主义教育和革命传统教育基地，打造全国著名的红色旅游目的地。

四、发展目标

到2015年，赣南等原中央苏区在解决突出的民生问题和制约发展的薄弱环节方面取得突破性进展。尽快完成赣州市农村安全饮水、农村危旧土坯房改造、农村电网改造升级、农村中小学薄弱学校改造等任务；基础设施建设取得重大进展，特色优势产业集群进一步壮大，城镇化率大幅提升，生态建设和环境保护取得显著成效；经济保持平稳较快发展；城乡居民收入增长与经济发展同步，基本公共服务水平接近或达到中西部地区平均水平。

到2020年，赣南等原中央苏区整体实现跨越式发展。现代综合交通运输体系和能源保障体系基本形成；现代产业体系基本建立，工业化、城镇化水平进一步提高；综合经济实力显著增强，人均主要经济指标水平与全国平均水平的差距明显缩小；人民生活的水平和质量进一步提升，基本公共服务水平接近或达到全国平均水平，与全国同步实现全面建设小康社会的目标。

第三节　赣南等原中央苏区振兴发展路径

一、优先解决突出民生问题，凝聚振兴发展民心民力

解决好民生问题是振兴发展的首要任务。要加大资金投入，集中力量尽快解决最突出的民生问题，切实改善群众生产生活条件，保护和调动人

民群众参与振兴发展的积极性。

（1）加大以土坯房为主的农村危旧房改造力度。加大对赣南等原中央苏区农村危旧土坯房改造支持力度，重点支持赣州市加快完成改造任务。适应城镇化趋势，结合新农村建设，积极探索创新土坯房改造方式。大力支持保障性住房建设，加大对赣州市城市棚户区改造支持力度，加快国有工矿棚户区和国有农林场危房改造，“十二五”末基本完成改造任务。

（2）加快解决农村饮水安全问题。加大农村安全饮水工程实施力度，2014 年底前解决赣州市农村饮水安全问题，“十二五”末全面完成赣南等原中央苏区农村饮水安全任务。支持有条件的农村地区发展规模化集中供水，鼓励城镇供水管网向农村延伸。建立健全农村水质安全监测系统。

（3）加强农村电网改造和农村道路建设。加快推进赣南等原中央苏区新一轮农村电网改造升级，到“十二五”末建立起安全可靠、节能环保、技术先进、管理规范的新型农村电网。支持赣州市农网改造升级工程建设，电网企业加大投入，2013 年底前全面解决赣州市部分农村不通电或电压低的问题。实施农村公路危桥改造，推进县乡道改造和连通工程，进一步提高农村公路的等级标准和通达深度。

（4）提高特殊困难群体生活水平。将居住在农村和城镇无工作单位、18 周岁之前没有享受过定期抚恤金待遇且年满 60 周岁的烈士子女，以及施行义务兵役制后至《退役士兵安置条例》实施前入伍、年龄在 60 周岁以上（含 60 周岁）未享受到国家定期抚恤补助的农村籍退役士兵等人员纳入抚恤补助范围，落实相关待遇；积极研究在乡退伍红军老战士、失散红军等人员遗孀定期生活补助政策；支持解决上述特殊困难对象中孤老病残优抚对象的集中供养问题，帮助残疾人改善生活条件。

二、大力夯实农业基础，促进城乡统筹发展

把解决“三农”问题放在突出位置，巩固提升农业基础地位，大力发展现代农业，促进农业稳定发展、农民持续增收，加快城乡一体化进程，打牢振兴发展的坚实基础。

（1）稳定发展粮食生产。以吉泰盆地、赣抚平原商品粮基地为重点，加强粮食生产重大工程建设，不断提高粮食综合生产能力。严格保护基本农田，支持高标准基本农田建设，加大中低产田改造投入，积极推行“单改双”，稳定粮食播种面积。支持发展现代种业，加快良种繁育体系建设。扩大对种粮农民直接补贴和农资综合补贴规模，扩大良种补贴范围。将适宜丘陵山区的中小型农业机械纳入农机购置补贴范围，促进提高农业机械化水平。支持农业科技服务体系建设，加快新技术、新品种的引进示范和推广。

（2）大力发展特色农业。优化农产品区域布局，推进农业结构调整，加快发展特色农业，建设面向东南沿海和港澳地区的重要农产品供应基地。做强脐橙产业，加快脐橙品种选育和改良，推进标准化、有机果园建设，支持贮藏、加工、物流设施建设。积极推进国家脐橙工程（技术）研究中心建设，研究建立脐橙交易中心，对脐橙实行柑橘苗木补贴政策和“西果东送”政策。大力发展油茶、毛竹、花卉苗木等特色林业，支持油茶示范基地县建设。积极发展蜜橘、茶叶、白莲、生猪、蔬菜、水产品、家禽等特色农产品。支持畜禽标准化规模养殖场（小区）建设。研究开展脐橙、蜜橘、白莲保险。支持动植物疫病防控、农产品质量安全检验检测等体系建设，扶持农业产业化龙头企业和农民专业合作社发展；支持赣州、吉安、抚州等市建设国家现代农业示范区。

（3）促进城乡统筹发展。统筹城乡规划建设，推动城镇道路、供水、生态、环保等基础设施向农村延伸，公共服务向农村拓展。扎实推进新农村建设，加强村庄规划布局，引导农村社区建设，改善农村人居环境。大力发展县域经济，提升带动农村发展的能力。支持基础较好的中心镇壮大实力，增强对周边农村生产生活的服务功能。推进户籍管理制度改革，把有合法稳定职业和稳定住所的农村人口逐步转为城镇居民。大力发展休闲农业、乡村旅游，拓展农业功能，多渠道增加农民收入。促进农村劳动力转移就业和创业能力培训，鼓励外出农民工回乡创业，建设农民创业基地。支持赣州开展统筹城乡发展综合改革试验。

三、加快基础设施建设，增强振兴发展支撑能力

坚持基础设施先行，按照合理布局、适度超前的原则，加快实施一批重大交通、能源、水利等基础设施项目，构建功能完善、安全高效的现代化基础设施体系。

（1）建设赣州综合交通枢纽。编制赣州市综合交通枢纽规划，加快构建综合交通运输体系，加强与周边城市和沿海港口城市的高效连接，把赣州建成我国重要的区域性综合交通枢纽。加快赣（州）龙（岩）铁路扩能改造，建设昌（南昌）吉（安）赣（州）铁路客运专线，规划研究赣州至深圳铁路客运专线和赣州至韶关铁路复线，打通赣州至珠三角、粤东沿海、厦漳泉地区的快速铁路通道，加快赣（州）井（冈山）铁路前期工作，加强赣州至湖南、广东、福建等周边省份铁路运输通道的规划研究，提升赣州在全国铁路网中的地位和作用。改造扩建赣州黄金机场，研究建设航空口岸。适时将赣州黄金机场列为两岸空中直航航点。加快赣江航道建设，结合梯级开发实现赣州—吉安—峡江三级通航，加快建设赣州港。

（2）加强交通基础设施建设。完善铁路网络，加快鹰（潭）瑞（金）梅（州）铁路、浦（城）梅（州）铁路、广（州）梅（州）汕（头）铁路扩能前期工作，适时开工建设。规划研究吉安至建宁铁路。研究瑞金火车站升级改造。加强公路建设，支持大庆—广州高速公路赣州繁忙路段实施扩容改造工程，规划建设兴国—赣县、寻乌—全南、乐安—宁都—于都、广昌—建宁、金溪—资溪—光泽等高速公路。加大国省道干线公路改造力度，力争县县通国道，重点推进通县二级公路建设。加快推进国家公路运输枢纽站场建设。支持三明沙县机场新建工程，扩建吉安井冈山机场、龙岩连城机场，建设赣东南机场和瑞金通勤机场。

（3）提高能源保障能力。研究论证瑞金电厂扩建项目，规划建设抚州电厂、粤电大埔电厂“上大压小”工程等电源点项目。推进国电井冈山水电站前期工作。支持发展风电、太阳能、生物质能发电。建设赣州东（红都）500 千伏输变电工程和抚州至赣州东（红都）500 千伏线路。提高县网

供电保障能力，建设石城、崇义、安远等县220千伏变电站。取消赣州市220千伏、110千伏输变电工程建设贷款地方财政贴息等配套费用。推进樟树—吉安—赣州、泉州—赣州、揭阳—梅州—赣州等成品油管道项目建设。依托蒙西至华中电煤运输通道建设，解决赣州地区煤运问题。支持建设赣州天然气及成品油仓储基地。

（4）加快水利基础设施建设。加大支持力度，加快实施城镇防洪工程建设，提高赣州等市城镇防洪标准。开展上犹江引水、引韩济饶供水等水资源配置工程和韩江（高陂）大型水利枢纽前期工作，继续支持廖坊灌区工程建设。加快章江等大型灌区续建配套与节水改造，尽快完成病险水库除险加固。加快中小河流治理。逐步扩大赣南苏区小型农田水利重点县建设覆盖面。将一般中小型灌区新建、续建配套及节水改造、中小型排涝泵站更新改造以及小水窖、小水池、小塘坝、小泵站、小水渠“五小”水利工程纳入中央支持范围，建立山洪地质灾害监测预警预报体系。

四、培育壮大特色优势产业，走出振兴发展新路子

坚持市场导向，立足比较优势，着力培育产业集群，促进集聚发展、创新发展，推动服务业与制造业、产业与城市协调发展，构建特色鲜明、结构合理、集约高效、环境友好的现代产业体系。

（1）积极推动优势矿产业发展。发挥骨干企业和科研院所作用，加大技术改造和关键技术研发力度，促进稀土、钨等精深加工，发展高端稀土、钨新材料和应用产业，加快制造业集聚，建设全国重要的新材料产业基地。将赣南等原中央苏区列为国家找矿突破战略行动重点区域，加大地质矿产调查评价、中央地质勘查基金等中央财政资金的支持力度。支持赣州建设稀土产业基地和稀土产学研合作创新示范基地，享受国家高新技术产业园区和新型工业化产业示范基地扶持政策。积极推进技术创新，提升稀土开采、冶炼和应用技术水平，提高稀土行业集中度。按照国家稀土产业总体布局，充分考虑资源的利益，在赣州组建大型稀土企业集团。国家稀土、钨矿产品生产计划指标向赣州倾斜。研究支持建设南方离子型稀土与钨工

程（技术）研究中心，加大国家对稀土、钨关键技术攻关的支持力度。支持赣州建设南方离子型稀土战略资源储备基地，建立稀有金属期货交易中心。

（2）加快提升制造业发展水平。发挥现有产业优势，大力发展电子信息、现代轻纺、机械制造、新型建材等产业，积极培育新能源汽车及其关键零部件、生物医药、节能环保、高端装备制造等战略性新兴产业，形成一批科技含量高、辐射带动力强、市场前景广阔的产业集群。支持设立战略性新兴产业创业投资资金，建设高技术产业孵化基地。加大对重大科技成果推广应用和产业化支持力度，增强科技创新能力。支持国内整车企业在赣州等市设立分厂。支持军工企业在赣州、吉安发展军民结合高新技术产业。支持赣州新型电子、氟盐化工、南康家具以及吉安电子信息、抚州黎川陶瓷、龙岩工程机械等产业基地建设。支持建设国家级检验检测技术研发服务平台。

（3）促进红色文化旅游产业大发展。编制赣南等原中央苏区革命遗址保护规划，加大对革命旧居旧址保护和修缮力度，发挥革命旧居旧址在爱国主义教育中的重要作用。支持中央苏区历史博物馆、中央苏区烈士陵园、东固革命烈士陵园等红色文化教育基地建设。支持在瑞金建设公务员培训基地。大力发展红色旅游，将赣南等原中央苏区红色旅游列入国家旅游发展战略，支持红色旅游基础设施建设。深化赣南与井冈山、闽西、粤东北的旅游合作，以瑞金为核心高起点建设一批精品景区和经典线路，支持创建国家 5A 级旅游景区，推动红色旅游与生态旅游、休闲旅游、历史文化旅游融合发展。支持赣州、吉安创建国家旅游扶贫试验区。

（4）大力发展现代服务业。健全金融机构组织体系，完善金融机构、金融市场和金融产品，推动建立赣闽粤湘四省边际区域性金融资源共享机制。鼓励境内外金融机构在赣州设立经营性分支机构，支持和鼓励各类银行业金融机构发起设立新型农村金融机构。大力发展现代物流业，研究完善物流企业营业税差额纳税试点办法，支持赣州、抚州创建现代物流技术应用和共同配送综合试点城市，推动赣州、吉安综合物流园区及广昌物流仓储配送中心等项目建设。鼓励发展科技研发、工业设计和服务外包，规范发展法律咨询、信用评估、广告会展、培训认证等商务服务业。适应城镇化和人口老龄化趋势，扶持发展社区服务、家政服务、社会化养老等生活服务业。支持赣州建设服务业发展示范基地。

（5）推动产业与城市协调发展。促进产业和生产要素向城市集聚，提升城市服务功能和承载能力。支持赣州建设省域副中心城市，调整行政区划，增设市辖区，推动赣县、南康、上犹与赣州中心城区同城化发展，科学规划建设章康新区，扶持瑞金、龙南次中心城市建设。加快吉泰走廊城镇体系建设。科学规划城市功能定位和产业布局，强化城市基础设施和公共服务设施建设，增强辐射带动能力，推进数字化城市建设。

五、加强生态建设和环境保护，增强可持续发展能力

牢固树立绿色发展理念，大力推进生态文明建设，正确处理经济发展与生态保护的关系，坚持在发展中保护、在保护中发展，促进经济社会发展与资源环境相协调。

（1）加强生态建设和水土保持。加强天然林资源保护，巩固和扩大退耕还林成果，加大长江和珠江防护林工程以及湿地保护和恢复投入力度，支持自然保护区、森林公园、地质公园、湿地公园等建设。加强生物多样性保护。加强中幼龄林抚育和低质低效林改造，改善林相结构，提高林分质量。将赣州、吉安列为全国木材战略储备生产基地。支持森林防火设施建设。加大对森林管护和公益林建设扶持力度，加强对草山草坡保护和利用。加大水土流失综合治理力度，继续实施崩岗侵蚀防治等水土保持重点建设工程。加强赣江、东江、抚河、闽江源头保护，开展水产种质资源保护和水生态系统保护与修复治理。深入开展瑞金、上犹等生态文明示范工程试点。支持开展生态移民搬迁、地质灾害移民搬迁。将赣州市居住在库区水面木棚的农民纳入“渔民上岸”工程实施范围。

（2）加大环境治理和保护力度。编制矿山环境综合治理规划，加大矿山地质环境治理专项资金支持力度，加快完成赣州市历史遗留矿山环境综

合治理。支持城镇污水处理厂和污水管网建设，“十二五”末完成所有县城生活污水管网体系建设，支持开发区、工业园、产业园污水处理设施建设。推进多种污染物协同控制，加强城市大气污染防治。支持赣州市重点区域重金属污染防治和历史遗留问题综合整治，加大工业行业清洁生产推行力度。支持建设赣南危险废物处置中心，加强危险废物规范化管理。加强城乡饮用水水源保护以及陡水湖、万安水库生态环境保护与治理。推进农村清洁工程，加大农村环境综合整治和农业面源污染防治力度，支持发展农村沼气，加强乡镇垃圾处理设施建设。加强环境监管能力建设。

（3）大力发展循环经济。鼓励参与国家循环经济“十百千示范行动”，支持赣州建设铜铝有色金属循环经济产业园，推进资源再生利用产业化。严格控制高耗能、高排放和产能过剩行业新上项目，提高行业准入门槛。积极开展共伴生矿、尾矿和大宗工业固体废弃物综合利用，发展稀土综合回收利用产业。支持赣州、井冈山经济技术开发区实施循环化改造，建设国家生态工业示范园区。支持赣州开展全国低碳城市试点，实施低碳农业示范和碳汇造林工程。推进循环农业发展。支持资源型城市可持续发展。

六、发展繁荣社会事业，促进基本公共服务均等化

坚持以人为本，促进经济建设与社会发展相协调，大力发展各项社会事业，不断提高基本公共服务水平，让改革发展成果更多地惠及广大城乡居民。

（1）优先发展教育事业。加快实施学前教育三年行动计划。支持农村义务教育薄弱学校改造、边远艰苦地区农村学校教师周转宿舍建设，到2013年全面完成赣州市校舍危房改造，到2015年基本解决小学、初中寄宿生住宿问题。逐步提高农村义务教育阶段家庭经济困难寄宿生生活费补助标准，在集中连片特殊困难地区全面实施农村义务教育学生营养改善计划。加大“特岗计划”“国培计划”对赣州市的倾斜力度。统筹研究解决普通高中债务，在实施普通高中改造计划等项目中对赣州等市进行倾斜。建立适应地方产业发展的现代职业教育体系，扶持办好中等职业学校。面向贫困

地区定向招生专项计划向赣州等市倾斜，扩大部属师范大学的招生规模，支持免费师范毕业生到赣州等市中小学任教。支持江西省与有关部门共建江西理工大学，扶持赣州等市高等院校和稀土、钨、铀等优势特色学科建设。支持赣州开展教育综合改革试验。

（2）提升城乡医疗卫生服务水平。健全农村县、乡、村三级和城市社区医疗卫生服务网络，加快对重大疾病防控等公共卫生服务能力建设。加强赣州市市级医院建设，支持中心城区增设三级综合医院，建设儿童、肿瘤等专科医院和市县两级中医院、妇幼保健院，支持人口大县建设三级综合医院，到2015年千人口床位数达到江西省平均水平，2020年达到全国平均水平，提升区域性医疗服务能力。加强基层医疗卫生队伍建设，积极培养全科医生。完善食品药品检验检测体系，支持赣州市食品药品检验检测中心和瑞金、龙南等区域性食品药品检验检测机构建设。加强人口和计划生育服务能力建设。

（3）加快文化体育事业发展。支持市级图书馆、文化馆、博物馆和县级文化馆、图书馆以及乡镇街道综合文化站、村及社区文化室、农家书屋等城乡公共文化设施建设。加快实施广播电视村村通等文化惠民工程，支持赣州市加强高山无线发射台站建设，“十二五”内提前实现户户通广播电视。加大历史文化名城名镇名村保护力度，加强非物质文化遗产保护。在新闻出版资源配置上给予赣州倾斜，支持赣州按照市场化方式创办客家出版社。推动抚州黎川发展油画艺术。支持城乡公共体育设施建设。

（4）加强就业和社会保障。加强基层人力资源和社会保障公共服务平台建设，依托现有资源建设综合性职业技能实训基地。建立完善统筹城乡的社会保障体系，实现基本养老保险、基本医疗保险制度全覆盖。逐步提高新型农村社会养老保险和城镇居民社会养老保险基础养老金标准以及企业退休人员基本养老金水平。完善城乡低保制度，实现应保尽保，合理提高低保标准。支持儿童福利院、残疾人康复中心、社会养老服务机构等设施建设。支持赣州区域性救灾减灾指挥中心和救灾物资储备库、应急避难场所建设。加大对赣州社会救助资金的支持力度。

（5）强化基层社会管理服务。加强基层组织建设，创新社会管理，积极主动为基层群众送政策、送温暖、送服务，推动社会管理重心下移。加快社区服务中心、服务站等综合性基层平台建设，构建以城乡社区为重点的基层社会管理服务体系。进一步拓展和延伸基层社会管理服务内容，完善维护群众权益机制。提高乡村基本运转经费保障水平。

第四节　赣南苏区振兴发展的着力点

坚持以改革开放促振兴发展，积极探索、开拓创新，着力构建有利于加快发展、转型发展的体制机制，有序承接产业转移，打造内陆开放型经济新格局。

一、创新体制机制

深化行政管理体制改革，加快转变政府职能，提高行政效能，优化发展环境。支持赣州发展成为较大的市，依法享有相应的地方立法权。加快要素市场建设，支持发展非公有制经济和中小企业，鼓励民间资本参与基础设施、公用事业和社会事业等领域建设。稳步开展农村土地承包经营权登记，探索农村集体建设用地流转制度改革。深化集体林权制度改革，开展经济林确权流通。采取更加灵活的措施，支持和鼓励赣州市在城乡统筹、扶贫开发、投融资等方面先行开展政策探索。设立瑞（金）兴（国）于（都）经济振兴试验区，鼓励先行先试，加大支持力度。支持赣州在地方金融组织体系、中小企业金融服务等方面开展改革试验。

二、有序承接产业转移

坚持市场导向与政府推动相结合，发挥自身优势，完善产业配套条件和产业转移推进机制，依托现有产业基础，促进承接产业集中布局。支持设立赣南承接产业转移示范区，有序承接东南沿海地区产业转移，严禁高污染产业和落后生产能力转入。推动赣州“三南”（全南、龙南、定南）和吉泰走廊建设加工贸易重点承接地。在条件成熟时，在赣州出口加工区的基础上按程序申请设立赣州综合保税区，建设成为内陆开放型经济示范区。推动瑞金、龙南省级开发区加快发展，支持符合条件的省级开发区升级，在科学规划布局的基础上有序推进未设立开发区的县（区、市）设立产业集聚区。支持设立国家级高新技术产业园区。

三、推动开放合作

强化与珠三角、厦漳泉等沿海地区的经贸联系，打造以赣州经济技术开发区为核心，以赣州“三南”至广东河源、瑞金兴国至福建龙岩产业走廊为两翼的“一核两翼”开放合作新格局。支持建设赣闽、赣粤产业合作区。支持吉泰走廊开放开发，建设工业化、城镇化和农业现代化协调发展示范区，打造重要的经济增长带。建立完善区域内更加紧密的合作机制，加强在基础设施共建共享、资源开发利用、产业发展、生态建设与环境保护等方面的合作，加快区域一体化进程。密切与鄱阳湖生态经济区、海峡西岸经济区等周边重要经济区的协作互动。鼓励与沿海地区加强铁海联运等合作。深化与台港澳地区在农业、环保、电子信息及服务贸易等领域的合作交流。支持省级出口基地升级为国家级外贸转型升级专业型示范基地。

第五节　赣南等原中央苏区扶持政策

原中央苏区特别是赣南地区经济社会发展存在特殊困难和问题，应给予特别的政策支持，具体如下：

一、财税政策

进一步加大中央财政均衡性转移支付力度，逐步缩小地方标准财政收支缺口。加大中央财政对赣南等原中央苏区振兴发展的财力补助。加大中央专项彩票公益金对赣州社会公益事业的支持力度。支持化解赣州市县乡村公益性债务，将公益性建设项目国债转贷资金全部改为拨款。中央代地方政府发行的债券向原中央苏区倾斜。统筹研究将赣州列为中国服务外包示范城市并享受税收等相关优惠政策问题。

二、投资政策

加大中央预算内投资和专项建设资金投入，在重大项目规划布局、审批核准、资金安排等方面对赣南等原中央苏区给予倾斜。中央在赣州安排公益性建设项目，取消县及县以下和集中连片特殊困难地区市级资金配套。加大扶贫资金投入。国家有关专项建设资金在安排赣州市公路、铁路、民航、水利等项目时，提高投资补助标准或资本金注入比例。

三、金融政策

鼓励政策性银行在国家许可的业务范围内，加大对赣南等原中央苏区的信贷支持力度。鼓励各商业银行参与赣南等原中央苏区振兴发展。促进赣州地方法人金融机构加快发展，发挥差别准备金动态调整机制的引导功能，支持地方法人金融机构合理增加信贷投放，优化信贷结构，满足有效信贷需求。支持开展保险资金投资基础设施和重点产业项目建设，开展民间资本管理服务公司试点。支持符合条件的企业发行企业（公司）债券、中期票据、短期融资券、中小企业集合票据和上市融资。深化融资性担保公司或再担保公司、小额贷款公司创新试点。大力推进农村金融产品和服务方式创新，鼓励和支持设立村镇银行。

四、产业政策

实行差别化产业政策，从规划引导、项目安排、资金配置等多方面给予支持和倾斜。加大企业技术改造和产业结构调整专项对特色优势产业发展的支持力度。对符合条件的产业项目优先规划布局。支持赣州创建国家印刷包装产业基地，并实行来料加工、来样加工、来件装配和补偿贸易的政策。

五、国土资源政策

在安排土地利用年度计划、城乡建设用地增减挂钩周转指标等方面，加大对赣南等原中央苏区的倾斜。支持赣州开展低丘缓坡荒滩等未利用地开发利用试点和工矿废弃地复垦利用试点，相关指标单列管理；支持开展农村土地综合整治工作，研究探索对损毁的建设用地和未利用地开发整理成园地的，经认定可视同补充耕地，验收后用于占补平衡；支持开展稀土采矿临时用地改革试点。在符合矿产资源规划和不突破开采总量指标的前提下，支持对稀土、钨残矿、尾矿和重点建设项目压覆稀土资源进行回收利用，对因资源枯竭而注销的稀土、钨采矿权，允许通过探矿权转采矿权或安排其他资源地实行接续。对稀土、钨矿等优势矿产资源在国家下达新增开采、生产总量控制指标时给予倾斜，积极支持绿色矿山建设。

六、生态补偿政策

将东江源、赣江源、抚河源、闽江源列为国家生态补偿试点。结合主体功能区规划调整和完善，研究将贡江、抚河源头纳入国家重点生态功能区范围，提高国家重点生态功能区转移支付系数，中央财政加大转移支付力度。加快建立资源型企业可持续发展准备金制度。国家加大对废弃矿山植被恢复和生态治理工程的资金支持。加大对国家公益林生态补偿投入力度。

七、人才政策

加大东部地区、中央国家机关和中央企事业单位与赣南等原中央苏区干部交流工作的力度。鼓励中央国家机关在瑞金设立干部教育培训基地。国家重大人才工程和引智项目向原中央苏区倾斜，鼓励高层次人才投资创业，支持符合条件的单位申报建立院士工作站和博士后科研工作站。

八、对口支援政策

建立中央国家机关对口支援赣州市 18 个县（市、区）的机制，加强人才、技术、产业、项目等方面的对口支援，吉安、抚州的特殊困难县参照执行。鼓励和支持中央企业在赣州发展，开展帮扶活动，支持福建省、广东省组织开展省内对口支援，鼓励社会力量积极参与对口支援。

第三章

赣南苏区扶贫攻坚实践与探索

自2012年《若干意见》实施以来，赣南苏区鼓足干劲、锐意进取，在苏区振兴发展道路上创造出许多工作模式，取得了许多成绩。赣南苏区奋力于扶贫攻坚工作，围绕着“两城、两谷、一带”战略进行卓有成效的实践。

第一节　赣南苏区扶贫攻坚背景和任务

省委常委、市委书记李炳军在市委五届三次全体（扩大）会议上强调，要把脱贫攻坚作为头等大事和第一民生工程，以脱贫攻坚统揽赣南苏区振兴发展全局。要切实增强打赢脱贫攻坚战、实现同步全面小康的责任感和使命感，牢记嘱托，不辱使命，切实把总书记、总理的关心关怀，转化为加快发展的信心、决心和强大动力，努力让赣南人民早日过上好日子。赣南等原中央苏区以罗霄山连片特困地区为主战场，完善精准扶贫工作措施，不断加大扶贫攻坚力度，探索了一条革命老区脱贫攻坚的新路子，赣州市进入减贫进程最快、扶贫成效最大的时期，扶贫对象从2011年的194.88万人减少到2016年底的43.14万人，五年脱贫151.74万人，贫困发生率由26.71%下降到5.70%，下降21.01个百分点（见表3-1）。

编制实施《革命老区（赣州）扶贫攻坚示范区发展规划》，形成“1+1+17”的精准扶贫工作政策体系，统筹推进1419个贫困村扶贫工作。建立扶贫开发资金持续增长机制，市、县每年安排扶贫开发投入占本级财政收入比例不低于2%，专项用于扶贫开发。30.82万户贫困户都有帮扶责任人，做到“五年不变、一包到底，不脱贫不脱钩”。整合涉农资金，集中扶持脐橙、油茶、烟叶等扶贫产业。探索设立扶贫救助基金。

表 3-1　2011~2016 年贫困人口减贫情况表

年份	贫困人口（万人）	脱贫人口（万人）	贫困发生率（%）
2011	194.88	20.58	26.71
2012	172.60	22.28	23.45
2013	139.50	33.10	18.75
2014	105.06	34.44	14.28
2015	70.24	34.82	9.30
2016	43.14	27.10	5.70

第二节　赣南苏区创新扶贫机制
——安远县的典型做法

在开展精准扶贫工作中，安远县创新扶贫机制，结合自身实际，巧施扶贫政策，在就业扶贫、教育扶贫、农房改造、医疗保障等方面出台了一系列的政策措施，为开展精准扶贫工作提供了政策保障。

一、就业扶贫篇

为促进和保障安远县贫困人口充分就业，从 2015 年起至 2020 年，每年新增转移就业贫困劳动力 1800 人，扶持贫困人口创业 600 人，实现就业扶贫“帮扶一个、就业一人、脱贫一户”的目标，安远县精确瞄准就业扶贫对象，强化就业扶贫资金保障，扎实做好就业扶贫工作。

一是深入开展就业援助，给贫困劳动力提供就业机会。整合资源，免费向贫困户提供公共就业服务。鼓励社会中介服务机构介绍扶贫对象到县工业园区企业就业，对社会中介服务机构介绍贫困对象到县工业园区企业就业的，按照每人 200 元的标准补贴中介服务机构。同时，重点面向贫困户购买公共服务。全县计划为贫困劳动力购买公益性就业岗位 1320 个。对招聘残疾人就业的工业园区企业，由县财政从上级下拨的就业专项资金中按照比例补助给用人企业。通过购买公益性岗位和给予用人单位补助从而给贫困户提供大量公益性岗位。

二是强化就业创业培训，让贫困劳动力有一技之长。不断加强面向贫困户的培训平台建设。紧紧围绕产业特色和用工需求，扶持安远职校发展，紧紧围绕精准扶贫把安远职校打造成就业扶贫培训基地。扶贫移民部门对参加转移就业技能培训的扶贫对象按规定给予每人 600 元培训补助；对贫困户家庭未能升学的初高中毕业生参加职业教育实行免费学习，并连续两年每年补助资金 1500 元，通过 2~3 年职业教育使他们掌握职业技能实现就业。同时，开发各部门各单位的自身优势，推进就业培训工作的开展。如农粮部门要为扶贫对象免费开展种植、养殖等农村实用技术培训，助其发展生产。人社部门要依托县职业学校教育培训资源开展定向、订单式免费技能培训，对拟转移到非农产业务工经商的贫困劳动力开展专项技能或初级培训等。同时，鼓励园区企业优先招用贫困劳动力，对园区企业与新招聘的贫困劳动力签订 6 个月以上劳动合同，并在 6 个月内开展岗前培训的，按规定给予企业 300 元/人的培训补贴。

三是鼓励以创业带动就业，助贫困劳动力跨越发展。大力推行贫困户小额担保贷款贴息政策。对符合条件的创业扶贫对象由就业部门优先审核推荐，经经办银行批准，给予 2 年以内、5 万元以下全额贴息担保贷款，用于鼓励贫困户就业创业。鼓励和引导有条件的扶贫对象发展电子商务，贫困户子女参加电商学院初级班培训实行免费，高级班培训给予 80%的学费补贴。贫困户子女从事电子商务创业的免费入驻县电子商务孵化园。对当年新增岗位吸纳贫困劳动力就业占用工总数 10%以上，并与其签订 1 年以上劳动合同的，比照劳动密集型小企业政策，给予最高额度不超过 200 万元的贷款贴息扶持；对员工总数 50 人以上（含 50 人）、当年新增岗位吸纳贫困劳动力就业占用工总数 20%以上，并与其签订 1 年以上劳动合同的，比照促进就业基地政策，给予最高额度不超过 200 万元的贷款贴息扶持，并按规定享受社保补贴政策。

二、教育扶贫篇

为确保安远县所有贫困学生“能上学、不辍学、能就业”，让贫困学生家庭通过教育扶贫途径最终摆脱贫困，走出困境。安远县遵循“政府主导，社会参与”的教育扶贫工作原则，着力构建覆盖全县所有学段贫困学生的长效帮扶工作机制，改善贫困地区办学条件，加大对贫困学生的资助力度，有力推进教育扶贫工作。

（一）做好基础设施建设，夯实教育扶贫基础

为解决教育基础设施较差现象，该县积极实施教育项目建设。实施农村幼儿园扶持计划，支持贫困村利用闲置校舍改建公办幼儿园、村小增设附属幼儿班，力争到2016年每个贫困村都建有一所普惠性、低收费幼儿园；采取政府购买服务、民办公助、减免租金、以奖代补、派驻公办教师等政策，支持社会团体和个人在农村举办幼儿园。加快实施义务教育学校标准化建设“三年推进计划”，2015年全面完成建设任务；积极申报、认真实施好全面改善义务教育薄弱学校办学条件等各类项目，为农村薄弱学校创造良好的基础设施条件。扎实推进城区教育园区建设，2015年完成思源实验学校建设并实现秋季开学招生，为全县孤儿和贫困家庭学生提供一流学习条件；2016年实现安远一中整体搬迁，同时积极实施普通高中改善办学条件项目，努力扩充普通高中优质资源，全面解决贫困家庭学生升学难问题；扎实抓好继续教育基地建设，为建立职前与职后教育相互融合、学历与非学历教育协调发展的继续教育体系打下坚实基础。在做好基础设施建设的同时，注重加强教育扶贫队伍建设。继续落实好“特岗计划”，积极采取自主招聘教师等方式，补充农村学校所需师资，解决农村学校学科结构不合理问题。实施农村教师专业能力发展计划，不断提高农村教师的专业化水平。积极实施“三优工程”教研工作，派送学科带头人、骨干教师、优秀教师帮扶农村薄弱学校，让乡村共享优质师资。

（二）加大财政投入力度，健全学生资助体系

在全面贯彻国家各项教育惠民助学政策的基础上，进一步加大县级财政投入力度，着力健全完善贫困学生全覆盖助学体系，确保全县所有贫困家庭学生都能上得起学。一是扩大学前教育资助面，将学前教育贫困生资助标准提高到每人每年800元，并酌情减免学杂费，帮助贫困家庭适龄幼儿完成学前教育。二是将义务教育做好做实，落实好义务教育阶段“两免一补”政策，义务教育阶段建档立卡的贫困家庭寄宿生生活补助标准提高到小学生每人每年1000元、初中生每人每年1250元、特殊教育学校学生每人每年1200元。加快农村学校食堂建设，实现“校校有食堂”的目标；按每生每天4元的标准为农村义务教育阶段学生提供营养膳食补助，不断提高农村学生营养健康水平。三是加大对高中教育的资助力度。考取全日制普通高中学校的贫困生，根据实际情况分成三类，政府给予1000、1500、2000元/人/年度生活补助。贫困户子女就读职业院校的，除按上级规定给予中职学校贫困生享受免学费、国家助学金政策外，另外给予住校生3530元/人/年，走读生3130元/人/年。四是提升高等教育标准。对高考入学的特别贫困家庭学生一次性给予政府资助金5000元，一般贫困家庭学生一次性给予500元（考取省内高校的）或1000元（考取省外高校的）的资助。通过加大对贫困学生的资助力度，从而减少因学返贫现象发生。

（三）完善帮扶工作机制，创新助学工作形式

在确保所有贫困家庭学生都能入学的基础上，进一步创新助学工作形式，通过完善相关机制、采取干部结对帮扶、留守儿童教育管护等多种有效途径，切实做好贫困家庭学生学习、生活帮扶工作，确保贫困学生都能顺利完成学业。一是完善控辍保学机制。通过进村入户摸底，建立健全贫困家庭文化户口。对贫困生实行入学通知书、学生流失监控和辍学生返校通知书制度。二是加大助学工作力度。积极整合各类社会助学资源，广泛募集助学资金，进一步加大助学工作力度，在重点做好当年考入高等院校贫困家庭大学新生救助工作的同时，进一步将工作面扩大至全县所有学段的在校贫困生，争取将所有特困家庭学生全部纳入助学救助。三是完善留

守儿童教育管护。进一步深化和完善留守儿童教育管护工作。在巩固提高义务教育阶段留守儿童教育管护工作成果的基础上，进一步延伸工作链条，积极做好高中阶段留守学生的教育管护工作。

（四）建立就业创业体系，完善政策保障机制

加大政府投入力度，建立和完善支持大学生创业就业的政策体系，确保学有所成的贫困学生都能实现创业或就业，从而实现通过教育扶贫带动家庭脱贫的工作目标。一是实施定向委培为特困大学生创造就业机会。按照贫困家庭子女的高、中考成绩，争取更多的委培生入学指标，择优选送参加教育、卫生、农业、林业、水利、城市建设、公共事务管理等专业技能培训，毕业后直接安排到相关部门机构工作。二是加大创业政策支持。健全完善大学生返乡创业就业优惠政策，重点完善大学生创业项目资金扶持、行业准入、税费减免、创业和再就业培训等相关政策，建立大学生创业基地，确保贫困大学生创业有渠道，就业有保障。三是注重提高职业学校学生就业能力。切实提升初中毕业和高中毕业未能升学的学生职业技能，对初中毕业和高中毕业未能升学的学生开展免费职业技能培训，建立以职业学校为依托、以高中毕业未能升学学生为主的培训基地，对未能升入高一级学校的应届高中毕业生进行职业技能培训，合格者发放培训证书，引导就业。四是加强青壮年劳动力的职业技能培训。进一步做大做强职业教育，完善以安远职校为龙头、县农民学院为骨干、乡镇农民培训中心和村农民培训室为基础的农民教育培训体系。扎实抓好农村新增及转移劳动力的实用技术培训和短期技能培训，着力提高其创业就业能力和致富增收本领。

三、农房改造篇

安远县积极整合资源，通过驻村帮扶单位和帮扶干部的“六帮六助”活动，大力实施贫困户农房改造工程，计划用 4 年的时间全面解决贫困户住房问题。其主要做法如下：

一是科学化规划。制定出台了《安远县关于整合资源推进农房改造的

实施意见》，明确了农房改造的工作内容、工作程序、工作要求，尤其是对农房改造建设点的选址、户型等进行了具体规划。

二是分步骤实施。该县自 2015 年起，用 4 年时间全面完成贫困户农房改造任务。第一阶段：2015~2016 年底，每年完成 500 户以上改建任务，重点完成全县扶贫开发户、扶贫低保户农房改造建设任务。第二阶段：2017~2018 年底，每年完成 500 户以上改建任务，重点完成全县纯低保户农房改造建设任务。

三是多元化扶持。扶贫低保户、纯低保户在集中建设点（30 户以上）建房的每户给予 5 万元补助，分散建房的每户给予 3 万元补助；扶贫开发户在集中建设点（30 户以上）建房的每户给予 3 万元补助，分散建房的每户给予 2 万元补助；修缮加固房屋，按每户 0. 3 万元的标准给予扶持补助。县城规划区内的农村贫困户购买商品房按贫困属性享受集中建房补助政策。此外，符合条件的还可以叠加享受移民搬迁、集中建设点基础设施扶持、保障性住房政策扶持、挂点单位结对帮扶、金融机构贷款扶持等。

四是简化办理程序。由贫困户自愿向所在村（居）委会提出申请，并提供户籍、低保证和住房照片等资料，与乡（镇）政府签订拆旧建新协议。农房改造资金采取统一窗口申报、多部门协作审核、一卡通拨付的办理程序。

四、医疗保障篇

目前，安远县因病致贫的贫困户有 6748 户，占总贫困户的 43. 67%。为有效解决贫困户看病难、看不起大病等问题，该县统筹各方资金，构筑五大屏障，建立城乡重大病医疗救助体系。

屏障一：完善城乡居民基本医疗保险和困难群众民政医疗救助。积极鼓励城乡居民参合、参保，确保所有罹患大病的参合、参保城乡居民首先获得基本医疗保障；将低收入家庭大病患者纳入大病二次补偿及大病医疗补充保险。

屏障二：建立城乡居民大病医疗保险。按新农合参保人均 22. 5 元的筹资标准筹集新农合大病医疗保险资金，实行新农合大病医疗保险，年度最高支付限额 25 万元；按每人每月 20 元筹集城镇居民大病医疗保险资金，负责支付城乡居民二次补偿及年度超过统筹支付费用以上的医疗费补偿费用，年度最高支付限额 15 万元。

屏障三：建立城乡居民大病二次补偿。整合新农合基金 2000 万元，医保（城镇居民）基金 200 万，民政救助资金 160 万元建立城乡居民二次补偿。患者经基本医疗报销、大病保险理赔及民政救助后，所有自付合规费用（合规费用=未报合规费用+不合规费用×40%）按 55%进行二次补偿，封顶补偿额 10 万元。

屏障四：建立贫困户大病医疗补充保险。由县财政统筹安排，按贫困参合人员每年 20 元/人的标准（注：全县贫困人口 52524 人，需要 105.048 万元/年）设立贫困户大病医疗补充保险基金，一次性支付并委托给县人寿保险公司，并由民政部门与县人寿保险公司签订合同，建立贫困户大病医疗补充保险屏障，县人寿保险公司按一定比例提取管理费用。参合贫困户罹患大病所产生医疗费用，经新农合基本医疗、大病保险及二次补偿和民政医疗救助报销后，剩余部分（含可报和不可报费用）按分段报销的办法进行贫困户大病医疗补充保险，即剩余医疗费减去 8000 元后，0～5 万元（含）的按 35%报销，5 万～8 万元（含）按 40%报销，80000 元及以上的按 45%报销，封顶线为每人每年 50000 元（低保户、五保户起付线为 4000 元，另外：补偿比例及标准增加 5%）。

屏障五：实现大病医疗保障一站式服务。抽调卫生（农医）、人力资源和社会保障（医保）、民政、商业保险人员在县行政服务中心设立大病医疗保障一站式服务窗口，实现大病医疗保障一站式服务。参合患者在定点医院出院结算后，患者个人负担合规费用在 1.5 万元以上（五保、低保户减半）的，到一站式服务窗口依次申请办理新农合大病保险理赔、民政医疗救助、大病二次补偿和贫困户大病补充保险。参保居民在定点医院出院同步结算，直接生成大病医疗保险报销数据；在非定点医院住院的凭发票在行政服务中心医保窗口报账，一单生成统筹支付和大病保险支付金额。到一站式服务窗口依次申请办理民政医疗救助、大病二次补偿。

第三节　赣南苏区县域产业扶贫典型经验

深入推进精准扶贫工作以来，各地各有关部门积极谋划，因地制宜，依托产业扶贫精准发力，变“输血”为“造血”，着力建立贫困户收入增长长效机制。现将部分县（市、区）产业扶贫的典型做法总结如下：

一、崇义县产业扶贫“四到户”

（1）扶贫产业规划到户。依托君子谷、齐云山等农业龙头企业，精选刺葡萄、油茶、乡村旅游、竹木作为全县精准扶贫的四大主导产业，按照“规划先行、区域发展、市场运作、差异扶持、利益链接”的发展路径，坚持一项产业一个规划、一套扶持政策、一个牵头单位、一名责任领导、一笔专项资金、一套技术标准、一个创新模式、一个考核办法的推进机制，将全县16个乡镇划分为油茶、刺葡萄、乡村旅游、竹木四大产业发展片区，每个产业都制定了发展规划，明确发展目标、年度计划和贫困户参与发展规模。全县共规划油茶产业新造3万亩、低改10.07万亩，新发展刺葡萄产业1万亩，竹木产业2万亩，规划乡村旅游示范点10个。

（2）扶持政策滴灌到户。针对不同产业的投入和产出比，先后研究制定了《崇义县精准扶贫产业帮扶实施办法》《崇义县刺葡萄产业发展办法》《崇义县油茶产业实施发展意见》等17个行业专项扶贫方案，每项政策都精准扶持到户。县财政通过整合涉农资金、社会扶贫资金，盘活结余资金等举措，落实产业帮扶资金7121万元。设立了油茶、刺葡萄、乡村旅游、竹木四大扶贫产业发展专项基金和产业发展贷款风险补偿金，为全县产业扶贫提供了资金保障。如贫困户发展刺葡萄产业，县财政每亩可给予补助4000元，油茶低改每亩补助300元、新造每亩补助600元，开办农家乐每户补助 10000 元，极大地调动了贫困户发展产业的积极性。

（3）结对帮扶精准到户。为确保贫困人口脱贫后不返贫，根据产业区域规划和扶持政策，把全县 136 个单位 2639 名帮扶干部与贫困户精准对接，分户“把脉”，找准“病根”，因户施策，对症下“药”，做到一村一策，一户一法。帮扶干部为每户贫困户制订“1+N”的脱贫方案，即选择 1 项扶贫产业（每户产业发展落实到田间、地头），加上 N 项针对个人的辅助措施，找出一条长短结合的脱贫之路。

（4）产业利益链接到户。大力创新产业扶贫模式，积极探索“保价收购”“政府回购”“预期收益前置”“合股开发”等产业发展新路子，灵活运用土地入股、劳力入股、股份合作等形式，推行“合作社+农户”“基地+贫困户”“能人大户+贫困户”等模式，让缺劳动力的农户依靠土地、技术资源发展致富产业。

二、定南县“四个一”加快推进产业扶贫政策落实

定南县采取“四个一”举措，着力破解产业扶贫政策落实难的问题。

一是组建一个工作机构。成立了由县政府县长为组长，县委、县政府分管领导为副组长，农工部、扶贫、农业等部门主要负责人组成的产业扶贫工作领导小组。领导小组办公室设在县委农工部，负责产业扶贫政策的统筹协调、检查指导、项目申报、资金发放等工作。

二是建立一个工作机制。建立了产业扶贫政策落实协调、调度机制。2018 年以来，县委、县政府先后召开了两次产业扶贫工作调度会和两次产业扶贫工作协调会，定期协调、研究、会诊产业扶贫政策落实中的问题，指导督促各镇、各单位加快产业扶贫政策的落实。

三是制定一项产业补助政策。针对贫困户的实际，制定了操作性强、门槛低、补助标准具体的产业扶贫补助政策。如油茶种植，贫困户集中连片种植油茶林、改造低产油茶林 5 亩以上的，按市场价全额补助苗木款，成活率达 85%以上的，每亩分别补助 800 元、200 元。只要是贫困户发展的产业，都有非常具体的补助标准。

四是规范一套资金拨付流程。资金拨付具体流程是，产业扶贫项目经结对干部、镇村和帮扶单位审核同意后，由贫困户向帮扶单位申报产业扶持资金。帮扶单位将《产业扶持资金发放审核表》报县产业扶贫领导小组办公室，由县产业扶贫领导小组办公室对项目实施情况进行审核。县产业扶贫领导小组办公室根据审核情况填写《产业扶持资金发放汇总表》，交相关乡镇公示 7 天。无异议后，帮扶单位在 15 个工作日内将自筹资金转到县财政专户，县财政局收到帮扶单位自筹资金后统筹县财政产业扶持资金一并通过“一卡通”形式拨付给贫困户，每季度拨付一次。

目前，全县 2469 户贫困户完成产业扶贫项目申报，占有劳力贫困户总数的 63.4%，完成项目补助资金申报 839.52 万元，通过“一卡通”发放第一批产业扶贫项目补助资金 267.68 万元。

三、大余县探索三大产业帮扶模式

为提高产业帮扶资金使用效益，着力实现产业帮扶全覆盖，大余县探索出三种产业帮扶模式。

（1）直接扶助模式。出台《大余县农业产业扶贫工作实施方案》，对发展产业的贫困户给予直接补助，具体明确了 21 种农业产业的补助标准。如对种植花卉苗木 1 亩以上的，每亩补助 600 元；种植甜玉米 1 亩以上的，每季每亩补助 400 元。如青龙镇二塘村贫困户兰功强种植了 5 亩蔬菜和饲养 4 头水牛，共获补助 4000 元，有力解决了兰功强资金短缺的问题。鼓励乡镇、帮扶单位结合实际和贫困户发展意愿，制定出台本乡镇、本单位产业扶贫到户政策，自筹资金扶持贫困户发展产业。如县民政局引导和帮扶新城镇高龙村农户种植生姜，每分田补助 200 元；河洞乡扶持发展食用菌产业，对发展食用菌的贫困户给予 1200 元/亩的搭棚补助。

（2）带动帮扶模式。对没有产业发展能力的贫困户，采取“专业合作社（产业大户、公司）+贫困户”方式。贫困户以生产资料入股或到基地务工，获得稳定收入。如黄龙镇花卉苗木基地的润盛园艺、友缘园林等 8 家花卉苗木企业，使周边 40 余户贫困户共 140 亩土地入股，贫困户每亩每年获得收入800余元，同时还吸收周边30余户贫困户从事苗木管理、运输、环境卫生等岗位，每月收入1800元以上。

（3）投资帮扶模式。由县、乡镇和帮扶单位自筹资金进行投资，把投资收益用于精准扶贫，增强资金的循环性和可持续性。目前，筹备2000万元资金入股林盛木业公司回购杉木林，这些收益将全部用于精准扶贫，重点扶助重度贫困户。

四、全南县创新农业经营模式，推动绿色产业扶贫

为全力推进精准扶贫工作，全南县不断加强农民专业合作社等新型农业经营主体建设，助推贫困群众脱贫致富。

一是壮大“龙头”，强化引领带动作用。引导高峰公司、厚朴公司等农业龙头企业组建合作社，充分发挥他们在资金、技术、管理等方面的优势。目前，全县有各类农民专业合作社128个，其中省级示范合作社6个，入社贫困户全年户均增收3000多元。

二是创新机制，筑牢产业发展“堡垒”。创新合作社与成员间的利益联结，架起群众脱贫致富的“桥梁”。如大吉山镇秋湖渔业专业合作社创新产业发展机制，吸纳了48户村民（其中贫困户6户）以土地、劳务、资金、技术等入股，筹集资金300余万元。“抱团”发展有力地带动贫困户脱贫致富。

三是做优服务，打造产业发展平台。为解决贫困群众在产业发展中的资金难题，县财政每年安排1500万元专项资金，对专业合作社等新型农业经营主体进行奖补，支持合作社通过联保担保等形式帮助贫困户向银行融资，引导合作社在社员间开展资金互助合作。

四是因地制宜，提升产业“造血”功能。因地制宜，大力发展葡萄、莲子、“高山”蔬菜等“一乡一品”“一村一业”农业产业。建立农业产业规模基地30余个，总面积达8万亩，产值达6亿元；建立规模蔬菜基地5300亩，蔬菜播种面积达9.95万亩，总产值3亿元，覆盖了所有贫困村和贫困人口。

五、宁都县安福乡发展“追日”产业，温暖贫困户

宁都县安福乡社溪村上横自然村共有四个小组，农户260户710人，其中贫困户62户135人。为带动当地贫困户增收脱贫，当地引进顺风光电投资（中国）有限公司建立了一个100 MWp光伏占地6000亩的发电项目基地，发展屋顶分布式光伏发电项目，探索光伏扶贫新路子，让贫困人口直接享受光伏发电产业福利。

一是开发荒山变废为宝。当地村民有大量闲置荒山，没有得到有效开发利用。开展光伏扶贫后，顺风光电投资（中国）有限公司租用当地3000多亩荒地，支付租金60多万元，受益农户150户，其中贫困户33户103人。如贫困户张明生出租荒山92.8亩，租金收入18000多元，子女入学难问题得到顺利解决。

二是吸纳就业增加收入。项目基地开工建设后，吸收了当地贫困人口50人参加桩基浇筑、道路修建和材料运输等。就业人员每日工资160元，平均月工资收入在3000元以上。上横组贫困户张学胜，因妻子车祸致贫，在光伏基地就业后每月工资达3600元。项目后期的维护管理还将提供更多的就业岗位，可实现当地在家贫困户劳力就业全覆盖。

三是多措并举改善条件。为方便群众出行，顺风光电投资100多万元兴修进村公路；为丰富群众精神文化生活，投入60多万元为当地新建张氏祠堂文化中心。同时，针对贫困户技术不行、信息不灵等困难，帮扶单位组织该公司开展了3期的扎钢筋、浇筑桩基、光伏板安装等技术培训，帮助150多名贫困人口就业。

六、石城县丰山乡通过“合作社+贫困户”模式，拓宽扶贫之路

石城县丰山乡的烟叶产业在全县数一数二，即人均收购量列全县第一，烟叶种植总面积和总收购量位居全县第二。薏仁种植面积3000亩，已形成规模效益，产业链也不断延伸，成功研发了薏仁酒等产品，目前正努力向

各大超市进军。

为充分发挥优势产业的扶贫功能，当地以烟叶、薏仁产业为依托，分别成立丰山烟草产业合作社、绿丰薏仁合作社，引导全乡462户贫困户加入合作社（部分贫困户加入了两个合作社）。实行“合作社+贫困户”保底分红合作运营模式，拓宽贫困户增收之路。贫困户加入合作社后，可以以资金、生产资料入股，统一运营，收益后予以分红，并且由合作社承诺以1%月利率的标准保底；若贫困户种植烟叶或薏仁，种苗、肥料等前期部分投入可由合作社垫付，到收购时再由合作社予以扣除。

根据测算，贫困户在合作社技术、资金、销售等帮扶下，种植一亩烟叶毛收入一般在4000元以上，种植一亩薏仁毛收入一般在3000元以上；如果将烟叶与薏仁套种，每亩地毛收入将超过7000元，剔除成本，每亩净收入超过4000元。在获得种植收益的同时，加上贫困户在合作社获得的“保底分红”效益，贫困户逐步走上稳步脱贫、长期增收的道路。

第四节 赣南苏区第一书记扶贫实践

习近平总书记在贵州召开部分省区市党委主要负责同志座谈会时强调，做好扶贫开发工作，基层是基础。要把扶贫开发同基层组织建设有机结合起来，抓好以村党组织为核心的村级组织配套建设，鼓励和选派思想好、作风正、能力强、愿意为群众服务的优秀年轻干部、退伍军人、高校毕业生到贫困村工作，真正把基层党组织建设成带领群众脱贫致富的坚强战斗堡垒。

为夯实扶贫开发组织基础，按照中央、省委部署，全市集中选派了一批优秀机关干部到各村担任第一书记。第一书记到任后，在各乡（镇）党委领导下，紧紧依靠村党组织，带领村“两委”成员，着力建强基层组织，有效推动精准扶贫。

一、大余县：农村第一书记挑大梁

大余县左拔镇左拔村中药材种植基地一片繁忙，村党支部第一书记蔡余生带领贫困户播种。蔡余生和镇村干部到樟树市实地考察后商定，因地制宜在左拔村发展中药材种植产业。目前，23 户贫困户共流转 100 亩土地，预计每户人均年收入可增加 500 元。

2015 年以来，该县因村施策，选派优秀党员干部到 105 个村担任第一书记，以加强基层党组织建设，挑起扶贫攻坚的重任。该县在选派第一书记时因村施策、因人择村，根据部门单位职能，选派一名优秀年轻党员干部脱产驻村任第一书记，依托本单位职能优势、资源优势开展工作，优化农村发展“软环境”。同时，根据党员干部个人情况，充分发挥人缘、地缘、特长等优势，选派到重点村、回原籍或原工作地任第一书记。

第一书记任职驻村前，该县专门举办了一期岗前培训班，学习产业实用技术、农村专业合作经济组织运转、市场营销等方面的知识。在充分调研的基础上，该县要求各村第一书记帮助 105 个行政村量身定制发展规划，厘清发展思路，迅速掀起了一股“村看村，户比户”的发展新气象。目前，105 名第一书记签订了《任期目标责任书》，向乡镇党委、村党组织和群众作出公开承诺 976 项，承诺内容在村党务公开栏上公示，接受群众监督。在第一书记的引领下，该县已新建特色种养产业基地 42 个，贫困户将从产业发展中获得更多收益和致富机遇。

二、定南县：着力抓好村党组织第一书记选派工作

定南县委高度重视第一书记选派工作，着力从四个方面抓好第一书记选派工作，让第一书记真正发挥指导和引领贫困群众加快脱贫致富的作用。

一是抓好推荐选拔。为确保村党组织第一书记的选拔质量，该县要求所有县属机关单位均需推荐至少一个副科级干部为候任人选，然后县委组织部从中通过严格考核，择优选定各村第一书记人选。

二是做好学习培训。2005 年 6 月 2 日，组织全县 119 名第一书记前往

瑞金市“学习梁家河”展览馆，学习习近平总书记当年带领梁家河干部群众战天斗地、整山治水的精神。6 月 12 日，举办了全县农村党组织第一书记培训班，重点对全县选派的 119 名农村党组织第一书记就农村党组织书记的履职要求、农村党组织建设、精准扶贫等知识进行了专题培训。

三是加强宣传推介。为方便村民与第一书记的联系沟通，县统一印制了第一书记联系卡，卡上写明任职干部姓名、手机号、单位及职务等，并做到村民人手一份。

四是强化督查考核。6 月 18 日制订出台了村党组织第一书记督查方案，重点对各村第一书记的任职、履职和日常管理等工作进行了专项督查。

三、南康区十八塘乡乌溪村第一书记扶贫

南康区十八塘乡乌溪村地处南康偏远山区腹地，全村 2560 人，其中贫困人口 356 人，占全村总人口的 14%。为加快群众脱贫步伐，区农业银行副行长黄敬菁同志“抢”当该村第一书记，下真功、拿真招、出真力，全身心投入乌溪精准扶贫工作，帮扶乌溪村打造了“电商扶贫乌溪秋葵种植基地”，带动 30 户贫困户脱贫。

之前，乌溪村群众都是守着自家一亩三分地分散种植农业，利润微薄。黄敬菁同志上任后，萌生了一个念头：为何不因地制宜充分利用山区无污染的优势，通过流转土地规模化集约化种植绿色有机产品呢？黄敬菁立即行动，多方努力，在区农业银行大力支持下，乌溪村通过土地流转试点种植了 28 亩黄秋葵，带动了 20 多户贫困种植户积极参与。

由于秋葵保质期较短，按传统发展模式风险较大，只有通过“互联网+”的创新模式，才能降低风险，获得更多的利润。意识到这点，黄敬菁积极与区商务局、南康区光明电子商务创业孵化园协调争取，全区首个“淘宝村”落户乌溪。为做电商与产业扶贫结合的文章，黄敬菁精心制作《深山里的秋葵》《爱满乌溪，情满乡间》等宣传片在微信、微博、优酷视频等平台宣传和播放，将乌溪黄秋葵打造成“电商扶贫”的“活名片”。不到半个月时间，黄敬菁同志的真情真爱获得了回报，秋葵在淘宝、天猫等平台已

售出2000多斤，销售额达到4万多元。村民们正积极融入“淘宝村”建设，扩大种植规模，用“互联网+农业”模式，争取将乌溪秋葵卖出更多、卖到更远的地方去。

四、兴国县鼎龙乡杨村村第一书记黄丽萍

黄丽萍下派到鼎龙乡杨村村担任第一书记以来，认真调研，谋实事，出实招，推动该村精准扶贫取得初步成效，相关事迹在央视新闻联播播出。

作为县纪委下派的干部，黄丽萍大力推进党风廉政建设，努力营造风清气正的干事创业氛围。在贫困户再识别再核实工作过程中，充分发挥自己的监督检查职能，对杨村村的贫困户进行了全面走访，针对贫困户家庭、生产情况及发展意愿等信息作了详细的了解核实，将原来的286户贫困户通过再识别再核实减少到144户，清出了一批“假贫困”户和“关系”户。同时，通过组织开展“迎七一”党章知识竞赛、发展新党员等一些活动来健全和完善村党组织建设，充分发挥共产党员在精准扶贫工作中的先锋带头作用。

结合杨村村产业发展规划，组织贫困户合包或提供劳动力，完成了2000亩集中连片油茶种植。实施就业扶贫，帮助剩余劳动力到杨村村苗木基地务工。依托鼎龙乡方山岭合作社和“我要土产网”“城乡买卖网”的农电商网络平台，引导帮助贫困户把自种自养的农产品销售出去，拓宽收入渠道。向县供电公司争取，年内完成2个村小组的低压电网改造，争取县发改委为扶贫户安装太阳能光伏发电装置，推进光伏扶贫。

“5·19”洪灾，杨村村受灾严重，倒塌房屋1幢，受损房屋8间，冲毁鱼塘5口，受损水圳3500多米，受损农作物450余亩，经济损失达30多万元，黄丽萍带领村“两委”班子成员坚守在防汛一线，转移群众，疏通河道，清排淤泥，全力做好救灾工作，确保群众生命财产安全，尽最大的努力救助受灾群众，减少损失。

五、全南县大吉山镇斜溪村第一书记郭卫玲扶贫

郭卫玲，来自全南县卫生局干部。年初到大吉山镇斜溪村任职第一书

记后，着力践行“扶真贫、真扶贫”，做困难群众的“贴心人”。严格按照“十不许”“七步法”工作要求，按照村民意见建议，删减2户，调整9户，确定了贫困户33户、98人，确保扶贫对象识别准确无错漏。深入分析33户贫困户致贫原因，结合贫困户的发展意愿，分类施策。如针对家有老人、小孩或病人需要照顾的贫困户，采取季节性劳务帮扶的方式，推荐介绍50多人次到本村渔业养殖大户务工或蔬菜基地务工，让贫困户由农民变成产业工人；对有发展意愿但无技术的贫困户，通过多种形式组织560多人次参加培训，使他们至少掌握1项职业技能或农村实用技术，增加家庭收入。

郭卫玲还通过发展壮大了本村的鑫水渔业专业合作社，把村集体鱼塘中的近百亩承包给贫困户，由合作社统一采购饲料、鱼苗，无偿提供技术和市场信息，降低了贫困户养鱼风险，提高了贫困户收入。得知村民晚上出行不便、不安全时，她及时向派出单位主要领导请示，争取到大力支持，由卫生局筹资3万余元，在村组主干道上拟安装8盏太阳能路灯，以解决村民夜间出行不便等问题。

六、安远县龙布镇迳背村第一书记陈诗明扶贫

安远县龙布镇迳背村共有村民683户，总人口3352人，人口基数大、贫困人口多，精准扶贫面临巨大压力。龙布镇团委书记陈诗明临危受命，出任迳背村党组织第一书记，积极投身精准扶贫一线，身体力行诠释年轻党员乐于奉献的工作风采。

在开展精准扶贫工作中，陈诗明结合迳背村扶贫现状及扶贫需求，组建三支队伍，推动烟叶产业和旅游产业发展，帮助贫困户脱贫致富。一是建立烟叶产业基地。立足于该村有利于烟叶种植的条件，推行“基地+合作社+贫困户”的模式，目前，共有11户贫困户参与烟叶种植，带动更多贫困户从烟叶产业发展中获益。二是同步推进旅游产业。积极引导村民发展乡村旅游，并帮助把文凤桥、永清岩等风景点和新农村建设点纳入当地旅游路线规划，通过发展乡村旅游，充分带动周边村民脱贫致富。三是组建

三支队伍。通过烟叶务工小分队、旅游宣传推介小分队、党员义工服务队，充分发挥党员干部先锋模范作用，有效缓解了烟叶生产用工压力，提升了旅游资源知名度。

第四章

赣州市民生发展实践与探索

自2012年《若干意见》颁布实施以来，赣州市人均教育、医疗卫生和社保就业支出分别占全国平均水平的78%、89%和78%，比2011年占比分别提高7个、13个、2个百分点；赣州市基本公共服务水平各项指标呈明显增长趋势，教育、卫生医疗、社会保障等基本公共服务水平快速提高，大部分公共服务水平指标接近中西部平均水平。

第一节 赣南苏区社会医疗保障发展与实践

一、赣州市医疗社会保障事业快速发展

近年来，赣州市14个县（市）项目启动实施社会保障工程，6个县（市）级、30个乡镇基层平台已投入运行，社会保障体系覆盖群体更加广泛。截至2017年4月底，赣州市城市低保保障人数为97220人，农村低保保障人数为436617人。企业退休人员人均月养老金、城乡居民养老保险月基础养老金标准、城镇职工、居民医疗保险最高支付额度、城镇居民参加医保年补助标准均有所提高，基本实现应保尽保。社会养老等公共服务机构建设力度加大，147个养老和社区服务、44个民政公共服务设施、19个残疾人康复托养中心项目建设获得支持。2012~2016年，共维修改造破旧村级组织活动场所764个。基层社会管理服务不断延伸拓展。推进赣州市基层组织建设“五覆盖”工程，6个领域党组织组建率均达100%。乡村基本运转经费保障得到了加强，2016年共落实补助资金3.57亿元。

二、赣州市医疗卫生事业大力提升

2012~2016年，赣州市新（改、扩）建千个医疗卫生基础设施项目，新增病床位1.6万张。市人民医院竣工并投入使用，市儿童医院基本建成一期主体工程，市妇幼保健院新院启动建设，8家县级综合医院完成整体迁建

并投入使用，新改扩建10家中医院和10家妇幼保健院。基层医疗卫生队伍逐渐扩大，评选了学术和技术带头人30名、培养对象100名、优秀青年医学人才培养对象100名，每年乡村医生培训人数均在8000人左右（见表4-1）。

表4-1　2012~2016年赣州市医疗卫生事业发展情况

指标	2012年	2013年	2014年	2015年	2016年
每千常住人口床位数（张）	2.97	3.33	3.64	4.23	4.50
每千常住人口执业（助理）医师（个）	1.01	1.09	1.17	1.37	1.45
乡村医生人数（人）	8547	8547	8688	8703	8665
乡村医生培训进修人数（人）	8500	8341	7163	8761	8126
每千常住人口注册护士（个）	1.16	1.30	1.41	1.73	1.91
食品药品检验检测机构（所）	1	2	2	2	2

卫生事业方面，市人民医院新院全面投入使用，市妇保院新院开工建设，市儿童医院完成门诊楼主体工程建设，市中医院新院建设加快推进。公立医院综合改革全面启动，持续半个多世纪的“以药补医”彻底终结。

三、赣州市大病医疗保险事业快速发展——以信丰县为例

2016年信丰县建档立卡贫困对象享受城乡居民基本医疗保险住院补偿12062人次，补偿金额3049.6万元，大病保险补偿1362人次，补偿金额1213.89万元，疾病商业补充保险补偿102人次，补偿金额192.58万元。信丰县主要经验和做法如下：

（1）2016年由政府筹资为所有建档立卡贫困对象购买大病保险（30元/人）和疾病医疗商业补充保险（90元/人），并对贫困人口参加城乡居民基本医疗保险个人缴费部分（120元/人）给予全额补助。

（2）对贫困人口住院实行“先诊疗，后付费”的结算机制，取消医疗病种限制。并在各定点医疗机构设立专门的报账窗口，开辟结算“绿色通道”，优先为贫困对象进行直补。

（3）全县建档立卡贫困人口因病住院在县乡两级定点医疗机构减免起付线，大病保险补偿时，起付线下降50%，起付线每参合年度内只扣减一次。每档补偿比例提高10%，0~5万元部分，补偿比例为60%；5万~10万元部分，补偿比例为70%；10万元以上部分，补偿比例为80%；门诊慢性病报销比例50%，不设起付线，年度封顶线4000元。按城乡居民医疗保险政策和大病保险政策补偿后，剩余部分中属于三个目录内的住院医疗费用，由贫困人口疾病医疗商业补充保险补偿90%，个人负担10%，剩余部分中属于目录外的住院医疗费用，由贫困人口疾病商业补充保险补偿75%。市内定点医疗机构负担5%（在出院直补时给予直接减免），个人负担20%，市内非定点医疗机构和市外医疗机构就诊则由个人负担25%。贫困人口疾病医疗商业补充保险补偿不设起付线，年封顶线为25万元。实现贫困人口住院自负费用比例降至10%以下。

（4）实际补偿案例一：家住信丰小江镇的贫困对象邓某香由于败血症2016年在广东住院，住院总费用143929元，城乡基本医疗保险补偿37949.74元，大病保险补偿52435.94元，疾病商业补充险补偿45672.1元，个人自付费用7871.22元，自付比例为5.47%；案例二：家住信丰安西镇的贫困对象蓝某九由于脑梗死2016年在信丰中医院住院，住院总费用106895.78元，城乡基本医疗保险补偿77205.97元，大病保险补偿2350.75元，疾病商业补充险补偿23106.91元，个人自付费用4232.15元，自付比例为3.96%。

（5）四道医疗保障线“一站式”同步结算工作稳步推进。根据《赣州市人民政府关于整合城乡居民基本医疗保险制度的实施办法》（赣市府发〔2016〕33号）、《关于印发〈赣州市城乡居民大病保险暂行办法〉的通知》（赣市人社发〔2016〕30号）和《转发县民政局等部门关于进一步加强和完善城乡医疗救助制度实施方案的通知》（信府办发〔2016〕63号）文件精神，依托城乡居民基本医疗保险网络，在县行政服务中心设立四道医疗保障线“一站式”结算窗口，在县级医院（县人民医院、县妇保医院、县中医院、赣南医学院第二附属医院）先行建立一套“一站式”结算系统，简化补偿程序，实现城乡居民基本补偿、大病保险、商业补充保险、民政医疗救助“一站式”结算。

目前，县行政服务中心窗口已建立好，各单位已进驻合署办公，四家县医院系统也已上线运行。下一步工作将同步结算模式延伸到乡级医院医疗机构，最大限度地方便群众，提升服务水平（见图 4-1）。

图 4-1　信丰县民政医疗“一站式”服务体系

四、加强对特殊困难群体的关心

2012 年，赣州市城乡困难群众约 6 万户共 20 余万人。为了更好地破解民生难题，赣州市各走访单位和干部在送温暖、关心困难群众衣食冷暖的同时，带着困难群众调查表等资料，深入群众家中，征求对扶贫工作和干部作风的意见，全面了解困难群众的家庭基本情况、贫困程度、致贫原因、当前和今后需要解决的困难和问题、发展家庭经济的打算等，搞好调查研究，收集好信息。至 2017 年 1 月，2.9 万年满 60 周岁以上的烈士子女和 2.2 万年满 60 周岁以上的农村籍退役士兵享受了国家定期生活补助政策。集中供养了 1214 名特殊困难孤老病残优抚对象，58810 名重度残疾人享受了定期护理补贴费，为 70680 名贫困残疾人发放了生活补贴。

第二节　赣南苏区教育振兴发展与实践

教育事业涉及千家万户，惠及子孙万代，决定国运兴衰，是国家发展和民族振兴的重要基石，是关乎社会繁荣与昌盛的千秋伟业，振兴发展教育事业是赣南等原中央苏区重要民生工程的“抓手”。

一、赣州市教育振兴发展基本情况

2012~2016年，赣州市累计实施了11大类教育项目，新（改、扩）建校舍503万平方米，校舍总面积扩大到1278万平方米，建成及开工在建乡镇公办中心幼儿园283所、城区公办幼儿园51所，增设农村小学附属幼儿园和幼儿教学点1089个，累计接收9.8万余名农村幼儿，学前三岁幼儿入园率由61.36%提高到77.9%。农村义务教育学校办学条件不断完善。赣州市贫困家庭资助面由26.3%提高到30%。到2016年底，累计改造普通高中52所。中等职业学校师资力量明显加强，培训认证“双师型”教师378名，中职学校毕业生就业率达到98%。高等教育规格提高，1所大学参与共建，2所高校升格，1所学院获批硕士学位授予单位。同时，教师队伍质量不断提升，共招聘特岗计划教师7568名，下达国培计划培训指标8.4万个，累计补充教师1.2万人。教育综合改革试验稳步实施。教育部和江西省政府联合签署了《关于共建赣州市教育改革发展试验区的意见》，教育部连续两年召开部省共建联席会议，赣州市制定了《赣州市教育改革发展试验区建设实施方案（2014~2020年）》。赣南职业技术学院等4所院校纳入《江西省“十三五”期间高等学校设置规划》，争取上级下达赣州特岗教师计划1618人、“三区”人才支教教师计划651名、省属高校苏区专项招生计划612名。

二、赣州市创新教育发展规划

（一）扩充城镇义务教育资源

各地要根据城镇化发展和人口变动等情况，2017 年底前编制《教育网点布局专项规划（2018~2030 年）》并制订年度建设计划，非经法定程序不得擅自修改。要把教育部门列为城市规划委员会成员单位，按每 1 万人口左右布局 1 所完全小学、每 3.5 万人口左右布局 1 所初中的原则，在新建城区住宅小区或者其他居住项目依法设置相应学校；老城区未配套建设义务教育学校或配建不足的，要按本辖区居住人口规模配套建设，确保足够学位供给，满足学生就近入学需要。

（二）加强乡村义务教育布局规划

各地要在交通便利、公共服务成型的农村地区合理布局农村义务教育学校，要结合扶贫移民搬迁等将生源较少的边远农村地区适度向中心村和乡镇政府所在地集中办学。同时，针对边远山区、库区等特殊困难地区群众就学要求，布局和办好一批寄宿制学校，保留并办好必要的乡村小规模学校和教学点。因撤并学校造成学生就学困难的，当地政府应因地制宜，采取多种方式予以妥善解决。

（三）保障义务教育用地供应

根据学龄人口变化趋势、中小学建设标准等，依法制定与城镇化进程同步的义务教育用地专项规划并严格实施。教育用地实行联审联批制度，新建配套学校建设方案，相关部门应征得同级教育行政部门意见。现有义务教育学校用地面积未达到标准的，要予以改造扩建。在老城区改造时，要根据实际合理确定义务教育学校建设用地面积。对学校周边长期闲置和待开发土地，要优先规划为教育增容预留用地。严禁未按法定程序，擅自将义务教育用地改变性质用于其他建设项目，或以各种方式挤占、变更教育用地。各地要合理制订闲置校园校舍综合利用方案，严格规范权属确认、用途变更、资产处置等程序，将学校闲置校舍资产作为教育储备项目，统筹用于地方教育事业发展需要。

三、加快推进义务教育学校标准化建设

（一）推进义务教育学校达标建设

各地要逐校开展摸底排查工作，按照“缺什么补什么”的原则，建立义务教育学校标准化建设台账，统筹推进义务教育学校建设项目，确保到2018年每所学校（含村小、教学点）基本办学条件都达到省定标准。要结合“全面改造”、校舍维修改造等项目，加快推进乡镇寄宿制学校建设，重点加强食堂、师生宿舍、厕所等生活设施及运动场建设，保障寄宿学生每人1个床位，教师有值班用房，有足够的运动场所。适当提高寄宿制学校公用经费补助水平，通过政府购买服务等方式为乡镇寄宿制学校提供工勤和教学辅助服务，提高乡镇寄宿制学校管理服务水平。

（二）建立义务教育学校建设协同机制

各地要全面贯彻落实江西省教育厅等13个部门联合印发的《关于加快推进全省基础教育项目建设工作的意见》，建立健全项目建设协同机制。要成立基础教育项目建设推进工作领导小组，定期召开会议，统筹协调推进项目建设。各地要实行“交钥匙”工程，确保配套学校建设与住宅建设首期项目同步规划、同步建设、同步交付使用。未按照规划配套建设学校的，不得发放建设工程规划核实合格书，不得办理竣工验收备案。

（三）加快消除义务教育大班额

各地要按照以县为主和属地管理原则，根据《赣州市消除义务教育学校大班额专项规划（2016~2020年）》，制定本地消除义务教育大班额专项规划，建立工作台账，实行销号管理，避免产生新的大班额。中心城区要加快组织实施《赣州市中心城市教育网点布局规划》及学校建设三年攻坚计划。要坚持“政府主导、统筹规划、分步实施”，采取扩增、整合、疏导、调控资源等办法，持续增加学位数量，合理配置教育资源，加快化解大班额，确保到2018年将66人以上超大班额的比例控制在3%以内，到

2020年全部消除；到2020年将56人以上大班额比例控制在5%以内，2020年之后大班额比例逐年降低。

四、全面加强义务教育教师队伍建设

（一）统筹城乡义务教育师资配置

建立城乡义务教育学校教职工编制统筹配置机制和跨区域调整机制，根据事业发展规划、生源变化和学校布局等情况，在编制总量内统一城乡中小学教职工编制标准，实行教职工编制城乡、区域统筹和动态管理。校长的选拔、任用、培训、考核、交流由县级教育行政部门依法管理。全面推进教师“县管校聘”管理改革，县级教育行政部门在核定的教职工编制总额和岗位总量内，按照班额、生源等情况，充分考虑乡村小规模学校、寄宿制学校和城镇学校的实际需要，统筹调配各校教职工编制和岗位数量，并向同级机构编制部门、人力资源社会保障部门和财政部门备案。加大免费师范生和师范定向生培养力度，扩大农村教师“特岗计划”实施规模，实施“三区”人才支教计划，积极鼓励和引导乡村志愿支教活动，着力解决乡村教师结构性缺员和城镇师资不足问题。严禁在有合格教师来源的情况下“有编不补”、长期聘用编外教师，严禁挤占挪用义务教育学校教职工编制和各种形式“吃空饷”，及时为新招聘的教师解决编制问题。

（二）完善乡村教师待遇保障机制

各地要实行乡村教师收入分配倾斜政策，认真落实艰苦边远地区农村中小学教师特殊津贴、连片特困地区乡村教师生活补助和乡镇工作补贴等政策，因地制宜稳步扩大实施范围，确保乡村教师实际工资收入水平不低于同职级县镇教师工资收入水平。各地要健全长效联动机制，在核定义务教育学校绩效工资总量时统筹考虑当地公务员实际收入水平，依法足额为教师缴纳住房公积金和各项社会保险费，确保县域内义务教育教师平均工资收入水平不低于当地公务员工资的平均收入水平。完善乡村教师荣誉制度，使广大乡村教师有更多的获得感。加快边远艰苦地区乡村教师周转宿舍建设，将符合条件的乡村教师住房纳入当地城镇住房保障体系。完善乡村教师职业发展保障机制，合理设置乡村学校中级、高级教师岗位比例，落实中小学教师职称评聘结合政策，确保乡村学校教师职称即评即聘。进一步健全和落实校长和班主任工作激励机制，根据考核结果合理确定校长绩效工资水平，坚持绩效工资分配向班主任倾斜，班主任工作量按当地教师标准课时工作量一半计算。

五、切实提高义务教育办学质量

（一）改革义务教育学校办学体制

全面推进中小学章程建设，到2017年全市中小学基本完成“一校一章程”制定工作；落实校长负责制，完善学校重大事项决策机制，鼓励中小学校在法律允许范围内进行学校治理的探索；发挥中小学家长委员会作用，推动社区参与学校治理，建立第三方评价义务教育学校办学机制，逐步形成依法办学、自主管理、民主监督、社会参与的现代学校制度。大力推进“强校+弱校”“名校+分校”“名校+新校”及集团化办学、城乡一体化办学、学区制管理、教育联盟、校际联盟等改革，加大对薄弱学校和乡村学校的扶持力度，鼓励优质学校与薄弱学校、城镇学校与乡村学校结对帮扶共建，建立以优质学校为主体的教育共同体，实现管理互动、师资交流、资源共享、活动同步，缩小城乡校际差距。

（二）提升乡村教育办学水平

要通过送教、走教、课程整合及结对帮扶等方式，定向培养能够承担多门学科教学任务的教师，支持乡村学校开足开好国家课程。建立教研员、名师定点联系乡村学校制度，提高乡村学校教学水平。加强乡村学校信息技术基础建设，基本实现“宽带网络校校通、优质资源班班通、网络空间人人通”的全覆盖，全面提高乡村教师运用信息技术的能力，实现城乡优质教育资源共享。逐步扩大优质高中招生计划名额在乡村初中的分配比例，增强乡村学校的办学吸引力。完善乡村小规模学校办学机制和管理办法。要有效利用绩效工资、职称评定、职务晋升等激励机制，推动中小学校长教师在城乡间、校际间交流轮岗，城镇学校和优质学校教师每学年到乡村学校和薄弱学校交流轮岗的比例不低于符合交流条件教师总数的 10%，其中骨干教师不低于交流轮岗教师总数的 20%。

（三）全面实施素质教育

认真落实教育部《义务教育学校管理标准》，不断提升学校办学品质。广泛宣传和全面落实《江西省学校学生人身伤害事故预防与处理条例》，推动平安校园建设。组织开展红色文化、绿色文化、古色文化三项文化主题教育实践活动，积极培育和践行社会主义核心价值观。发挥赣南苏区红色文化和客家文化资源优势，深入开展“苏区精神进校园”“书香校园”和“校园文化建设示范校”创建活动。积极推进中小学社会实践和校外体验教育，力争每个城乡中小学生每学年原则上都参加研学旅行和力所能及的劳动。完善社会资源支持教育的体制机制，全市各地博物馆、纪念馆、图书馆、文化馆、美术馆等公共文化机构和公共体育场馆要向中小学生免费开放，鼓励社会各类科普基地、旅游基地、生态基地、农林基地和主题公园等为中小学生开展研学旅行和校外教育提供便利。

（四）规范义务教育学校招生行为

各地要认真落实《关于严格执行义务教育免试就近入学政策的工作意见》（赣市府办发〔2017〕31 号），全面实施划片免试就近入学，规范招生行为。各县（市、区）要根据适龄学生人数、学校分布、学校规模、交通状况等因素，按照就近入学原则，依据街道、村组、路段、门牌号等，为每一所义务教育学校合理划分学区，并在学区内招生。要根据城镇化进程，预测生源变化，及时调整学区划分。义务教育学校要实行“阳光招生”，全面实行学区、学位、学区内适龄儿童信息、招生过程、招生结果、投诉举报电话等“六公开制度”，并逐步推进网上招生。

第三节　赣南苏区文化发展与建设
——以信丰县为例

赣州市大力发展文化事业，市综合文化艺术馆开工建设，大型赣南采茶歌舞剧《永远的歌谣》获得中宣部“五个一工程”奖，赣南民俗音画《客家儿郎》成功上演。红色文化启蒙教育电视动画系列片《红游记》被评为2017年国产优秀动画片。启动实施赣南围屋三年抢修计划等。更值得一提的是，赣州市各地开展了丰富多彩的文化建设，取得非常好的成绩。本节以信丰县的文化建设为例，具体如下：

一、创新投入机制，在贫困地区公共文化设施建设上取得突破

信丰县按国家标准完善提升，达到“五个一”标准：一个面积100平方米的文化活动室，一个600平方米的文体小广场，一个农家书屋，一套“村村响”广播和应急响应系统，一套文体器材。2015年，第一批30个村文化活动室建设已经完成。

2016年，信丰县积极推进第二批公共文化服务标准化示范点建设，每年都打造5个村级文化活动中心。同时，信丰县加强搬迁移民集中安置点公共文化设施建设，把文化设施建设规划纳入移民搬迁集中安置点建设规划中，并按照“五个一”标准，扶持大塘埠镇合兴“三引点”社区、铁石口镇长远新村、高桥新村等搬迁移民集中安置点建设了符合标准的文化室（活动中心）和文化广场。并整合贫困村宣传文化、党教、科普、体育健身等设施资源，建设了一批综合性文化室，搭建贫困村综合性公共文化服务平台，丰富和完善服务功能。到2016年，信丰县已完成了16个乡镇综合文化站的新建，建设村（社区）文化活动室293个，农家书屋273个，在全

县16个乡镇设立了263个文化信息共享工程基层服务点，通过多年的努力实现了村村有文化活动广场、有戏台的目标。广播电视村村通和农家书屋建设覆盖率达到100%。县、乡、村三级公共文化服务设施网络基本形成，为公共文化服务提供了更高效、更可靠、更便捷的载体。

二、典型示范引路，在贫困地区公共文化服务标准化建设上取得突破

2015年，信丰被列为全市公共文化服务标准化建设试点县。县文化局根据中央、省、市文件精神制定了《信丰县公共文化服务标准化建设实施方案》，明确了县、乡（镇）、村三级公共文化服务建设的标准、任务和时限。试点工作将在三年内分期分批完成，每年推出一批达到国家、省基本公共文化服务标准的典型成果。2015年，信丰县文化局以中心村、大型社区为重点打造了30个公共文化服务示范点，整合党建、科普、体育健身等各种资源，建设村（社区）综合性文化服务活动室，让农民在家门口享受便捷的文化服务，县财政将采用以奖代补的方式给予扶持。2016年，信丰县积极推进第二批公共文化服务标准化建设和“农家书屋+电商”建设，投入230余万元，完成了73个示范点建设，其中，市级10个、县级63个。目前，完成了32个“农家书屋+电商”服务示范点建设任务。通过“农家书屋+电商”服务示范点建设，有效推进了互联网与公共文化服务融合发展，创新了公共文化服务新模式，大力促进了农村公共文化服务体系建设、公共服务信息传播、电商进农村体系建设和农产品交易等。同时，我县各乡镇的民俗文化表演丰富多彩。重大节日，国家级非遗保护项目古陂蓆狮、犁狮，省级非遗保护项目大阿子孙龙、万隆瑞狮迎龙，嘉定镇镇江村王氏感恩节等，都要举行民俗文化活动。通过举办民俗文化活动，凝聚了民心，增进了邻里和睦关系，打架、斗殴、赌博村风陋习少了，讲文明树新风的多了，带动村风民风明显好转。

三、强化人才支撑，在贫困地区文化队伍建设上取得突破

信丰县为每个乡镇文化站都配置了专（兼）职工作人员，每村一名财

政补贴的文化管理员。县文化馆、图书馆、博物馆等单位建立了文化志愿者队伍，长期服务于贫困村文化培训和辅导工作。各乡镇组建了民营业余文艺团队，每村建立了一支业余文艺队伍，成为农村文化服务的重要补充，把乡土人才民间艺人培养成农村文化的主力军，激发基层文化人的创造活力，使许多沉寂的乡土文化人才焕发了热情，积极参与到文化建设中来。公共文化管理得到了加强。建立健全了规章制度，推进了县、乡、村公共文化机构服务的规范化、标准化、制度化，我县以打造“二胡之乡”“合唱之乡”“舞龙之乡”为重点，大力培育乡镇文化队伍，确保每个乡镇至少有一支二胡乐队、一支合唱团、一支舞龙队。

目前已培育和建立了800人以上规模的文化志愿者队伍，并加强了培训，不断提高志愿者文化素质。文化志愿者通过结对帮扶、辅导、培训等措施，为全县各村培养了一支永不走的本土文化人才队伍，形成了村村有文化队伍的目标。这些本土文化人才队伍成为当地文化的主力军，由过去的“送文化”变为现在的“种文化”，丰富了基层文化载体（见图4-2）。

图4-2　信丰县新田镇文化队演出

四、盘活文化资源，在贫困地区文化遗产保护上取得突破

在非物质文化遗产保护方面，我县鼓励贫困村群众积极参与非遗保护

传承活动，每人每天给予100元的补助，对成功申报国家级、省级的项目传承人给予5000~30000元的资金奖励。建立完善了传承名录体系和传承保护机制，出版了非遗画集《橙乡古韵》。目前我县已向上争取文化遗产保护资金600多万元，成功申报国家级保护项目一个（蔴狮、犁狮），省级保护项目5个，市级保护项目7个，县级保护项目32个。争取上级资金80万元，完成了上乐塔的抢救性保护维修，争取上级专项保护维修资金80万元，完成了待批省保单位大埠头黄氏宗祠的保护性修缮。全国重点文物保护单位大圣寺塔和玉带桥保护专项资金331万元，其中大圣寺塔修缮工程263万元，玉带桥保护维修工程68万元。新屋里毛泽东旧居、古陂中革军委旧址、红军干部学校等一批革命旧居旧址被列入2015年中央苏区红色旧址保护维修计划。

第四节　赣南苏区民生基础建设与实践

自2012年国务院发布《若干意见》以来，赣南等原中央苏区将改善民生作为头等大事来抓，改善农村生活条件是改善民生的核心。到2016年底，全面解决了近300万农村人口安全饮水的问题；全面完成了农村危旧土坯房改造69.52万户；累计完成低电压治理58.5万户，全面解决近300万山区群众不通电或长期连片“低电压”问题；新（改、扩）建中小学校舍503万平方米，改造校舍危房230.6万平方米，校舍面积增加了三分之一；到2016年底，国有工矿棚户、国有农林场危房改造分别已完成97%、88.33%，2017年将全面完成；全面解决了农村不通电或电压低问题。可以说，通过实施苏区振兴发展战略，赣州市广大农村生活条件发生了翻天覆地的变化。

一、农村危旧土坯房改造

2012~2015年，赣州市共争取农村危旧土坯房改造工程补助资金46.6亿元，共改造农村危旧土坯房69.52万户，其中维修和新建、改造农村危旧土坯房 44.82 万户，拆除空心房 24.7 万户。2.95 万户“两红人员”及烈士遗孀、“两红人员”烈士子女、分散供养五保户、低保户、贫困残疾人等家庭住房得到优先改造（见表 4-2）。

表 4-2　2012~2015 年农村危旧土坯房改造情况表

年份	维修、新建完工情况		拆除“空心房”户数（万户）
	完工户数（万户）	比率（%）	
2012	10.68	106.86	—
2013	17.04	100	12.96
2014	14.28	100	11.74
2015	2.82	100	—
合计	44.82	—	24.7

兴国县结合搬迁扶贫，完善贫困村住房建设规划，采取政策引导，探索建设小户型房、集体公租房等方式，提高贫困户危房改造补助标准，危房改造指标优先安排贫困村贫困户，探索贫困户危房改造贷款及财政扶贫贴息政策。整合使用扶贫搬迁、以工代赈异地扶贫搬迁、避灾搬迁移民、危房改造、抗震设防、灾损农房恢复重建、贫困残疾人危房改造等政策资金，帮助贫困户解决建房资金。2018 年前，全面完成建档危房、无房贫困户改造建设，基本消除了农村危房无房户；实行政府主导，村集体组织实施，将建不起、改不起房的特困户纳入住房保障。

兴国县把 130 个贫困村全部纳入全县和谐秀美乡村统一规划建设，在资金和项目的安排上向贫困村倾斜，各涉农部门项目资金 60%以上倾斜安排到贫困村，新农村建设村庄整治点 90%以上要安排到扶贫重点村，每村总投入不低于 300 万元，支持山水田林路建设和小流域综合治理，推进贫困乡村环境连片整治。健全农村垃圾收运处理体系，完善农村环卫管理长效机制。提升农村生活垃圾专项治理水平，把村庄整治与产业发展、基础设施建设、公共服务、生态保护等统筹起来，力争 2016 年农村生活垃圾无害化处理率达到 90%。继续实施政府购买公益性岗位安排贫困户为农村保洁员，确保实现贫困村村组保洁员全覆盖。推进新农村建设发展升级，突出中心村建设，启动农村“空心房”整治工作，开展农村生活污水处理建设试点，抓好村点整治，提高贫困村新农村建设的覆盖面。

二、城市棚户区改造

赣州市委始终将加快棚户区建设作为改善民生重要大事来抓。李炳军书记明确表示，“全市三年棚改任务两年完成”。这也被作为硬性任务写入市政府工作报告中，全市上下迅速行动、自我加压，掀起新一轮棚改热潮。

2016 年底，赣州市建设城市保障性住房 77577 套，完成城市及国有工矿棚户区改造 59462 户，完成国有林场和垦区危旧房改造 3277 户（见表 4-3）。

表 4-3　2012~2016 年保障性住房建设情况

项目名称	建设规模（套）	建成情况（套）	建成比率（%）
城市保障性住房建设	80685	77577	96.15
城市及国有工矿棚户区改造	75509	59462	81.26
国有林场和垦区危房改造	3710	3277	88.33

赣州市具体做法如下：

其一，强化市、县、乡等多级联动的组织保障。赣州成立棚改指挥部，由市政府分管、副市长负责具体牵头调度，县、区主要领导“挂帅”，将后备干部抽调到棚改一线，全程参与征地拆迁，既壮大工作队伍，又培养锻炼了干部。同时，形成周调度、月统筹、季督查的推进机制。市政府每季度对全市保障性安居工程建管工作进行督查、通报，对进度滞后的地区启动约谈程序。截至目前，全市 2018 年城市棚改新开工 36039 套；申报项目贷款 237 亿元，已批复 100 亿元、到位 50 亿元。

其二，阳光征收“一把尺子量到底”。赣州始终坚持“补偿市场化、安置人性化”，把群众利益考虑在先，把各项措施落实在前，真正让棚改户“搬得出、安得稳”。针对集体土地上的房屋拆迁，出台《赣州市中心城区集体土地征收及房屋拆迁补偿安置办法（试行）》，按照不低于市场重置价的标准予以补偿，做到“一把尺子量到底”，极大加快了征拆进度。

安置方面做到以人为本。在2015~2017年第一轮三年棚改计划实施期间，赣州中心城区返迁安置房建设用地达1756亩，占住宅建设用地总量的30.33%。小区300米范围内有公交站和学校、医院、超市等配套设施，实现了“十分钟生活圈”规划目标，真正让安置户“安得下、住得稳、过得舒心”。坚持“拆建并重”，彻底转变过去“重拆轻建”的思想，做到“拆建同步”甚至“先建后拆”。创新安置房建设模式，采取“工程管理+施工总承包”的建设模式，以不低于普通商品房的标准规划建设安置房。征收方面做到阳光公开。坚持把“公平、公开、公正”贯穿征收全过程，通过上门入户和微信公众号、电视广告等多种形式及平台宣传征收政策，赢得群众支持和积极配合。全市因征地拆迁引发的群访、非访事件明显下降。部分县在棚改项目征拆过程中实现了房屋征收“零上访”。

三、改善农村安全饮水

农村饮水安全问题，关系着百姓的切身利益。长期以来，赣州市大量偏远农村存在饮水安全问题，20世纪80年代，有的村民用石块把水池周围垒起来，改池为井。由于没有井盖，雨后路面积水伴随着各种生活污水一起流入井中，井水浑浊不堪，污染严重。遇上干旱季节，村民们还得排队挑水。为了改变饮水状况，后来，有的村民将山里的泉水直接引进家里饮用，有的家里打了压水井，但因水质不达标，饮水安全问题仍威胁着村民的健康。

2012年国家部委联合调研组进入该村调研后，宁都县首先确定了改水项目，迅速启动了改水工程。如今，东排小组村民早就全部用上了卫生的自来水，该小组村民做饭、洗衣、洗澡等生活用水充足、方便，彻底告别了挑水难、用水难、喝水难的历史。《若干意见》的出台实施，让赣南278.38万农村人口喝上了安全卫生的饮用水，他们的梦想变成了现实。据统计，2012年以来，赣州市投入农村饮水安全工程资金16.62亿元，完成工程数607处（见表4-4）。

表4-4　2012~2016年农村饮水安全工程情况表

年份	规划任务数		完成情况	
	工程数（处）	解决农村饮水不安全人口（万人）	完成工程数（处）	完成比率（%）
2012	224	152.53	224	100
2013	77	85.36	77	100
2014	65	40.50	65	100
2015	61	18.36	61	100
2016	180	84.54	180	100
合计	607	278.38	607	100

此外，赣州市实施江河湖库综合整治，加快建设实施城镇防洪工程、中小河流治理、引调提水抗旱应急水源工程和灌区改造等项目，推进新增病险水库除险加固建设，提高贫困村防洪能力。加大抗旱水源建设、中小河流治理、水土流失综合治理力度。推进病险水库除险加固建设，完善防汛抗旱和地质灾害监测预报预警体系，推动农田水利建设，提高贫困村防灾减灾能力。加强源头区保护和水生态治理，大力推进农村自来水巩固提升工程建设，提高集中供水率、自来水普及率、供水保障率、水质合格率，构建精准到户的饮水安全保障体系，到2020年自来水普及率达90%。加强产业发展配套设施等项目建设，打通农业灌溉“最后一公里”。

四、农村电网改造

《国务院关于支持赣南等原中央苏区振兴发展的若干意见》出台实施5年来，赣州在全省率先实现县县有220千伏变电站，每个工业园区均有1座以上110千伏变电站，实现了从“供需紧张”向“适度超前”的根本性转变。全市932个贫困村提前一年完成电力脱贫退出指标。2012~2016年赣州市农村电网获得中央资本金项目资金累计38.47亿元，占江西省的28.5%。新建改造

35 千伏变电站 89 座，线路 600. 51 公里；新建改造 10 千伏及以下线路 8108. 31 公里，配电变台 10744 台，低压线路 17050. 74 公里（见表 4-5）。

表 4-5　2012~2016 年农村电网改造升级工程情况表

年份	投资计划（亿元）	完成投资（亿元）	完成比率（%）	完成 35 千伏工程		完成 10 千伏及以下工程		
				变电站（座）	线路（公里）	线路（公里）	配电台区（台）	低压线路（公里）
2012	3. 75	3. 75	100	23	159. 31	677. 18	1006	474. 07
2013	8. 14	8. 14	100	18	85. 9	1545. 94	2481	2975. 58
2014	6. 12	6. 12	100	16	148. 48	1842. 1	2326	2578. 4
2015	12. 08	12. 08	100	26	95. 95	2939	3260	7421. 68
2016	8. 38	8. 38	100	6	110. 87	1104. 1	1671	3601. 02
合计	38. 47	38. 47	100	89	600. 51	8108. 31	10744	17050. 74

2017 年，赣州市政府与省电力公司签署“十三五”电网发展合作框架协议，开启新一轮农村电网改造升级。该协议指出，双方共同争取农村电网改造中央预算内投资计划，积极筹措农村电网项目资本金，满足广大农民用电需求，加快城乡电力服务均等化进程。省电力公司投资 9. 32 亿元对赣州 851 个小城镇（中心村）实施电网改造升级，惠及 682 个贫困村、6. 46 万户贫困家庭、总人口 155 万。此外，赣州市大力推进农村电网升级改造，实施户表改造工程，构建“可靠用电、安全用电、方便用电”的电力网络，加大光伏产业的扶持力度，扩大贫困户发展光伏产业脱贫覆盖面，着力解决贫困村、贫困户供电设施落后、供电能力不足等问题。到 2020 年，实现县域电网同网同价、供电服务均等化。

五、农村道路建设

“要致富，先修路”，赣南山区交通条件差，是导致贫困的重要因素。自 2012 年《若干意见》实施以来，赣州市在打好基础设施攻坚战中，把农村公路改造升级作为一项重要工作来抓，使赣南农村发展潜力不断增加。

2012~2016 年，赣州完成农村公路建设投资 116.7 亿元，新建改造农村公路 17000 余公里、桥梁 580 座，完成 25 户以上人口自然村水泥路建设 18000 公里，到 2016 年底全市农村公路总里程数为 26456 公里，道路硬化率 79.4%，赣州境内国道公里数 2009 公里、省道公里数 1671 公里。赣州市境内的国道由 4 条 913 公里增至 11 条 1990 公里，省道由 15 条 1481 公里增至 22 条 1673 公里（见表 4-6）。

表 4-6　2012~2016 年农村公路建设情况表

年份	目标任务（公里）	完成情况（公里）	完成比率（%）
2012	1500	1500	100.0
2013	2500	2500	100.0
2014	3800	3800	100.0
2015	3200	3508	109.6
2016	3500	6034	172.4
合计	14500	17342	119.6

2016 年，赣州启动国省道和农村公路建设计划。根据计划，2016~2018 年，总投资 475 亿元。其中：国省道升级改造项目 77 个、总里程 1408 公里，路面大中修里程 700 公里，危桥改造 50 座，建设国省道服务区 27 个；农村公路项目建设里程 5530 公里，路面大中修里程 2000 公里，危桥改造 610 座。

此外，赣州市加大贫困村基础设施扶持力度，逐步对贫困村村组实施村庄整治，完善贫困村交通等基础设施建设，着力实现城乡基本公共服务均等化，让贫困群众共享小康成果。兴国县统筹农村公路建设资金，加快推进贫困村村组路网建设，努力实现贫困村内 25 户以上自然村道路硬化全覆盖。完善乡村组道路维修养护机制，逐步加大农村危桥改造、公路升级改造和通行政村路面拓宽建设力度（见图 4-3）。加快国省“干线”和县乡公路升级改造，实现 95%以上区域内国道等级达二级及以上标准，60%省道等级达二级及以上标准，90%以上县乡公路等级达三级及以上标准，90%以上乡道等级达四级及以上标准。逐步提高农村公路建设补助标准，根本上改善群众生产生活条件。完善村组道路维修养护机制，推进断头路、瓶颈路、年久失修路和危桥改造。实施“村村通客车”工程，确保2018年符合安全通行条件的行政村全部通客车。

图 4-3　赣州市农村公路改造升级

六、农村生态环境

赣州市兴国县把130个贫困村全部纳入全县和谐秀美乡村统一规划建设，在资金和项目的安排上向贫困村倾斜，各涉农部门项目资金60%以上倾斜安排到贫困村，新农村建设村庄整治点90%以上要安排到扶贫重点村，每村总投入不低于300万元，支持山水田林路建设和小流域综合治理，推进贫困乡村环境连片整治。健全农村垃圾收运处理体系，完善农村环卫管理长效机制。提升农村生活垃圾专项治理水平，把村庄整治与产业发展、基础设施建设、公共服务、生态保护等统筹起来，力争2016年农村生活垃圾无害化处理率达到90%。继续实施政府购买公益性岗位安排贫困户为农村保洁员，确保实现贫困村村组保洁员全覆盖。推进新农村建设发展升级，突出中心村建设，启动农村“空心房”整治工作，开展农村生活污水处理建设试点，抓好村点整治，提高贫困村新农村建设的覆盖面。

第五章

赣南苏区经济振兴的实践与探索

近年来，赣州市上下坚持解放思想、内外兼修、北上南下，突出打好六大攻坚战，交通、能源、产业等薄弱环节得到较大幅度的改善和提升，一批重大基础设施建设取得重大进展，区域性交通枢纽加快构建，电力、油气等能源保障能力明显增强，水利设施条件大为改善，实现了“十三五”良好开局。主要经济指标增速高于全国及江西省平均水平。

第一节　赣州产业发展振兴实践与探索

赣州市深入贯彻《若干意见》，工业确立了“两城两谷一带”的主攻方向，旅游业确定了“一核三区”的战略布局等，势头良好，成效显著。产业升级成效明显，特色优势产业集群进一步壮大，初步形成稀土钨新材料及应用、新能源汽车及配套、家具等产业集群。

一、努力抓好产业基地建设

（一）全国稀有金属产业基地

赣州市通过实施三年主攻工业推进计划，推进“两城两谷一带”平台和项目建设，赣州市的特色优势产业集群正在有力打造。以稀土、钨为重点的稀有金属产业竞争力显著提升，“中国稀金谷”建设启动实施，中国南方稀土集团经国务院批准正式成立并进入实质性运营阶段，稀土钨新材料及其应用产业实现主营业务收入突破千亿元，约占全国同行业的三分之一，形成了较为完整的产业链。

（二）先进制造业基地发展提速

近年来，赣州市新能源汽车、高端装备制造、生物制药等战略性新兴产业加速壮大，新能源汽车科技城、“青峰药谷”建设有力推进；电子信息、纺织服装、食品加工、家具等传统制造业加快转型升级，家具产业集群总产值突破千亿元，是国内三大家具基地之一。赣粤电子信息产业带建设集聚效应正在显现。

（三）特色农产品加工业加速转型升级

赣州市农产品加工率达到54.86%，脐橙、油茶、蔬菜、烟叶、茶叶等产业持续壮大。目前，赣南脐橙品牌居全国初级农产品类地理标志产品价值榜榜首，保持种植面积世界最大、年产量世界第三的地位；赣南油茶获批国家地理标志保护产品；蔬菜产业发展势头较好，加快形成供港、供深（圳）重要蔬菜基地；烟叶产量居江西省第一。

二、赣州农业振兴发展情况

（一）粮食生产

2012~2016年，赣州市粮食种植面积基本不变，粮食总产量略有上升，建成高标准农田40.49万亩，新增、改善农田灌溉面积145.17万亩。展示水稻新品种315个，水稻良种覆盖率达到98%。新建农业生产全程机械化示范区47个，具体如表5-1所示。

表5-1　2012~2016年赣州市粮食生产情况

年份	粮食种植面积（万亩）	粮食总产量（万吨）	粮食作物单产（千克/公顷）
2012	769.63	280.03	5458
2013	770.43	283.06	5511
2014	768.45	285.35	5565
2015	768.74	285.46	5570
2016	769.98	287.50	5601

（二）特色农业

1. 赣南脐橙产业

2016年底，赣南脐橙种植面积154.85万亩、产量107.92万吨，脐橙产业集群总产值110亿元。赣南脐橙品牌价值达668.11亿元，名列全国农产品品牌价值榜首。建成有机脐橙园11个、面积1.71万亩；建成455个简易贮藏库和 15 个冷库。新增 53 条果品分级生产线，分级生产能力达到 3388 吨/小时。新增脐橙深加工企业 2 家。中国供销——赣南脐橙交易中心开工建设，会展中心已交付使用。国家脐橙工程技术研究中心于 2014 年完成整体搬迁，承担纵向科研课题 124 项。实施“西果东送”和农产品现代流通综合试点项目 16 个，推动赣南脐橙产销网络流通体系建设实现转型升级，具体如表 5-2 所示。

表 5-2　2012~2016 年赣南脐橙产业发展情况

年份	种植面积（万亩）	产量（万吨）	产值（亿元）	品牌价值（亿元）
2012	178. 12	125. 09	80	43. 22
2013	173. 93	150. 54	80	48. 81
2014	168. 36	122. 27	96	53. 89
2015	156. 77	127. 51	105	657. 84
2016	154. 85	107. 92	110	668. 11

2. 特色林业产业

2016 年，赣州市油茶面积达到 256 万亩，年产油量达 1. 5 万吨，油茶产业总产值 48 亿元；赣州已成为全国油茶产业发展示范市，有油茶示范县 15 个。全南县、兴国县被列为江西省林业经济发展重点县，赣州市花卉苗木产业面积由 15 万亩提高到 26. 14 万亩，产值由 10. 5 亿元上升到 28. 7 亿元，年增长 30%以上。毛竹维持在 200 多万亩，产值 3. 2 亿左右，具体如表 5-3 所示。

表 5-3　2012~2016 年赣州市林业产业发展情况一览表

产业名称	指标	2012 年	2013 年	2014 年	2015 年	2016 年
油茶	保有面积（万亩）	200	214	230	242. 67	256
	茶油产量（万吨）	1	1. 1	1. 2	1. 5	1. 5
花卉苗木	保有面积（万亩）	15	18. 5	20. 4	22	26. 14
	总产值（亿元）	10. 5	16. 7	23. 0	28. 6	28. 7
毛竹	保有面积（万亩）	236. 8	238	239. 5	240. 7	263. 6
	总株数（亿根）	3. 12	3. 14	3. 18	3. 2	3. 67

（三）特色农产品

2016 年，赣州市出栏生猪 611.67 万头，占江西省出栏数 19%左右，产值突破百亿元。蔬菜播种面积 180.8 万亩、产量 299.6 万吨，近五年来种植面积略有上升。茶叶面积有一定程度上升，2016 年达 20.26 万亩，比 2012 年增加 5 万亩，增长率约 25%。2016 年，烟叶面积 17.74 万亩，比 2012 年略有上升，但种植户数有所下降，说明户均规模有所上升；白莲面积达 10.17 万亩，比 2012 年增加 1.63 万亩，产值也有所上升；蜜橘面积 30270 公顷，比 2012 年有所下降，具体如表 5-4 所示。

表 5-4　2012~2016 年赣州市特色农产品发展情况

产品名称	指标	2012 年	2013 年	2014 年	2015 年	2016 年
生猪	生猪存栏（万头）	349.3	366.22	366.32	368.15	347.01
	生猪出栏（万头）	588.17	617.16	642.53	633.54	611.67
	出栏数占江西省比重（%）	18.79	19.1	19.32	19.67	19.71
	生猪产值（亿元）	93.11	97.72	100.94	98.04	110.19
蔬菜	蔬菜播种面积（万亩）	162.29	164.07	166.68	171.96	180.8
	蔬菜年产量（万吨）	249.2	260.7	273.53	285.32	299.6
茶叶	茶叶种植面积（万亩）	15.25	16.77	17.76	19.15	20.26
	茶叶采摘面积（万亩）	11.48	12.23	13.25	14.28	15.71
	毛茶总产量（吨）	3600	4060	4140	4539	4856
烟叶	种烟户数（户）	9010	8946	8839	7357	7277
	种植面积（万亩）	14.73	14.92	16.74	16.23	17.74
	烟农户均收入（万元）	3.97	4.89	5.8	7.58	6.2
	收购烟叶（万担）	34.82	37.42	42.45	45.4	39.73
白莲	白莲播种面积（万亩）	8.54	9.01	9	9.25	10.17
	白莲年产量（万吨）	0.85	0.96	0.96	1.00	1.10
蜜橘	年末蜜橘园面积（公顷）	35083	35344	32877	34504	30270
	蜜橘年产量（万吨）	31.11	31.71	26.31	26.19	20.76

（四）赣州市现代农业建设

为促进现代农业快速发展，赣州市持续培育壮大脐橙、蔬菜、油茶等优势农业。赣南脐橙名扬世界，共建设116个标准化生态示范园，入选了第一批中国特色农产品优势区，荣获中国百强农产品区域公用品牌，列入中欧“100+100”互认保护公示名单，品牌价值稳居全国初级农产品地理标志榜首。蔬菜产业成为全省标杆且对全国都有影响，目前累计建成规模蔬菜基地6.1万亩，进入中欧蔬菜班列。赣州成为全国油茶主产区，国家油茶产品质量监督检验中心获批筹建，于都梾木油获批国家地理标志保护产品。现代农业及品牌创建力度加大，信丰县入选首批国家现代农业产业园创建县，寻乌获批国家级出口食品农产品质量安全示范区，宁都黄鸡成为中国百强农产品区域公用品牌。2012年，赣县被农业部认定为第二批国家现代农业示范区；信丰县2015年被农业部列为第三批国家现代农业示范区。截至2016年底，赣州市年销售收入500万元以上的农业龙头企业达552个，其中国家级龙头企业2个、省级龙头企业94个、市级龙头企业151个。

（五）动植物疫病防控、农产品质量安全检验检测体系

2012年以来，国家及江西省支持赣州市县级植保田间观测场及应急药械库建设项目8个，实施了植保工程项目的达到15个县。市级农产品质量安全检测中心完成项目建设并通过省级验收，18个县级农产品质量安全检测站（中心）全部投入运营。

三、赣州市工业振兴发展

赣州市促进主攻工业形成较好态势，工业对苏区振兴的拉动力明显增强。2017年，赣州市新增规上工业企业435户、总数达1721户，均列全省第一。高新技术企业达276家，占规上工业增加值比重33%。成功获批“中国制造2025”试点示范城市。

（一）优势矿产业

（1）全国重要的新材料产业基地。着力推进稀土、钨及应用产业转型

升级，赣州市被财政部、工信部、国土资源部列为稀土开发利用综合试点城市。2016 年，稀土、钨及应用产业集群主营业务收入 1025.1 亿元，比 2012 年增长 72%。加快建设稀土产业基地，推进钕铁硼磁材、发光材料、稀土陶瓷材料及稀土电机、节能灯具等稀土新材料和应用领域建设，如 2016 年稀土产业主营业务收入在 2000 万元以上的规模企业达 84 户，比 2012 年增加 16 户（见表 5-5）。

表 5-5　2012~2016 年稀土、钨产业发展情况

产业名称	指标	2012 年	2013 年	2014 年	2015 年	2016 年
稀土产业	主营业务收入（亿元，当年价）	340.11	420.24	476.73	497.9	584.99
	税收（亿元）	23.62	24.33	22.45	30	22.94
	主营业务收入在 2000 万元以上规模企业数（个）	68	70	73	75	84
钨产业	主营业务收入（亿元，当年价）	304.91	372.16	419.08	413.10	440.11
	税收（亿元）	9.47	18.43	20.28	21	18.99
	主营业务收入在 2000 万元以上规模企业数（个）	91	96	97	101	108

（2）找矿突破战略行动。2012~2016 年，赣州市获得中央财政地质勘查及专项资金项目共 40 项。重点开展了地质矿产调查评价、稀土资源调查及勘查、钨矿调查评价与勘查、铀矿调查与评价、煤矿调查与评价、金银铅锌矿整装勘查等工作，“江西省于都银坑—宁都青塘地区金银多金属矿整装勘查区”被列入国家第三批“整装勘查区”。

（3）大型稀土企业集团。2016 年 6 月，中国南方稀土集团通过了省政府验收，基本完成了实质性组建工作。

（4）稀土、钨关键技术。批准赣州组建国家离子型稀土资源高效开发利用工程技术研究中心，2016 年建成已投入使用。“铵盐体系白钨绿色冶炼关键技术和装备集成创新及产业化”项目获国家科技进步二等奖。开展了稀土开发利用综合试点。龙南县汶龙上庄、寻乌县吉潭、会昌县珠兰埠、定南县沙头长桥四个稀土矿区被列入国家首批矿产地储备试点。

（二）制造业

1. 优势产业

2016 年，赣州市主营业务收入超过 300 亿元的产业集群有 5 个（见表 5-6），一批优势产业加快发展。国家发改委批复同意赣州市设立规模 300 亿元的赣南苏区振兴发展产业基金，为首只国家级“红色”产业投资基金。中央财政出资 5000 万元、江西省财政出资 2000 万元、赣州市财政出资 3000 万元，与社会资本合作设立了规模 2.5 亿元的江西百富源新材料产业创业投资基金。赣州国家钨和稀土新材料高新技术产业化基地获批。青峰药业成功创建国家级创新型示范企业，“弱磁性矿石高效强磁选关键技术及装备”项目获国家科技进步二等奖。到 2016 年底，共引进 4 家新能源汽车生产企业，13 款车型进入国家推广目录。

表 5-6　2016 年企业主营业务收入超 300 亿元以上产业集群

名称	主营业务收入（亿元）	税收（亿元）
电子信息产业集群	390.64	14.58
食品加工产业集群	312.43	14.6
稀土、钨及应用产业集群	1025.1	41.93
铜铝有色金属产业集群	389.93	15.61
现代轻纺产业集群	680.38	27.17
合计	2798.48	113.89

2. 产业基地和服务平台

工信部明确支持信丰县电子信息产业基地创建新型工业化产业示范基地；会昌县氟盐化工产业基地、兴国县氟化产业基地、全南县氟新材料产业基地已获批省级基地，正在争取升格国家新型工业化产业示范基地；国家质检总局授予南康区“全国实木家具产业知名品牌创建示范区”称号。

积极开展钨与稀土产品质量检验检测技术研发公共服务平台能力项目建设，已建成新材料制备、新能源研究等5个研发实验室，成功获批设立全国首家省级钨与稀土产品质量司法鉴定中心，并被确定为江西省资源综合利用指定检测机构；国家质检总局批复同意筹建国家家具产品质量监督检验中心（江西），该中心为中部地区唯一的国家级家具质检中心，目前已投入运行。2家企业被认定为国家级科技企业孵化器。

（三）“两城两谷一带”

2017年，赣州市146亿元以上“两城两谷一带”项目全部开工，省财政下达区域发展资金4亿元、新增地方政府债券1.5亿元，专门用于支持新能源汽车科技城和“中国稀金谷”建设。“新能源汽车科技城”引进国机智骏、山东凯马等7个整车及配套项目落户开工。国家发改委明确表示支持赣州市新能源汽车产业发展，并按照相关规定及时办理纯电动乘用车投资项目核准手续。积极申报设立国家新能源汽车检测中心（赣州）。“现代家居城”新增入规家具企业144家，发展智能制造车间60个，建成国内首个家具制造云平台——康居网、全省首个家具设计中心。“中国稀金谷”入驻“国字号”创新平台4个，引进稀土和钨新材料及应用项目23个，中科院海西研究院赣州稀金产业技术研发中心、中国稀金（赣州）新材料研究院挂牌成立，赣州高新区军民融合有色金属新材料产业基地列为第一批省军民融合产业基地。“青峰药谷”签约落地修正药业等16个重大项目，创新天然药物与中药注射剂企业国家重点实验室挂牌启动。“赣粤电子信息产业带”落户10亿元以上新型电子产业项目25个，引进合力泰等上市公司5家，争取工信部电子五所设立龙南办事处，创新平台建设取得较好成果，国家离子型稀土资源高效开发利用工程技术研究中心、建成运行赣州工业设计中心、天翼·华为云计算数据中心。

四、赣州市服务业发展

（一）红色文化旅游产业

实施全域旅游三年行动方案，获批国家旅游业改革创新先行区，旅游业“一核三区”（宋城文化旅游核心区、红色旅游区、客家文化旅游区、生态休闲度假旅游区）建设加快推进，方特主题公园、时光赣州、海洋世界、石城花海温泉等一批重大旅游项目加快实施，安远县三百山创建国家5A级旅游景区扎实推进，预计全市旅游总收入、接待游客数分别增长22%和30.5%。

（1）革命旧居旧址修缮和建设。赣南等原中央苏区革命遗址群修缮利用工程获国家文物局立项，至2016年保护维修项目346个。赣州市已有多处国家、省、市级爱国主义教育示范基地。2016年，瑞金全国行政机关公务员特色实践教育基地挂牌运行，五年多来累计办班培训1.06万人次。

（2）红色旅游。赣州跻身全国12大重点红色旅游区，2016年红色旅游收入占赣州市旅游总收入比重超过28%。国家旅游局明确将赣南苏区红色旅游列入国家旅游发展战略。瑞金市“共和国摇篮”旅游区创国家5A级景区已获批，中央苏区反“围剿”战争纪念馆已建成，兴国苏区干部好作风纪念园及长冈乡调查纪念馆等景区进行了改造提升，中央红军长征出发纪念馆完成改陈布展。国家旅游局、国务院扶贫办联合下文同意赣州设立“国家旅游扶贫试验区”，加快推进旅游扶贫“十百千”工程。

（二）现代服务业

赣州市促进现代服务业蓬勃发展，2017年全市服务业增长12%。赣州市金融机构由2011年73家增加到170家，上市挂牌企业达31家，新增境外上市企业2家，在省股权交易中心新增挂牌企业495家，利用贫困县IPO上市绿色通道引进拟上市企业34家。区块链票链全国监控运营管理中心正式落户赣州，“瑞京金融”资产管理公司成为全省仅有的两家地方资产管理公司之一。智慧物流平台“吉集号”上线运行，赣州综合物流园、赣州港多式联运物流园等项目进展顺利，争取成为全国首个无人机物流配送试点。赣州市国家A级物流企业达51家，居全省首位。电子商务加快发展，我市成为全国首个电子商务进农村综合示范试点全覆盖设区市，电商交易总额突破500亿元，增长60%以上（见表5-7）。

表 5-7　2012~2016 年金融、物流业发展情况一览表

产业名称	指标	2012 年	2013 年	2014 年	2015 年	2016 年
金融业	金融机构（家）	128	154	159	166	163
	金融从业人员（万人）	1.26	1.29	1.53	1.57	1.92
	上市公司数量（家）	3	5	6（含 1 家新三板）	20（含 15 家新三板）	30（含 25 家新三板）
	银行存款余额（亿元，当年价）	2268.74	2624.33	2881.77	3355.91	4141.84
	银行贷款余额（亿元，当年价）	1283.18	1592.92	1923.98	2297.55	2842.18
物流业	主营业务收入在 500 万元以上规模企业数（个）	50	57	61	66	66
	从业人员（万人）	16.85	16.74	17.38	18	20
	营业收入（万元）	398400	416300	436000	226700	381600

（1）金融。编制完成《赣州市建设赣粤闽湘四省边际区域性金融中心规划》，赣粤闽湘四省七市建立了“赣粤闽湘四省区域边际”经济金融数据信息共享机制，赣州市成为赣粤闽湘四省周边九市中金融机构最多、种类最齐全的设区市。2016 年，赣州市金融业税收 20.24 亿元，是 2012 年的 1.51 倍，占赣州市税收收入比重的 6.76%。

（2）物流。2016 年底，赣州市国家 A 级物流企业达 46 家、规模以上物流企业达 66 家。2016 年，社会物流总额 5489.79 亿元，物流业增加值 160.49 亿元。赣州市获批全国现代物流创新发展试点城市。

（3）赣州市获批创建国家电子商务示范城市，南康家具市场获批国家级电子商务示范基地，全市 16 个县被列为国家电子商务进农村综合示范县。

第二节　赣州市产城融合实践

一、创新思路，提升产城融合水平

（一）调整行政区划

南康市撤市设区，赣县撤县设区，赣州被列为国家产城融合示范区。2016年底，赣州市中心城区建成区面积达158平方公里，扩大近2倍，城镇人口达160万人，辐射带动能力明显提升；龙南县撤县设市申报材料已上报国务院等待批复。

（二）城市规划建设

以赣州中心城区为龙头，瑞金、龙南市域副中心城市为依托，县城和示范镇、中心镇为节点，构建赣南城镇群。《赣州都市区总体规划（2012~2030年）》和以瑞金为核心的《赣州东部城镇群规划（2013~2030年）》、以龙南为核心的《赣州南部城镇群规划（2013~2030年）》加快实施。《赣州市城市总体规划（2016~2030年）》（纲要）通过专家评审，正在加快编制总规成果。赣州市完成城建项目建设总投资503亿元，新建项目579个。

（三）数字化城市建设

编制了《赣州市智慧城市发展规划（2015~2020年）》，获批创建“宽带中国”示范城市、电信普遍服务试点地区；赣州成为全国移动第一批推进4G建设非省会城市之一，4G网络全部实现乡乡通。光网覆盖县城及重点乡镇70%以上家庭，光纤通达100%的行政村。建成了中心城区数字化城管项目。章贡区获批国家信息消费试点建设，实施了创新型“智慧社区”工程。

二、改革户籍制度，不断提升城镇化率

近年来，实施一元化户籍制度改革，积极稳妥推进户口“一元化”登记。全面推行“三房合一”建管模式，将城镇稳定就业的外来务工人员纳入住房保障，解决外来务工人员家庭成员的住房困难。全面落实随迁子女就学“以流入地为主、以公办学校为主”政策。这使得赣州市城镇化率由2011年的39.34%提高至2016年的47.13%，5年提高7.79个百分点。大力推进全市17个示范镇建设，从2013年起用5年时间，每年给予每个示范镇3000万元、200亩土地指标扶持，具体见表5-8。

表5-8 2011~2016年赣州市城镇化率

年份	城镇化率（%）	比上年提高百分点
2011	39.34	1.80
2012	41.16	1.82
2013	42.56	1.40
2014	43.99	1.43
2015	45.51	1.52
2016	47.13	1.62

与此同时，赣州市稳步推进新型城镇化发展。2017年，常住人口城镇化率达48.6%左右，中心城区建成区面积扩大到158平方公里，人口达160万人。获批全国城市设计试点、国家新型城镇化试点、国家产城融合试点，城市工作扎实开展。全市特色小镇累计完成投资101.88亿元，全南县南迳镇、宁都县小布镇列入国家第二批特色小镇，大余丫山入选全国运动休闲特色小镇，上犹县陡水镇等8个特色小镇入选江西省级第一批特色小镇，成为全省特色小镇最多的地市。

三、大力推进赣州经开区产城融合试点

赣州经开区最新的城市规划布局和功能定位，充分体现了产城融合发

展理念，从新能源汽车科技城到章良、洋田城市组团，从经开区核心区到迎宾大道两侧城市设计，从农村全域规划到贫困村整村村庄整治，从新能源汽车、电子信息等产业布局到人才公寓、生态公园、邻里中心等配套设施建设。赣州经开区“一城一园两区”初现，浓郁的工业气息和都市生活交织交融，人气、商气、财气加速集聚。今年第一季度，该区预计实现规模以上工业主营业务收入150亿元，增长18%；规模以上工业增加值30亿元，增长9.9%。

图 5-1　赣州经开区金凤梅园游人如织

赣州经开区坚持组团式发展思路，统筹谋划城市空间布局和园区产业布局，按照“一城一园两区”（赣州新能源汽车科技城，电子信息产业园，西城区、赣州综合保税区）总体部署，大力促进园区产业集群发展，生活和生产性配套同时推进，对辖区进行科学合理的规划布局，做到城中有产、产中有城、产城互动，实现从单一的生产型园区经济向综合型城市经济转型发展。

其一，赣州新能源汽车科技城引进5家大型整车制造企业和配套企业，包括孚能三期、华氢燃料电池产业园、中车电机、金信诺光纤预制棒等，并规划建设了5.92平方公里的赣州职教园区，为企业提供从高等研发人才到企业高管、生产线工人等多层次人才人力的支撑，规划了2个城市组团配套、占地903亩的唐龙公园等项目。在此基础上，赣州经开区启动新能源汽车小镇建设，着力打造以“整车+三电+研发检测”为主的完整产业生态链闭环，赣州新能源汽车科技城规划总用地面积35.2平方公里，其中首期用地面积约22.6平方公里。职教园区已落户江西理工大学等6所学校及科研机构；唐龙公园水坝工程已启动建设，城市组团、学校、医院、商业综合体等项目均已完成方案设计；汽车小镇已完成专项规划编制及3平方公里征地拆迁工作；国家级新能源汽车检测中心正在加紧筹建。

其二，在厦蓉高速两侧，赣州经开区规划建设了电子信息产业园，专门承接电子信息产业，重点在汽车电子、光纤光缆、手机整机、芯片材料、显示面板、集成电路、晶圆、芯片设计与封装等方面实现突破和发展，建成后将打造集研发、生产、销售、服务于一体的全国知名电子信息产业基地。

一项产业带旺一座新城。围绕以新能源汽车为首位产业、电子信息为主导产业，赣州经开区坚持以城市发展思路进行规划建设，紧扣产业和城市发展需要，在规划和引进配套企业，延长产业链条、形成产业集群的同时，完善城市功能配套，真正实现产城融合的发展。

四、大力统筹城乡发展综合改革试验——以赣县为例

近年来，赣州市出台《赣州市统筹城乡发展试验区赣县示范区（核心区）总体规划（2013~2030年）》。其中，赣县示范区及其核心区中的储潭、湖江、五云、沙地四镇已经取得一系列建设成效，具体如下：

（一）认真做好示范区前期谋划工作

（1）做好了发展规划编制。立足国家级示范区的建设目标，将赣县全域列入示范区范围，并聘请省城规院编制了全域规划，其中储潭、五云、沙地、湖江四镇作为核心区，规划面积790平方公里，含63个行政村，人口约11.8万人。全域规划一步到位，提升了示范区的规划层次。综合人文

历史、文化古迹、生态环境等各种因素，确定“赣江画廊、低碳新区，客家风韵、休闲福地”的定位，为示范区今后的发展明确了方向。

（2）厘清了发展基本思路。示范区确立了“散居变聚居、农民变市民，管理社区化、产业联动化，保障均等化、发展互动区，打造综合体、城乡一体化”的基本思路，集成都、重庆经验之长，触及深，涵盖广。

（3）健全了相关政策配套。敢于创新创特，突破条条框框，在原市政府批准的10项配套政策的基础上，重新优化调整，出台了耕地保护和土地利用、农业产业化、金融扶持、社会保障、投资与财税、人口与计划生育、户籍、教育、卫生、基层组织管理、土地及房屋征收、预留地管理等14个方面配套政策，为推进示范区建设提供了先进有力的政策支撑。

（二）全面先行启动，发挥引领示范作用

（1）全力开展了项目招商。调整综合体招商模式，加强与中航信托、中交集团等央企、国企商洽力度，积极引进有实力的战略投资商参与示范区开发建设。目前已引进香港紫禁城和赣州天绿生化科技有限公司进驻高新技术产业园，着力打造脐橙深加工基地。

（2）全面启动了工程建设。赣储路、储君大道、储山路、新型社区场地平整、农民公寓楼、农民安置楼等项目已正式启动建设。此前，加速推进了征地拆迁安置相关工作，储潭镇已完成征地4612亩、房屋拆迁14693平方米、迁坟250穴，发放补偿款1.08亿元。

（3）加快了立项及土地报批。通过列入省重点项目调度落实道路用地指标596亩、工业项目用地120亩；通过苏区振兴发展扶贫途径，争取839亩建设用地指标，基本落实了启动区储潭螺溪洲综合体建设用地指标。

（三）挖掘资源，提供有力的产业支撑

（1）蔬菜产业发展势态良好。五云镇坚持市场导向，鼓励农民种植时鲜蔬菜8000多亩，占该镇耕地总面积的60%以上；储潭镇依托城郊优势，发展蔬菜种植500多亩；沙地镇积极培植蔬菜产业，引进高山蔬菜种植技术，努力提高蔬菜的种植效益。蔬菜产业发展的基础，完全具备打造赣州市中心城区商品蔬菜种植基地的条件。

（2）经济林果产业不断壮大。沙地镇引进赣州宝葫芦油茶开发公司等农业龙头企业种植油茶2万多亩；储潭镇引进江西焱明生态农业发展有限公司种植油茶2000多亩，依托赣南橙谷项目，计划在农业互动区种植脐橙5000多亩；五云镇近年来每年造林3000亩（含用材林和油茶林）。经济林果产业的发展壮大为将来发展林果采摘、赏春踏青、户外健身等休闲旅游产业奠定了基础。

（3）板鸭、生猪等传统产业稳中有进。沙地镇发挥传统优势，积极发展板鸭生产，年产量近100万只。引进赣州加大种猪养殖有限公司发展生猪产业，年产猪崽达1万头。传统产业的稳步发展，为农村富余劳动力就业创业提供了良好的平台。

（4）农村休闲旅游产业方兴未艾。储潭镇引入现代农业经营体系，在螺溪洲规划了4.8平方公里农业互动区，重点发展休闲垂钓、客家民俗休闲、开心农场、天然氧吧休闲等；五云镇通过土地流转把水库改造成休闲垂钓、周末度假目的地。利用现有蔬菜基地规划了一块体验农业基地，着力打造现实版QQ农场；湖江镇利用夏浒古村、桃花岛资源，着力打造生态游、古村文化游等休闲产业。农村休闲旅游产业逐步成为驱动示范区经济发展的重要支柱产业之一。

（四）多元投入，大力推进小城镇建设

（1）注重规划引领。在示范区全域规划的指导下，储潭编制完成了螺溪洲综合体城市设计；湖江镇坚持“规划先行、因地制宜、梯次推进、全面发展”原则，科学编制小城镇建设总体规划；五云镇围绕“中心镇、镇域中心村、村级中心村、社区中心村”四个层级，科学编制镇域规划。

（2）注重基础设施建设。湖江镇按照建设“旅游型、生态型、水乡型”中心集镇思路，重点建设“山水间”楼盘、圩镇道路硬化、中国“大湖江”民间艺术馆等7个项目；沙地镇结合危旧土坯房改造在城镇周边建成农民公寓房20套；五云镇加强乡村路网建设，拉大城镇建设发展框架，不断完善农贸市场、供水、供电等城乡公用设施。

（3）注重城镇管理。储潭镇发挥城管中队的作用，加大查违拆违的宣

传和打击力度；五云、湖江、沙地等乡镇自发组建城镇管理专业队伍，大力推动圩镇综合整治。

（4）注重多元投入。湖江镇引进社会资金从事城镇开发，建设宜居城镇；沙地做活土地文章拓展了攸镇和沙地两个圩镇的发展空间；储潭积极争取专项资金，建成了“千吨万人”工程，解决了集镇人口的饮水难题。

第三节　赣州市基础设施建设发展

近年来，赣南苏区交通运输事业进入投入最多、发展最快、成效最大、群众受益最多的时期，初步建成现代化、立体式、多层次的综合交通运输网络。铁路建设实现重大突破，即将形成“一纵一横”高速铁路和“两纵两横”普速铁路网，成为全国“八纵八横”高铁节点城市。高速公路大通道全面形成。形成“三纵三横六联”高速公路网，实现县县通高速公路。民航事业快速发展，赣州市成为全国支线航空发展试点城市，黄金机场迈入百万空港行列，瑞金支线机场即将开工，基础设施快速发展为经济发展打下了坚实的基础。

一、推动重大交通项目加快实施

目前，昌赣客专赣州段隧道全部贯通，赣深客专、兴泉铁路全线开工，瑞梅铁路、长赣铁路建设前期工作有力推进。广吉高速宁都段顺利推进，兴赣高速公路北延项目开工建设。赣州黄金机场改造扩建、通用机坪和航空口岸建设加速推进，瑞金机场进场道路启动建设，宁都、安远通用机场项目前期加快推进。高铁赣州西站项目前期工作扎实推进。实施国省道升级改造 1144 公里，瑞兴于快速交通走廊、“三南”快线开工建设。

（一）铁路发展

截至 2016 年底，赣州市铁路总营运里程达 555 公里。赣韶铁路（单线）和赣瑞龙铁路（双线、动车）建成运营；昌赣客专、赣深客专、兴泉铁路开工建设，其中，计划昌赣客专 2019 年建成通车，赣深客专、兴泉铁路 2020 年建成通车。瑞梅铁路、长赣铁路、赣郴永兴铁路、赣韶铁路扩能改造项目列入国家中长期铁路网规划，南丰至瑞金城际铁路列入省城际铁路网规划。瑞（金）梅（州）铁路已完成可研报告编制，吉安—宁都—建宁铁路先期已开工，瑞金火车站升级改造项目结合赣龙铁路扩能改造工程进行了站内改造（见表 5-9）。

表 5-9　赣州市铁路规划建设情况

工程内容	规划数	已完成数	在建数	已立项数	未立项数
铁路建设工程	10	2	3	0	5

（二）公路发展

《若干意见》提出的国家高速公路及国省道干线公路涉及赣州的有 4 项。在执行中，国家及省级高速公路建设工程共完成 8 项，其中，寻乌至全南高速公路、南昌至宁都高速公路、兴国至赣县、宁都至定南高速公路（含定南联络线）已建成通车，大庆—广州高速公路赣州繁忙路段扩容改造工程正在开展前期工作，高速公路通车里程由 2011 年的 810 公里增加至 2016 年的 1441 公里，占江西省的四分之一。至 2016 年底，赣州市国省道总里程增加至 3663 公里，国道由 4 条 913 公里增至 11 条 1990 公里，省道由 15 条 1481 公里增至 22 条 1673 公里。赣州综合客运枢纽站项目纳入交通运输部客运枢纽站规划。公路规划建设情况见表 5-10。

表 5-10　赣州市公路规划建设情况

工程	规划数	已完成数	在建数
高速公路	8 条	5 条	1 条
国省道干线公路	2884 公里	2422 公里	462 公里

近年来，赣州市对普通国省道和农村公路建设实施三年行动计划方案。计划通过三年（2016~2018 年）努力，提前完成赣州市“十三五”国省道和农村公路建设任务，基本消除现有国省道和农村公路破损路面及危桥安全隐患，全面提升国省道和农村公路通行状况。彻底解决老百姓出行难问题，形成“干支结合、外联内通、衔接顺畅、便捷高效”的公路运输网络。2016~2018 年，赣州市总投资 475 亿元。其中，国省道升级改造项目 77 个、总里程 1408 公里，路面大中修里程 700 公里，危桥改造 50 座，建设国省道服务区 27 个；农村公路项目建设里程 5530 公里，路面大中修里程 2000 公里，危桥改造 610 座。

至 2020 年，赣州市普通国道二级及以上公路比例由 78%提高到 95%，普通省道二级及以上公路比例由 29%提高到 75%，全市所有工业园区至少有一条二级及以上标准国省道公路连通。在全省率先实现 25 户以上人口自然村全村通水泥（油）路，全面改善和提升赣州市农村公路通行状况，建成比较完善的农村公路网络，农民出行难问题得到根本解决。农村公路三年行动计划建设任务表如表 5-11 所示。

表 5-11　2016~2018 年赣州市道路三年行动计划建设任务表

年度项目	县道升级改造（公里）	乡道双车道（公里）	村道窄路面拓宽（公里）	危桥改造（座）	养护大中修（公里）	项目总投资（亿元）
2016	650	640	310	—	—	42
2017	520	470	950	270	1200	51.6
2018	430	290	1270	340	800	44.4
合计	1600	1400	2530	610	2000	138

（三）机场发展

赣州黄金机场改造扩建工程开工建设。至 2016 年，赣州黄金机场开通至北京、上海等 16 个城市航班，全年进出港旅客吞吐量 108 万人次，是 2011 年的 2.16 倍，增速位居江西省民航首位的支线机场。赣州航空口岸开放已列入《国家口岸发展“十三五”规划》。因改扩建尚未完成，赣州黄金机场暂不具备对外开放条件，列为两岸空中直航航点尚未实现。瑞金机场纳入国家规划，机场选址已获得批准。

（四）赣江航道发展

赣州市拥有港口 11 个，码头 399 个，船舶 389 艘，运力 5.32 万吨。赣州港水西综合货运码头项目列入国家和省 PPP 项目试点。赣州至峡江三级通航建设正在推进。

二、能源、水利设施得到加强

（一）电能发展

2017 年，赣州市新能源发电装机占发电总装机比重达 36.8%，同比提高了 19.7 个百分点。

（1）电源点项目。2016 年底，华能瑞金电厂二期扩建项目开工建设。赣州市已核准风电场 50 个，总装机 195.09 万千瓦，总投资约 175 亿元。已建成生物质发电项目 2 个。

（2）电网建设。2012～2016 年赣州电网建设资金 104.7 亿元，占江西省的 20%。赣州东（红都）500 千伏输变电工程已建成投运，抚州—赣州东（红都）500 千伏线路工程已建成；赣州在原中央苏区率先实现 220 千伏变电站县县全覆盖。电网公司全面取消了赣州市 220 千伏、110 千伏输变电工程建设贷款地方财政贴息等配套费用，至 2016 年底免去贴息资金约 3.34 亿元。

（二）石油与天然气能源

成品油及天然气项目：当前，樟树—吉安—赣州成品油管道建成投运，泉州—赣州成品油管道、揭阳—梅州—赣州成品油管道列入国家成品油相关规划。“西气东输三线”赣州段工程进气投产，省天然气管网赣州段工程全部支线工程已核准。中石化和乐油库正在建设，赣州南康 CNG 加气母站基本建成。

三、水利基础设施建设

至 2017 年底，赣州市实施城镇防洪工程 29 个，目前已完工 13 个，新建堤防 278.01 公里，城镇防洪能力明显提升。上犹江引水工程一期暨龙华取水工程正在加快建设；章江灌区续建配套与节水改造项目基本完工。实施 906 座病险水库除险加固，完成加固病险水库 894 座，正在实施 12 座小型水库除险加固；实施 86 处中小河流治理项目，其中完工 81 处、在建 5 处。实现赣州市所有建制县（市）小农水重点县全覆盖。建立和完善了山洪地质灾害监测预警预报系统。水利基础设施规划建设情况见表 5-12。

表 5-12　水利基础设施规划建设情况表

名称	规划数（项）	已完成数（项）	在建数（项）
城镇防洪工程	29	13	16
灌区续建配套与节水改造项目	3	2	1
病险水库除险加固项目	906	894	12
合计	938	909	29

第四节　赣州市产融合作试点

根据《工业和信息化部　财政部　中国人民银行　中国银行业监督管理委员会关于同意北京市海淀区等 37 个城市（区）列为国家产融合作试点城市的通知》（工信部联财〔2016〕437 号），赣州市被列为国家产融合作试点城市。

一、试点目标

结合赣州市的产业和金融业特点，以构建产融结合发展体系为核心，按照整合金融要素、创新金融工具、集聚专业服务、发挥竞争优势的基本思路：

（1）融资目标。到2020年，制造业贷款增速不低于全部贷款增速，制造业贷款占全部贷款比重达到20%以上，全市工业企业平均融资综合成本保持较低水平，全市工业企业直接融资实现较快增长。

（2）上市与基金发展目标。境内外上市公司、“新三板”挂牌企业分别达10家及30家以上，市本级在“两城两谷一带”、智能制造、军民融合等领域设立至少1只产业基金、1只并购基金，力争设立3~5只天使及种子投资基金，各县（市、区）、赣州经开区至少设立1只产业引导基金，支持重点产业龙头企业发展壮大，引导社会资本向创新创业领域集聚，构建起大中小企业成长周期的多层次、多渠道的金融支持和保障体系。

（3）培育征信机构目标。鼓励各类社会资本发起设立新型征信机构，培育发展信用服务市场；争取实现小额贷款公司、融资担保公司、融资租赁公司等机构的信用信息与人民银行征信系统的互联互通。

二、创新金融产品和服务

（1）积极开展银团贷款业务。积极引导银行业金融机构开展银团贷款，对授信银行超过一定数量、授信金额超过一定规模的企业贷款，鼓励以银团联合方式开展，有效分散和防范贷款风险。

（2）探索创新抵（质）押贷款。鼓励金融机构提高固定资产抵押贷款折扣比例，支持企业利用抵押物剩余价值进行顺位抵押，有效盘活企业固定资产；鼓励开展存货质押业务，鼓励各级政府职能部门参与第三方存货监管，增强银行开展存货质押业务的信心，帮助企业盘活存货资源；开展应收账款质押业务，依托人民银行应收账款融资登记平台，推动国有大型企业和政府采购主体（包括学校、医院等）建立应收账款确权制度，帮助上下游企业实现应收账款质押融资；鼓励开展知识产权（专利、商标等）、著作权等抵（质）押贷款业务，为无形资产提供登记、评估服务，利用有效交易平台，帮助银行开展无形资产质押业务，盘活企业无形资产；鼓励各银行业金融机构对高信用等级企业提供信用贷款。

（3）大力推进绿色金融发展。鼓励和支持金融机构在赣州市设立绿色金融事业部和绿色支行，积极开展绿色债券和绿色信托产品的发行工作，科学设计绿色信贷产品、创新绿色信贷抵（质）押担保模式，探索开展以排放权和排污权等为抵（质）押的绿色信贷业务；支持赣州市符合节能减排技术改造、能源清洁高效利用、新能源开发利用、循环经济发展等绿色要求的企业申请发行绿色债券，降低企业融资成本。市、县两级财政部门积极研究，支持商业银行积极开展绿色信贷。

（4）加快科技金融创新发展。鼓励金融机构在赣州设立专门为科技型中小企业服务的支行、信贷中心等专营机构，鼓励各行建立科技贷款绿色通道，提高科技贷款审批效率，积极开展科技金融创新试点，综合运用多种金融工具加大对科技型中小企业的融资支持；鼓励设立引进各类科创投资基金，发展科技保险、政策性科技担保公司为科技企业提供风险缓释工具；支持科技企业上市，拓宽适合科技创新发展规律的多元化融资渠道，建立上市企业储备库，推动 20 家科技型企业上市挂牌；鼓励有条件的银行业金融机构适时探索开展科创企业投贷联动。

（5）落实差别化的信贷政策。各银行业金融机构按照市场化原则，甄别不同类型的企业，采取增贷、稳贷、压贷等针对性措施。对大局意识强、企业信誉好、存续时间长、社会贡献大、影响面广、市场前景好但面临暂时性困难的企业要重点帮扶，坚持不抽贷、不压贷、不断贷。综合运用贷款重组、展期、借新还旧、担保增信等措施为企业提供授信，结合企业生产经营特点制订有针对性的融资方案。对符合“中国制造 2025”的“两城两谷一带”重点产业、战略新兴产业，应争取差别化的扶持政策，积极支持；对产能严重过剩行业未取得合法手续的新增产能建设项目，一律不得给予授信；对长期亏损、失去清偿能力和市场竞争力的“僵尸企业”，或环保、安全生产不达标且整改无望的企业及落后产能，坚决压缩退出相关贷款。把金融机构年度企业贷款占比情况，列入年度考核和财政资金竞争性存放管理的重要评价指标，引导金融机构加大对工业企业资金支持。

（6）鼓励保险产品创新。支持符合多元化需求的保险产品创新，大力发展绿色保险，推行环境污染责任险，探索开展安全生产责任险、食品安全责任险。吸引险资入赣，引导保险资金运用，加强与保险资产管理机构对接，引导保险资金来赣发起设立产业发展基金，支持实体经济发展。鼓励信用保险助推外向型经济发展，支持赣州金融对外开放。

三、探索各类基金运作新模式

（1）扩大产业引导基金规模。继续推进赣南苏区振兴发展产业投资基金、赣州市科技创业投资引导基金、江银（赣州）高新技术产业发展基金、赣州稀土产业发展基金、江西百富源新材料创业投资基金等已有基金对全市工业发展、园区基础设施建设的支撑作用，每年投入用于工业领域的资金规模不少于50亿元。积极争取和利用国家、省产业（创业）投资引导基金，吸引社会资本参与发起设立专业化的创业（风险）投资基金，吸引优质投资机构在我市设立专业的投资机构，逐步扩大我市产业投资基金规模。

（2）大力发展并购基金。支持龙头企业和优质上市公司开展兼并重组，重点筛选和推荐一批稀土及钨新材料、生物制药、新能源汽车及零部件、电子信息等行业成长性较好、科技含量高但缺乏一定流动性的中小企业作为并购重组标的，通过对标的并购企业生产要素、运行机制与外部资源的整合，提升经营效率，实现价值提升。鼓励优质投资机构在我市设立并购基金，给予鼓励政策。引导和支持金融机构支持我市优化产业结构，积极稳妥开展并购贷款业务，提高对企业兼并重组的金融服务水平。

（3）运作好“中国制造2025”产业基金。设立规模为100亿元的赣州市重大工业项目投资引导资金，以市县两级联动模式，通过政府资金的引导作用，吸引银行资金等社会资本投入赣州市工业发展，为一批“攻坚性、引领性、带动性”的特大项目落户我市过程中提供关键支持。同时为更好地对接国家工信部“中国制造2025”产业基金对我市先进制造业的支持，设立规模为10亿元的赣州市“中国制造2025”产业基金，下设新材料、军民融合、智能制造等子基金，重点支持战略性新兴产业、科技创新企业等先进制造业的发展。

四、创新财政金融有效互动模式

（1）发挥财政资金杠杆作用。围绕制造业发展需求，整合财政资金，创新财政资金使用方式，按照“拨款变投资、资金变基金”的思路，支持设立产业发展基金，引导金融和社会资本参与建立产业发展“资金池”，支持本地区重点企业和重点项目发展。同时，积极推广运用PPP模式，撬动社会资本投入重点项目建设。

（2）拓宽中小微企业融资渠道。加大“财园信贷通”“财政惠农信贷通”“小微信贷通”“创业信贷通”等贷款发放，支持我市中小企业结构调整和优化；积极发展贷款保证保险，推动开展“保险+信贷”业务，将小微企业贷款保证保险业务推广至全市符合条件的银行机构、保险机构和小额贷款公司，运用保险机制缓解小微企业融资难题；提高还贷周转金使用效率，降低使用成本，帮助资金周转暂时困难的中小微企业转贷“过桥”。

（3）提升融资担保服务水平。支持赣州市金盛源担保有限公司拓展融资担保业务，支持财政出资担保公司提高代偿容忍度，努力做大融资担保业务规模。鼓励引导担保机构提高信用良好企业的抵押物折扣率，降低担保费率。

五、完善产业链金融服务

（1）推动龙头企业开展产业链金融服务。支持、鼓励稀土集团、青峰药业、孚能科技等龙头企业依托企业上下游供应链资源，提供延伸产业链金融服务，推动传统产业链上下游企业技术改造、装备升级，提升核心竞争力。加大中征应收账款融资服务平台的推广应用，推动核心企业带动供应链接入平台，突破应收账款融资瓶颈，更好地盘活中小企业应收账款。

（2）鼓励金融机构积极开展产业链金融业务。鼓励商业银行与产业链核心企业建立产业链金融合作，针对“两城两谷一带”产业特点量身定制供应链金融产品，解决供应商、销售商等产业链上下游企业的融资需求。引导商业银行通过提供应收账款质押、商业承兑汇票贴现、订单融资等融资模式，缓解供应商生产和交货后的融资需求；引导商业银行充分利用核心企业信用和仓单等权利质押，对经销商提供担保贷款和票据融资，提高金融服务能力，加强供应链合作，促进金融协同产业发展。

六、推动企业直接融资

（1）扩大企业债券融资规模。鼓励企业通过银行间市场、证券交易所发债融资。加快提升政府投融资平台公司发债能力，满足公司债、企业债、超短期融资券、短期融资券、中期票据、项目收益票据、永续票据、资产支持票据等各类债券的发行要求，进一步提高债券融资比例。鼓励符合条件的企业发行并购票据。支持龙头企业发行供应链票据，依托龙头企业较高的主体信用评级，缓解上下游小微企业融资难题。

（2）引导资本市场直接融资。借助国家大力支持资本市场多层次建设的政策机遇，充分利用贫困县上市绿色通道政策优势，引进、培育、筛选、充实重点上市后备企业库，引导企业加快股份制改造和规范化改制步伐，分层次、分梯队推动企业赴主板、创业板、中小板、新三板、江西联合股权交易中心等多层次资本市场上市、挂牌。深化与深交所、上交所、省股交中心等机构合作，引进项目、资源、资本、人才团队梳理赣州产业结构，做强赣南板块企业上市群，做大上市企业市值，促进产业转型升级。

第五节　赣州市经济振兴发展的攻坚措施

为着力破解经济运行中存在的突出困难和问题，有效应对经济下行压力，培育经济发展新动能，促进经济平稳健康发展，赣州市采取如下几条“硬措施”，具体如下：

一、精简项目报建审批程序

赣州市严格执行并联审批制度，推行建设项目“一站式”审批，重大项目和重点产业项目全程代办服务。通过“串联改并联、前置放后置、中介纳并联”等方式，推行容缺受理制度，提前受理符合条件的审批事项，切实压缩项目办理时限。除涉及国家秘密的项目外，项目审批、核准、备案以及所涉及的各类审批事项必须通过投资项目在线审批监管平台办理。市本级政府投资项目选取中介机构，除需政府采购或公开招标及法律法规有特殊规定之外的，一律到“中介服务超市”选取。对市本级政府投资项目可研报告估算总投资不超过市政府下达的计划总投资的50%，由市发改委根据专家评估意见据实批复，不再报市政府调整投资计划。对市本级政府投资建设的总投资3000万元至1亿元的园林绿化项目和市政道路项目（不含道路桥梁），将项目审批程序合并为只审批项目初步设计（代可研报告）。对市本级政府投资建设的总投资200万元以下项目、总投资50万元以下办公用房维修改造项目，项目单位报财政部门列入财政预算视同审批立项，不再报市发改委审批（国家、省另有规定的除外），对总投资50万元以下的办公用房维修改造项目不再向市机关事务管理局报备。加强投资项目评估论证管理，市发改委牵头组织市级项目立项审批中的评估论证工作，咨询评估费用列入工程项目总投资中。

二、统筹整合使用财政涉农扶贫金

对市本级财政预算安排的政府投资工程建设项目，采取“先预拨后清算”的方式，按年度财政预算安排资金的10%，预先下达业主单位项目前期费用。项目合同签订后，再按合同价的80%下达业主单位项目建设资金，余款待工程结算审查后再拨付。工程项目资金统一由业主单位根据工程项目建设进度及工程价款结算办法直接拨付至施工单位。年底对支出进度慢、存量资金长期消化不力的县（市、区）进行通报、约谈，并按3%~5%核减其明年转移支付规模。对各部门（单位）在年内难以形成支出的项目予以调整预算，对2年以上未使用的资金，收回总预算统筹安排使用。对截至2016年底项目支出结余结转资金规模200万元以上且2017年规模继续扩大的市直部门（单位），明年按10%核减该部门（单位）项目支出预算。各县

（市、区）在规范实施好已有项目的基础上，年内至少新增 2 个 PPP 项目。在垃圾处理、污水处理等公共服务领域，各县（市、区）新建项目须采用 PPP 模式实施。市财政安排 3000 万元对全市新建项目和市级平台存量化债项目分别按投资额和化债规模给予奖励。进一步加强与中国 PPP 基金对接推介，争取中国 PPP 基金年内在我市落地长期投资。尝试开展 PPP 项目资产证券化，进一步拓宽项目融资渠道。

三、设立重大工业项目引导资金和“中国制造 2025”产业基金

市财政出资 10 亿元，各县（市、区）财政配套，按一定比例撬动银行资金投入，设立规模 100 亿元的赣州市重大工业项目投资引导资金，为一批“攻坚性、引领性、带动性”的特大项目落户赣州市提供关键支持。对接工信部“中国制造 2025”产业基金对赣州市先进制造业支持，设立赣州市“中国制造 2025”产业基金。

（一）实施新一轮稀土钨深加工及应用产品奖励

在上一年度奖励政策的基础上，扩大奖励范围，优化奖励标准，市县筹集 1 亿元资金，对规模以上工业生产型企业使用市内稀土钨原材料生产的稀土钨深加工及应用产品，按销售收入的一定比例予以奖励，促进稀土钨产业向高端化延伸。

（二）实施新一轮工业园区标准厂房市级补助

鼓励各县（市、区）进一步加快标准厂房建设，对获得 2017 年和 2018 年省级标准厂房建设专项资金补助的项目，市财政按照国家级工业园区 50 元/平方米、省级工业园区 25 元/平方米的标准给予配套补助。

（三）创新工业用地供应方式

对工业用地全面推行“长期租赁、先租后让、租让结合”的供应方式，缓解企业一次性支付土地出让金的资金压力，提供多种土地利用方式供企业自主选择，帮助企业降低 98%的初始用地成本。

四、推进产业升级

（一）积极支持智能制造

每年向本市有智能制造服务需求的工业企业发放200万元的智能制造服务消费券，单个企业最高为10万元，支持市内智能制造服务企业对赣州市工业企业提供智能制造咨询、诊断、规划设计、人才培训等服务。组织开展智能制造技改项目申报，每年评选10个“赣州市智能制造试点示范项目”，按申报当年及前一年度智能装备、软件及控制系统（ERP、MES、PCS等）投入额的10%给予奖励，单个项目最高奖励300万元。每年对排名前5名的“赣州市智能制造试点示范项目”授予市级数字化示范车间称号。对进入《赣州市首台（套）先进装备产品目录》的产品，在产品销售首年度，对销售的前10台（套）产品的保险费用进行补贴。2017年、2018年两年，投保费率按6%的费率上限及投保年度保费的95%给予补贴。2018年以后，根据政策运作实际情况，对投保费率补贴上限进行适当调整。补贴时间按保险期限据实核算，单个企业最高补贴50万元。对进入工信部《首台（套）重大技术装备推广应用指导目录》的产品，参照《赣州首台（套）重大技术装备保费补贴暂行办法》。

（二）加大技改支持力度

鼓励引导企业实施技术改造，对智能制造、新能源汽车、生物制药等新兴产业领域的重大技术改造项目，市级技术改造项目专项资金的设备购置补助比例由5%提升到10%。对企业当年通过省级专家鉴定，获得省级新产品证书的新产品，由受益财政一次性给予每个新产品5万元开发补贴。对当年获得省优秀新产品一、二、三等奖的，由受益财政分别奖励企业新产品开发科技团队5万元、4万元、3万元。

（三）大力培育发展工业设计

研究设立工业设计引导资金。加快建设家具、灯饰、服装、电子、汽车配件等特色产业工业设计中心（基地），建立面向特色产业的工业设计公共服务平台和行业工业设计产业集群，推动工业设计企业、人才、资金等向基地集聚。鼓励工业设计企业向重点产业集聚，以“两城两谷一带”为重点，以政府出资补贴的形式，向工业设计企业以零租金或低租金方式，出租办公用房。鼓励有条件的企业自建或与高校院所合作建立工业设计中心，支持重点企业机构申报国家、省级、市级企业工业设计中心认定，申请工业设计企业资质评价和认定。每年评定一批市级企业工业设计中心、工业设计企业、工业设计基地并由市财政给予每家最高 10 万元的奖励；对获得省级认定的，市财政给予 30 万元奖励；对获得国家级认定的，市财政给予 40 万元奖励。

（四）加大财税扶持力度

企业用于工业设计的研究开发费用，按照税法规定享受企业所得税前加计扣除政策；工业设计企业被认定为高新技术企业的，按照税法规定享受高新技术企业相关税收优惠政策；省级认定的企业工业设计中心、工业设计企业，三年内缴纳税收的地方所得部分全部奖励企业，支持企业发展。

（五）加大对产业平台扶持

争取新增债券和置换债券资金 100 亿元以上，新增债券资金重点向平台建设倾斜，并将产业园区存量政府债务 2018 年底前全部置换完毕，还本期限由 3~5 年延长至 5~10 年。

（六）加快引进项目

围绕“两城两谷一带”，各产业推进领导小组研究编制产业链图，推进产业链招商，并相应提高产业链招商在全市招商引资考核中的权重。对新引进的内资及外商投资项目，总投资 1 亿元及以上且在两年内竣工投产的，由受益财政给予其项目生产性设备投资额 3%以内的一次性补助，单个项目最高补助额 300 万元。总投资 3 亿元及以上且在两年内竣工投产的，在受益财政补助的基础上，市财政再给予一次性补助 100 万元。对成功引进市外企业落户的，由受益财政按固定资产实际投资额一定比例给予引进单位或个人（公职人员除外）奖励。

第六章

赣南苏区生态振兴的实践与探索

2012年《若干意见》出台之后，赣州市生态保护力度加大，在生态建设、水土保持、环境治理、循环经济等方面持续推进，争当生态文明试验区建设排头兵。赣州市以前所未有的决心，着力构筑我国南方地区重要生态屏障。目前，争取多年的东江流域上下游横向生态补偿机制得到落实，全年获得奖补资金3亿元，出境断面水质达标率100%。森林质量明显提高，10年改造1000万亩低质低效林首战告捷，完成首批68.23万亩改造任务，阔叶树比重达到25%以上，森林覆盖率稳定在76.4%以上。崇义县获批全国首批县级国家级森林城市创建县，上犹县入选省生态文明建设十大领跑县。

第一节　赣州市生态振兴实践总体情况

一、生态治理扎实有效

当前，赣州市获批山水林田湖草生态保护和修复试点，20亿元中央基础奖补资金全部到位，筹集183亿元推进试点实施，首批28个项目全部开工。废弃矿山治理工程全面推进，全年完成治理面积19.1平方公里，累计完成83.77平方公里。赣州市（中心城区）、会昌县列为省级循环经济示范城市，瑞金经开区、于都工业园区列为省级园区循环化改造试点。赣州市医疗废物集中处置中心异地技改（搬迁）项目、信丰工业固体废物处置中心项目和赣州市中心城区污水处理厂污泥无害化处置项目三个重大项目取得积极进展。深入实施节能减排示范工程，单位GDP耗能下降3%。

二、生态建设和水土保持持续推进

（一）生态建设

2012~2016年，完成造林绿化511.4万亩，全面实施天然林保护工程，启动1000万亩低质低效林改造工作。建立林业自然保护区43个、湿地公园73个、森林公园147个。赣州成为国家木材战略储备生产基地，共有9个县列为国家木材战略储备县，完成建设任务4.05万亩。开展了东江源、赣江源和赣南二期森林重点火险区综合治理等项目建设（见表6-1）。

表6-1　2012~2016年赣州自然保护区、森林公园建设情况表

指标	2012年	2013年	2014年	2015年	2016年
省级及以上自然保护区数（个）	8	8	9	9	9
省级及以上森林公园个数（个）	26	28	31	31	31
省级及以上湿地公园个数（个）	10	14	15	15	19
生态公益林面积（万亩）	1508.58	1507.47	1507.47	1507.47	1507.47

（二）水土保持

赣州是水土保持改革试验区，18个县（市、区）全部列入“赣州市国家水土保持重点建设工程”。开展了赣南崩岗侵蚀防治和水土保持生态修复试点，水土保持生态修复面积2799平方公里。编制完成了《赣江、东江源水生态系统保护与修复治理行动计划》。到2016年，共有6个水产种质资源保护区被列为国家级保护区。

（三）生态文明示范工程和移民搬迁

瑞金、上犹列入全国生态文明示范工程试点，2011~2017年，移民搬迁计划29万人，已经完成搬迁入住21万（其中2017年8.8万人正在搬迁中）。全面完成库区1246户4988名“水上漂”移民上岸安置工程。

三、环境治理和保护力度不断增强

（一）矿山环境综合治理

出台实施《赣州市矿山环境综合治理规划（2013~2020年）》。2012~2016年，矿山环境综合治理项目14个，资金6.58亿元。目前已完成施工的项目3个，正在施工的项目11个。

（二）城镇污水处理厂和污水管网建设

2012~2016年，赣州市投入城镇污水管网建设资金20.7亿元，共建成污水管网1130公里，2016年城镇污水处理率达到86.46%，比2011年提高14个百分点。新增污水处理规模18.5万吨/日，污水处理能力达到46.75万吨/日。16个需建设工业园区污水处理设施的县（市区）中，8个项目开工建设，8个项目正在推进前期工作。

（三）重金属污染防治

环境保护部、财政部将大余县、崇义县、章贡区、赣县区、南康区列入国家重金属污染重点防控区。2012~2016年，赣州市获得中央重金属污染防治专项资金5.55亿元，共治理项目94个，淘汰关停有色加工企业91家，累计消减重金属排放量281.31千克，年度消减比例达到3%以上。

（四）工业行业清洁生产

2016年，赣州市有19家企业实施了强制性清洁生产审核，涉及有色、化工等行业，其中稀土、钨资源企业占70%以上。2012~2016年通过强制性清洁生产审核评估验收的103家企业，共计投入5.4亿元，累计削减烟尘排放量1547.2吨、二氧化硫排放量403.59吨、COD排放量1419.15吨。

（五）城市大气污染防治

开展区域性大气污染联防联治工作，在中心城区划定“高污染燃料禁燃区”，禁燃区总面积62平方公里，占建成区面积的69.6%。淘汰燃煤锅炉233台（479.73蒸吨）。划定黄标车限行禁行区域，限行面积达31平方公里，五年来淘汰黄标车及老旧车约3.13万台。建设了中心城区5个环境空气质量自动监测站，启动实时监控，2016年空气质量优良率为88%（见表6-2）。

（六）农村环境整治及其他事项

2016年底，聘请保洁人员20492名，建有乡镇压缩式垃圾转运站143个，设置乡镇垃圾桶48.87万个，垃圾清运车17083辆，清理清运垃圾114万吨。编制完成《赣州市农村环境综合整治实施方案》，实施农村环境综合

表 6-2　2012~2016 年赣州市环境治理主要指标情况表　　单位：%

指标 \ 年份	2012	2013	2014	2015	2016
主要河流断面水质达标率	91.2	92.7	93.4	98.4	95.8
环境空气质量优良率	100	100	98.1	95.6	88

整治项目 122 个，创建国家级生态乡镇 11 个，国家级生态村 1 个。

四、发展循环经济发展水平不断提升

（一）循环经济重点工程

国家发展改革委、财政部将赣州经济技术开发区列为 2013 年国家循环化改造示范试点园区，安排子项目 33 个，目前已建成项目 21 个，在建项目 3 个。8 个园区列为省级园区循环化改造试点。赣州经济技术开发区被列为国家生态工业示范园区，目前有 258 家企业开展环境质量体系认证、6 家企业开展清洁生产，园区废水、废气排放达标率 100%（见表 6-3）。

表 6-3　2012~2016 年循环经济主要指标情况表　　单位：%

指标 \ 年份	2012	2013	2014	2015	2016
废物综合利用率	83.40	83.03	82.03	80	85
单位 GDP 能耗下降率	-4.07	-3.01	-3.12	-2.6	-3.5

（二）低碳试点

国家发展改革委批复了《赣州市低碳试点工作实施方案》，扎实开展低碳城市建设工程，到 2016 年，化肥农药施用量减少（折纯）23.85 万吨，比上年减少了 1.08%，利用率提高了 3 个百分点以上，2016 年农药使用量 1.51 万吨，比上年减少 1.98%。畜禽养殖粪便资源化利用率为 80%，农业面源污染初步得到遏制。2012~2016 年以来，全市建设了碳汇造林示范基地。

国务院将东江开展跨地区生态保护补偿试点事宜明文列入《关于健全

生态保护补偿机制的意见》（国办发〔2016〕31号），财政部、环保部推动江西、广东两省政府签署了《关于东江流域上下游横向生态补偿的协议》，2016~2018年试点期间，赣州市东江源区最多可获得奖补资金15亿元，其中2016年已下达中央奖补资金4亿元。2016年8月，经国务院批复，赣州市南康、赣县、信丰、宁都、于都、兴国、会昌、石城、瑞金9个县（市、区）纳入国家重点生态功能区转移支付范围，并进入中央财政补助基数。2012~2016年，国家重点生态功能区转移支付31.96亿元。启动实施国家山水林田湖生态保护修复试点。2012~2016年，国土资源部批准立项废弃矿山植被恢复治理和生态治理工程等项目14个，资金6.58亿元。从2015年起，国家级和省级生态公益林管护支出标准由2014年的17元/亩提高到20元/亩。公益林补助资金30054.13万元已下达各县（市、区）。2016年、2017年国家级和省级生态公益林管护支出标准仍为20元/亩，两年补助资金60040.85万元已下达各县（市、区）。

五、生态文明制度创新完善

赣州在全省率先实行生态文明建设领导干部约谈制度，设立市山水林田湖生态保护中心，崇义县完成领导干部自然资源资产离任审计试点，兴国县、于都县列入省自然资源资产负债表编制试点，安远县成立全省首支生态综合执法大队。

第二节　典型案例之一：寻乌矿山综合治理的实践

寻乌县位于江西省赣州市东南部，稀土探明储量达50多万吨，占我国已探明离子吸附型稀土矿资源储量的61.7%，是世界上最大的离子吸附型稀土矿区之一。寻乌县也是全国最早开采稀土的县份之一，稀土开发在为我国稀土工业发展做出巨大贡献的同时，受落后生产工艺和粗放管理模式的影响，也造成了资源浪费、水土流失、矿区沙化、环境破坏等诸多问题。据统计，寻乌县废弃稀土矿山达4处，总面积达20.4平方公里。近年来，寻乌县牢牢抓住《若干意见》中支持历史遗留矿山环境综合治理的利好政策，积极探索废弃稀土矿区“变废为宝”治理新模式，取得了明显成效。原废弃稀土矿区的植被覆盖率，将由治理前的10%提高到80%以上，昔日满目疮痍、寸草不生的废弃稀土矿区土地变成了绿树成荫的“花果山”，污染环境、破坏生态的稀土尾砂变成了群众致富的“聚宝盆”。

一、主要做法

（一）遵循“四项原则”

坚持矿山环境整治和矿山资源利用相结合，立足多元利用，遵循“宜耕则耕、宜林则林、宜水则水、宜工则工”的原则，将废弃稀土矿山整治为农业、林业、工业等用地。据统计，全县已累计完成废弃稀土矿山治理6平方公里，恢复耕地3000多亩、林地2800亩，平整工业用地2000多亩。

一是遵循宜耕则耕原则。根据矿山地理位置、自然环境、周边配套等条件，对地势轻度变形、坡度小、土壤较肥沃、排灌设施完备的塌陷地，积极推进废弃稀土矿山地质环境治理和污染土壤生态修复，复垦为耕地。

二是遵循宜林则林原则。按照“整体生态功能恢复”和“景观相似性”的要求，对矿产资源开发造成的生态破坏和环境污染，出台政策鼓励社会资本和当地农民投资，在废弃稀土矿区种植经济林和其他林木，提高矿区植被覆盖率，改良土壤质地，改善生态环境，恢复区域整体生态功能。

三是遵循宜水则水原则。对常年积水的塌陷地，通过挖低垫高、挖塘养鱼、修建台田，改造为矿区农民发展水产养殖业的重要基地；对积水深、面积大的塌陷地，因势利导，修建人工湖面和生态公园，改善和美化生态环境；对无水的废弃矿井进行填埋，减少矿区内泥沙流等次生地质灾害，消除安全隐患。

四是遵循宜工则工原则。对交通便利的废弃稀土矿区，通过土地复垦和土壤修复治理，直接治理成建设用地，着力打造成工业园区；对远离交通要道，且靠近输变电站的废弃稀土矿区，着力发展太阳能光伏发电、风力发电等绿色能源产业。

（二）实施“两大工程”

按照轻重缓急，优先抓好生态破坏与环境污染严重的重点恢复治理工程，通过工程、生物和管理措施开展综合治理，恢复矿区整体生态功能，提高矿区经济效益。

一是实施土地复垦治理工程。坚持因地制宜，采取“变”“换”等有效措施和土地“增减挂”等项目，对集中连片、权属清楚、宜开发为旱地的地块进行优先治理，充分利用废弃稀土矿山资源。主要是通过对废弃稀土矿区土地整治，使新增林地、耕地及建设用地面积之和不少于治理区域面积的80%，其中耕地和建设用地面积不少于治理区域面积的45%；通过增设相应的蓄排水等设施，消除废弃稀土矿区和周边地质灾害隐患，改善废弃稀土矿区地质环境。据统计，仅石排废弃稀土矿山地质环境治理示范工程项目完工后，就可增加建设用地6818亩，直接增加土地收益5亿元以上，可有力解决寻乌县工业用地不足的矛盾，为长三角、珠三角、海西经济区产业转移提供承接基地。

二是实施生态修复治理工程。对不适合建工业园区的地块，探索发展绿色产业或因地制宜进行生态修复治理。主要是通过对废弃稀土矿区种植较耐旱的桉树、湿地松等树种，套种适合稀土尾砂区生长的混合草种，对矿区进行植被恢复；通过采取整地挖穴，回填容土，下足基肥的方法，在适宜地块种植柑橘等经济林木，提高矿区经济效益；通过加入特定物质，调节土壤质地（酸碱性），改善水源水质。据专家评估，废弃矿山治理后，矿山环境千疮百孔、满目疮痍的局面可得到根本改观，植被覆盖率将提高到80%以上，生态环境将逐步向良性转化。

（三）发挥“三大作用”

坚持以维护矿区生态环境安全为重点，以典型示范和以点带面的方式，针对矿产资源开发利用方式以及产生的生态环境问题，充分发挥政府、部门、社会三大作用，努力提高矿山生态环境保护和恢复治理成效和水平。

一是发挥政府主导作用。成立了废弃稀土矿区治理工作领导小组和废弃矿山治理示范项目建设指挥部，整合资源形成治理合力、积极探索一种矿山环境治理方法，积极开展废弃稀土矿被恢复、种植果树、土地开发利用综合治理等试点工作，累计投入治理资金达4.5亿元，矿区植被得到逐步恢复。特别是紧抓《若干意见》出台的历史性机遇，2012年以来争取到位资金39.3亿元，重点争取到了石排废弃稀土矿山地质环境治理示范工程（2012~2014年度）、国土江河综合整治东江流域试点等一批重大项目。

二是发挥部门配合作用。按照“渠道不乱、用途不变、各负其责”的原则，统筹安排县矿管、国土、水保等部门项目资金，全力打造废弃稀土矿区综合治理示范工程。矿管部门牵头对全县废弃稀土矿区进行调查摸底，形成了专题调查报告，为推进矿山治理奠定了基础。由矿管部门组织实施的石排废弃稀土矿山综合治理示范项目一期已完工，完成治理面积3765亩，新增工业用地面积1500亩，全县累计完成治理面积9620亩。国土部门结合土地复垦治理和土地“增减挂”项目，对废弃稀土矿区进行开发治理，完成稀土矿区复垦面积780亩、增加地面积2825亩。水保部门通过水土保持重点治理和小流域治理项目，对废弃稀土矿区进行生态恢复治理，综合治理面积达3100亩，种植混合草400亩。

三是发挥社会支持作用。为解决资金不足问题，寻乌县采取信贷资金、技术、种苗“三优先”举措，大力鼓励农民在水分和肥力相对充足的废弃稀土矿区栽种果树、治理水土流失。特别是在废弃稀土矿山成功进行的“稀土尾砂区种植脐橙试验”，为推广稀土尾砂区种植经济果林木模式打下了良好基础。近几年来，累计投入民间水保资金7.28亿元，治理水土流失面积11.2万亩；吸纳社会资金6000多万元，种植果树5000多亩，实现年利润超2000万元，部分矿区已形成了乔灌草、果林木相结合的立体型水土保持生态功能区，实现了经济效益和生态保护的双丰收。

二、主要成效

寻乌县利用废弃稀土矿山打造工业园区、发展绿色产业以及全方位的生态修复，较好地解决了环保与发展的矛盾问题，探索出一条可持续发展的路子。

（一）恢复了生态环境

寻乌县探索地利用稀土废弃矿山治理模式，把环境问题与工业平台问题给予了“一揽子”解决。例如，通过实施石排废弃稀土矿山地质环境治理示范工程，一是可以减轻矿区下游地区农田及河流70%的尾砂淤积，减少矿区水土流失，遏止土壤沙化面积继续扩大；二是通过综合治理，原废弃稀土矿区的植被覆盖率，将由治理前的10%提高到80%以上。

（二）破解了用地瓶颈

寻乌县山地面积占全县国土面积的75.6%，可用工业用地少之又少，通过利用稀土废弃矿山打造工业园区，有效解决了寻乌县用地问题。例如，石排废弃稀土矿山综合治理示范工程（2012~2014年度）实施完成以后，可新增建设用地6818亩，为寻乌工业发展提供了充足的用地保障，有利于促进产业转型升级，进而促进区域经济发展。目前，已成功打造了占地7000多亩的石排工业园区，吸引了恒源科技、弘昇稀土、新闽泰陶瓷等多家稀土精深加工、陶瓷建材加工企业落户。

（三）改善了人居环境

寻乌县探索地利用稀土废弃矿山治理模式，不仅统筹解决了环境与发展的矛盾问题，也改善了当地人居环境。一是消除了安全隐患。通过综合治理，消除了潜在的地质灾害隐患，促进了社会和谐稳定。二是改善了生活环境。以前每逢雨季泥沙俱下、泥水横流的状况将一去不返，沟壑纵横、寸草不生的凄凉之地成为厂房林立、绿树成荫的工业带。三是保护了东江水源。通过严厉打击非法开采行为、严格限制开采规模、取缔池浸和堆浸落后生产工艺等方式，实现了东江水源水质稳步提升。

（四）实现了经济效益

废弃稀土矿山治理后，一方面，可对稀土尾砂进行回采和利用，大力发展陶瓷建材产业，既消除了稀土尾砂带来的危害，又变废为宝，增加了收益。另一方面，通过实施土地复垦治理和生态修复治理等工程，可产生可观的经济效益。仅石排废弃稀土矿山综合治理示范工程一期工程完成后，可新增建设用地2370亩，按寻乌县每亩16万元的建设用地出让价格计算，新增建设用地直接收益3亿以上；可遏制70%的尾砂淤积，间接经济效益1000万元以上；可新增林地855亩、耕地1995亩，提高了土地利用率，可产生较大的间接经济效益。

第三节　典型案例之二：东江源生态保护实践

一、赣州市各级政府对东江源实施保护

2004年2月19日江西省人民政府批转了省环保局《关于加强东江源区生态环境保护和建设的实施方案》。之后，赣州市和源头区域三县也相继出台了一系列政策措施。长期以来，源头区域各级政府和广大干部群众以保护东江源头区域生态环境为己任，发扬苏区自力更生、艰苦奋斗和无私奉献的精神，坚持不懈地开展环境保护与生态建设。特别是近几年来，他们以牺牲局部经济发展为代价，严格控制和关停了一批对资源环境有破坏和危害的小造纸、小矿山、小冶炼等项目，为保护东江水环境做出了重大贡献。

寻乌县素有“稀土王国”的美称。近年来，为保护东江源头区域水环境，在全县范围专门开展稀土矿区及周边环境整治工作，先后在水源区取缔关停污染矿点104个。安远县政府在三百山及周边地区划定禁伐面积120万亩，并建立了30万亩的三百山核心天然保护区，全面实行封山育林。近年来，安远县共关闭松焦油厂15家、稀土矿点10家近百条生产线、活性炭厂5家、木材加工厂20余家，全县累计投资2000余万元用于生态保护，使三百山及周边地区形成了一个较完备的生态体系。定南县关闭钨矿坑口68

图 6–1　赣州东江源

个，金矿采矿点 33 个，稀土采矿点 134 个，投资 168 万元用于岿美山矿区尾砂坝工程和废水治理工程，投资 920 万元建设稀土矿拦砂坝 206 座，大大减少了水土流失，提高了定南水的水质。安远、寻乌县还率先启动了源头区域生态移民工程，仅 2004 年就从水源保护区搬迁居民 2000 人。这些措施的实施，大大缓解了东江源头区域生态环境的恶化趋势。

二、东江源头区域生态环境保护和建设的实施步骤

根据江西省实际，东江源头区域生态环境保护和建设分为近期启动、中期发展、远期提高三个发展阶段：

（1）近期启动阶段（2004~2005 年）：加大东江源头区域保护开发的宣传力度，提高东江源头知名度；制定东江源头区域生态环境保护与建设工程规划，加强监管能力建设，有效控制人为造成的新的植被破坏、水土流失和水质污染等生态破坏；启动实施以“青山绿水”为目标的生态环境保护与建设重点工程，缓解因矿山、果业开发造成的水土流失和农业面源污染，源头区域生态环境中的突出问题得到初步解决。

（2）中期发展阶段（2006~2010 年）：加大投入，全面实施东江源头区域生态环境保护与建设重点工程，源头区域生态环境中的主要问题得到基

本解决，生态环境质量总体上得到明显改善，经济建设和生态环境开始步入良性循环的轨道。

（3）远期提高阶段（2011~2015年）：通过实施生态工程，加快生态建设，满足全流域经济社会发展对源头区域水质、水量涵养功能的需求，保障全流域的生态安全，基本实现水资源的可持续利用、生态与经济社会的协调发展、人与自然的和谐相处。

三、赣州市东江源头区域近中期拟实施的重点工程

（一）生态林建设工程

（1）封山育林工程。围绕生态林业建设目标，将东江源头区域的国家生态公益林试点区域173.7万亩（其中寻乌66.4万亩、安远49.8万亩、定南57.5万亩）全部列为东江源头区域封山育林工程生态建设范围；今后东江源头区域新增的国家生态公益林面积也全部列入东江源头区域封山育林工程。

（2）退耕还林工程。根据《赣州市退耕还林区域规划实施意见》，东江源头区域三县退耕还林总面积24万亩（坡耕地造林12万亩，荒山荒地造林12万亩），全部列为营造水土保持林面积，造林主要以混交型生态防护林和生态兼用林为主。

（3）自然保护建设。到2005年，在源头区域三县分别建立县级野生动植物保护管理站，行使野生动植物保护管理职能；加强现有保护区的建设和管理机构，组织开展日常的管理工作。到2010年，将原有4处县级保护区中的2处晋升为省级保护区，保护区的生态旅游资源得到适度开发；新建2处县级自然保护区及若干个水源涵养类型的保护小区。

（二）水土保持工程

（1）到2005年，治理小流域15条，其中寻乌、安远、定南各5条。治理水土流失面积3万公顷，营造水保林0.5万公顷，种草0.25万公顷，封禁治理1.4万公顷，修筑水平梯田（反坡台地）500公顷，开挖水平沟1000万米，建拦砂坝（谷坊）3500座，挖山塘200口，治理崩岗200处。水土

流失治理度达到70%，林草覆盖率提高到70%。遏制新的人为植被破坏、水土流失和水质污染等现象，生态环境脆弱地区恢复初见成效。

（2）到2010年，累计治理小流域33条，其中寻乌13条，安远11条，定南9条。治理水土流失面积8.7万公顷，占水土流失总面积9.8万公顷的89%，林草覆盖率提高到80%以上，生态环境有了根本改善。

（3）到2015年，巩固小流域综合治理成果，水保措施的生态功能效益显著发挥。加大封禁治理力度，建立8个水保生态修复治理区，其中寻乌3个，安远3个，定南2个。实现东江源头区域山川秀美，生态良好，生态与经济、社会协调发展。

（三）矿山生态恢复工程

1. 生产矿山矿区生态环境恢复治理

完善环保、水保设施。2004年底以前，在所有生产矿山建立与生产规模相适应的“三废”处理和回收设施，防止破坏面积和程度进一步扩大。对有可能恢复植被的现有生产矿山，从2004年起，逐年安排不少于破坏面积10%的恢复治理面积，到关闭矿山的下一年止全面恢复植被。

2. 关闭矿区生态环境恢复治理

主要对象为源头区域内已关闭稀土矿遗留的采矿作业场地以及岿美山钨矿、定南县钨矿等老钨矿；恢复治理主要采取修建污水处理工程、挡土墙、拦砂坝、塘坝、谷坊、排水沟等工程，平整改良土地，铺盖客土，恢复植被。

进度安排：2005年完成建筑工程项目和500公顷矿区复垦；2010年完成1000公顷矿区复垦；2015年完成1500公顷矿区复垦。

（四）生态农业工程

在源头区域新建标准化“猪—沼—果”121模式（即户建一口8~10立方米沼气池，人均年出栏两头猪，人均种一亩脐橙）。寻乌、安远、定南三县分别选择流域沿河乡镇（村）作为具体实施地点，共新建沼气池30000个。

（1）2004~2005年：完成新建“猪—沼—果”模式2500户；

（2）2006~2010 年：完成新建“猪—沼—果”模式 7500 户；

（3）2011~2015 年：完成新建“猪—沼—果”模式 20000 户。

（五）防洪、饮水工程

（1）严格源头区域三县流经与广东交界的河流河道范围内的涉水项目审批。将东江源头区域流经三县的寻乌水、定南水纳入省、市管河道，由省、市审批该河道范围内的涉水项目，严格控制带有污染或破坏水资源的项目入内。该范围所需新、改、扩建项目，均须由市以上环保和水政主管部门进行项目论证后，按基本建设程序审批。

（2）加强东江源头区域现有水库的管理和科学调度，在 2005 年以前完成该区域内病险水库的除险加固，保持水库的正常蓄水和调节功能，为东江供水提供有效保证；加强计划用水的审批和调度，加强水情监测和预测预报，合理调配下游流量，保证下游地区的生产生活用水。

（3）在生态环境评价的基础上，加快东江源头区域防洪和蓄水工程的规划和建设，进一步增强源头区域的蓄水和调控能力。寻乌县完成在建的九曲湾小（一）型水库的建设，中远期规划（2025 年）兴建官司下峡中型水库；定南完成在建油田电站小（二）型的建设，近期改建长乐、长富小（二）型水库，中远期建设营场小（一）型水库、三亨一级小（二）型水库、金山小（二）型水库；安远县东风水库的改建工程。加大沿河两岸堤防建设力度，主要沿镇江河两岸建设防洪堤。

（六）农业面源污染综合防治工程

（1）面源污染人工湿地综合治理。近期建设果业开发污染人工湿地综合治理规划工程，通过建设湿地立体生态系统吸收和降解地表径流中农药、化肥污染，并以导流措施和湿地沉淀方式等控制水土流失。一期小流域人工湿地工程建设 5 个，治理流域面积 101 平方公里。

（2）积极推广平衡施肥，实施“沃土”工程。改进施肥方法，减少水、肥流失，不断改良土壤，提高土壤自身保肥、保水能力；减少无机肥施用量，加大有机肥施用量，广种绿肥，推广能适应大面积施用的商品有机肥和微生物肥料；充分利用秸秆资源，搞好秸秆还田及综合利用，同时禁止露天焚烧秸秆；推广高效、低毒、低残留农药及生物农药，将高毒、高残留农药由目前禁止在水果、蔬菜、茶叶、中药材上使用逐步扩大到所有农作物；坚持贯彻“预防为主，综合防治”的植保方针，大力推行病虫害的综合治理（IPM）实施在病虫害防治中。

（3）实行清洁生产，大力发展农业环保产业，推动循环经济建设进程。加强绿色食品、有机食品和无公害农产品的开发和管理。大力推广农村沼气、省柴节煤炉灶等可再生能源和节能技术，实施“猪—沼—果”为主要模式的生态农业，建立生态果园。

（4）合理规划畜禽养殖业布局，近期建设规模化畜禽养殖有机物污染资源化处理示范工程。结合源头区域“柑橘种植优势区”的特点，建设畜禽养殖—果业开发生态经济循环圈。第一期工程建设规模化畜禽养殖有机物污染资源化处理示范工程5个，按照“资源化、无害化、生态化”的原则，利用资源化治理工程和配套措施处理规模化畜禽养殖有机污染，扶持大中型能源生态型和能源环保型工作。因地制宜建设城镇垃圾、污水处理工程，治理生产、生活污染。

（七）生态旅游工程

充分发挥东江源头区域生态旅游资源的优势，深入挖掘东江源文化内涵，全面开发绿色旅游、红色旅游、生态旅游、地质景观旅游、客家文化旅游等各种旅游资源优势，发展以回归自然、认识自然、热爱自然、保护自然、宣传科学、游乐健身、陶冶情操为主要内容的生态旅游产业。加强和完善旅游基础设施建设，不断完善服务功能，增强接待能力，优化服务质量，提高旅游产业的整体水平，拉动相关产业发展，形成江西省新的旅游经济增长点。规划建设三百山国家重点风景名胜区、赣南客家摇篮旅游系统建设工程、安远客家围屋保护工程、交通枢纽建设工程。重点开发好三百山、椪髻钵、九曲河、东新围等一批有知名度和影响力的景点和风景区。

（八）生态移民工程

遵循“移得出、稳得住、逐步富”的原则，采取分散安置和集中安置、有土安置和无土安置相结合的方式，对源头区域人口的空间布局进行调整。按照先东江源头、后流域区、再边远山区的顺序，结合农民新村建设，有计划地实施东江源生态移民工程，在2004~2010年分阶段完成生态移民，实现异地脱贫，防止这些地区因人口压力过大而导致生态环境进一步恶化。

（1）前期工作（2004~2005年）。在完成安远县、寻乌县2000人移民搬迁试点的基础上，继续进行调查摸底，掌握移民数据，同时对移民户进行宣传发动。

（2）实施阶段（2006~2010年）。寻乌县：迁移户数4800户，迁移人口23236人。安远县：迁移户数702户，迁移人口2952人。定南县：迁移户数945户，迁移人口4300人。

第七章

赣南苏区改革创新与开放实践

一方面，赣州市高度重视体制机制创新，并以体制机制创新引领各项工作开展，通过简政放权等大大提高了办事效率，并为产业发展营造了良好的生态环境。通过争取政策支持，积极开展各项试点和示范区工作，积极有序地推进承接产业转移工作，拓展与周边省市地区合作，促进地方特色产业的转型升级。另一方面，大力促进赣州开放发展，以打造赣州港为抓手，推动开放性经济发展，为赣州市企业和产品“走出去”营造了更为良好的发展环境。

第一节　赣州市行政管理和经济体制改革

近年来，赣州市着力推进行政管理体制改革。到2016年，赣州市本级保留实施的行政许可审批事项精简为122项，平均办结时限缩短为4.73个工作日，缩短近68%。2017年，“放管服”改革持续深化，市本级行政审批事项精简至97项，为全省设区市最少。2015年11月，经江西省第十二届人大常委会第二十一次会议第三次全体会议表决通过，赣州获得地方立法权。

一、大力推进“改作风、提效率”活动

赣州市深入开展“两学一做”学习教育和解放思想主题教育活动，严格落实中央八项规定精神，全面落实市委、市政府“一个意见、两个办法”，政府工作效率和服务水平进一步提高。通过深化“放管服”改革，实施窗口优化、网上提速、放权赋权、效能整治“四大工程”。通过加强市、县行政服务中心标准化建设，不断推进“互联网+政务服务”。

首先，全面推行“双随机、一公开”监管公式模式，规范事中事后监管。加强企业信用信息公示“一张网”建设，“六单一网”建设扎实推进，行政机关公务用车改革顺利完成。

其次，法治政府建设不断加强，自觉接受人大法律监督、工作监督和政协民主监督，建议和提案办结率、满意和基本满意率达到了100%。

最后，认真落实党风廉政建设主体责任，政府廉政建设不断加强。国防、双拥、统计、人防、气象、对台、档案、地方志、民族宗教、外事侨务、机关事务等各项工作取得新进展。全面深化改革，打造对外开放高地。充分发挥《若干意见》和对口支援优势，加快先行先试，打造改革创新试验区，建设江西对外开放“南大门”。

二、不断深化国资国企改革

其一，不断推进经营性国有资产集中统一监管，加快市属国有企业整合重组，优化国有企业资源配置，组建若干个具有核心竞争力的企业。

其二，不断推进公共服务供给改革，大力实施政府向社会力量购买服务工作。

其三，深化财税金融改革，推动预算全过程绩效管理，扩大财政专项资金竞争性分配改革试点。深化投融资体制改革，加强政府和社会资本合作（PPP）项目建设，建立政府基金投资项目库，鼓励地方法人银行机构开展投贷联动融资试点。严格控制金融风险，降低企业负债水平。

其四，坚持“房子是用来住的、不是用来炒的”的定位，保持房地产市场持续稳定健康发展。

其五，用足用好对口支援政策，进一步构建对接国家部委、省直单位直通车，争取落实一批新的帮扶项目。

其六，深入推进瑞兴于经济振兴试验区和宁都、会昌县域经济科学发展体制机制创新试验区建设。推进扩权强县、扩权强镇改革，完善和落实县域经济发展配套支持政策，进一步激发县域经济发展活力。

三、不断推进关键领域重大改革

（一）不断推进要素市场建设

赣州市组建江西省最大的中小企业服务中心。积极推进PPP项目实施，有实质性进展的PPP项目51个，总投资300亿元，其中有6个项目入选国家示范项目。集中统一的公共资源交易平台启动建设。建成运营江西省首家环交所——赣州环境能源交易所，完成首笔自愿碳排放权交易。引进战略合作伙伴对稀有金属交易所进行重组，打造我国南方重要的稀有金属金融交易和定价中心。江西省首只科技创业投资引导基金——赣州市科技创业投资引导基金正式组建。

（二）不断推进农业农村改革

农村土地承包经营权确权登记颁证顺利推进，完成了农村产权流转交易平台网络系统建设，率先开展农民住房财产权抵押贷款试点。在江西省率先推进不动产登记改革，颁布了全国第一本林权类不动产证和江西省第一本房屋不动产权证。完成农村集体土地所有权确权登记346.383万公顷，确权登记率达99.54%。先后获批全国集体林权制度改革试验示范区和集体林业综合改革试验示范区，18个县（市、区）均成立林权管理服务中心或林权交易中心。

（三）不断推进金融改革创新

成立江西赣南金融资产交易中心，是江西省唯一的金融资产交易中心。组建江西省首家金融智库——赣州金融研究院。开业运营江西省首家网络小额贷款公司和首家商业保理外资金融服务机构。设立前海股权交易中心赣州办事处。成立注册资本20亿元的赣州市金盛源担保公司，全市融资性担保机构注册资本总额均居江西省首位。

（四）不断推进产业平台建设

近年来，赣州市锐意改革进取，不断推进平台建设，取得可喜成绩。2016年3月，商务部、人力资源社会保障部、海关总署下发通知，认定赣州等3个城市为加工贸易承接转移示范地；江西省首个综合保税区——赣州综合保税区正式通关运行；国家发展改革委批复设立了赣南承接产业转移示范区；省发展改革委、省商务厅联合批复《赣州“三南”承接加工贸易转移示范地规划》；赣州市获批全国首批加工贸易承接转移示范地；龙南、瑞金经济技术开发区升格为国家级经济技术开发区。至2016年底，龙南经济技术开发区投入基础设施建设资金14亿元，新增开发面积1.47亩；瑞金经济技术开发区投入基础设施建设资金24.05亿元，新增开发面积6100亩。省政府批复同意筹建寻乌、石城、崇义等工业园区，筹建期间纳入省级工业园区序列管理。国务院批复同意赣州高新技术产业园区升格国家级高新技术开发区。

（五）不断推进大众创业万众创新

赣州市引进和推广创客空间、“创客咖啡”、创新工场等创新模式，完善人才引进优惠政策，吸引赣南籍在外人才回归。掀起招商引资热潮。坚持引资引智引技并举，开展走出去、引进来系列招商活动，每月至少举办一场市级招商会。大力开展驻地招商、代理招商、商会招商、节会招商，推动外企入赣、央企入赣、民企入赣和赣商回归。组建全国赣州商会联合会和赣州民营投资机构。实施招商项目落地攻坚行动，提高合同履约率、资金到位率、项目开工率和投产率。强化招商引资工作措施，完善考核机制。积极营造宽松透明的政策环境、高效便捷的政务环境、公平公正的法治环境、规范有序的市场环境，全面构建“亲”“清”新型政商关系，真心实意为客商提供优质服务，让投资者安心投资、放心发展。

第二节　赣州市开放合作实践与探索

近年来，赣州市积极实施大开放战略，积极对接融入国家“一带一路”建设，加快把赣州建设成为连接“海上丝绸之路”和“丝绸之路经济带”的重要节点城市。推进航空口岸建设，推动赣州港与“两城两谷一带”和赣州综合保税区、航空口岸等互联互通，实现产、港、城联动发展。积极推进新型内陆口岸建设，探索“进境货物与沿海同价到港、出境货物与沿海同价起运”，让贸易更便利、通关更顺畅、企业降成本。赣州市外向型经济得到快速发展，为赣州市经济振兴注入巨大的活力。

一、外向型经济发展迅猛

近年来，赣州市通过实施《赣南承接产业转移示范区规划》，加快打造“一核两翼”开放合作实践，分别与福建龙岩市、广东河源市签订框架协议，共同建设赣粤、赣闽产业合作区。开通3条“铁海联运”线路以及江西首条中欧班列。赣州港获批全国第8个永久对外开放口岸并实现与深圳盐田、蛇口木材进口直通。赣州家具被列为全国第三批外贸转型升级专业型示范基地，截至2016年底，赣州市家具自营出口超过3.42亿美元，近5年年均增速超过20.06%。成功举办赣港经贸合作活动、赣台经贸文化合作交流大会、央企入赣合作洽谈会、中国光彩事业赣州行等重大招商活动，加强与鄱阳湖生态经济区、海峡西岸经济区、港澳台地区等重要经济区的协作互动。

二、大力发展口岸经济

赣州市发挥口岸平台的作用，推动特色产业发展，通过口岸聚集辐射功能，形成口岸产业聚集，优先发展木材加工、饲料加工、水果贸易等相关产业，根据市场需求，适时推进钻石加工、肉类加工、进口废物原料加工以及平行进口汽车销售等相关产业。

（1）木材加工产业。依托赣州铁路口岸、国检监管试验区为平台，发展壮大南康家具产业，将南康打造成中国内陆进口木材的集散地。

（2）饲料加工产业。依托设立进境粮谷指定口岸平台，促进饲料加工产业的发展，推动瑞金建设成我市进口粮谷的集散次中心。

（3）水果贸易产业。依托设立进境水果指定口岸平台，促进赣南脐橙、赣南农特产品等的出口，推动定南、安远建设成为我市进口水果的集散次中心。

同时，赣州市对出口企业提供报关、报检、退税、收汇、物流、认证、注册、人才培训、信保、融资等集成服务，每年评定一批市级外贸综合服务企业并给予每户企业最高 30 万元资金支持。设立出口退税周转金。以赣州经开区、龙南经开区、赣州高新区、南康区为试点，设立出口退税周转金，专门用于企业出口退税期间上缴税收的周转。

三、努力打造“一带一路”节点城市

江西省支持赣州打造“一带一路”重要节点城市实施方案印发实施。赣州港获批全省首个国家“一带一路”多式联运示范工程，开通 16 条内贸和铁海联运班列线路、10 条出口中欧班列线路、2 条进口中欧班列线路，年吞吐量突破 20 万标箱。赣州综保区完成全国通关一体化江西首单业务，与青岛前湾保税港区共同建立“一带一路自贸驿站”。龙南保税物流中心（B 型）正式运营。“一带一路”贸易不断拓展，2017 年举办招商推介活动 223 场次，签约项目 770 个，实际利用外资、出口总额分别增长 10%、12.1%，引进绿地、TCL、招商局集团、杉杉集团等一批大企业、大集团，与深圳、广州、河源签署战略合作协议，与上海、广州、宁波、昆山等地开展国家级经开区结对共建。国际贸易“单一窗口”国家标准版试运行进展顺利。总之，赣州市通过扩大与国内其他口岸直通，优化货运组织，发展集装箱多式联运，争取赣州至深圳铁海联运快速货运班列常态化，推进开行赣欧（亚）国际铁路集装箱货运班列，努力把赣州港打造成为国际货物集散中心“主阵地”。

第三节　赣州港区一体联动发展的创新

实施“一带一路”和长江经济带战略，给各地区拓展发展空间、优化资源配置带来了新机遇。内陆地区与沿线国家和地区的合作交流，必须建立互联互通的口岸通道。《若干意见》颁布以来，海关总署、国家质检总局等国家口岸工作部际联席会议成员单位均对口支援赣州，有针对性地提出了支持赣州口岸改革发展的优惠政策。因此，积极探寻赣州口岸发展之路，创新口岸发展模式，构建赣州港区一体化成为当前赣州外向经济发展的重要支点和“抓手”。

一、赣州市港区一体化发展的思路

为充分发挥口岸对经济社会发展的引领作用，纵深推进赣南苏区振兴发展，把赣州打造成为连接“21 世纪海上丝绸之路”和“丝绸之路经济带”的重要节点城市和国际货物集散地，就必须加快推动赣州港区联动和一体化发展。综合考虑，赣州口岸建设按照“一核两翼”空间布局，“一核”即以赣州铁路口岸、航空口岸、国检监管试验区和赣州综合保税区为主体的口岸核心功能区，该区主要服务中心城区、南康区、赣县区，以及上犹、崇义和大余等县。“两翼”即南翼和东翼口岸拓展功能区，“南翼”口岸拓展功能区以龙南保税物流中心（B 型）、龙南陆路口岸查验场为主体，定南公路口岸作业区为补充，重点对接珠三角出海通道，主要服务龙南关检区的龙南、定南、全南、信丰、安远和寻乌等县；“东翼”口岸拓展功能区以瑞金陆路口岸作业区为主体，重点对接闽东南出海通道，主要服务瑞金、兴国、于都、宁都、会昌和石城等县市。推动将赣州综合保税区以及南翼和东翼口岸拓展功能区纳入赣州铁路口岸（赣州港）范畴，同步享受国家开放口岸政策，为申报设立进境水果、粮谷、冻品、再生原料等指定口岸。

二、主要任务和抓手

依托中国内陆口岸（江西）国检监管试验区、赣州铁路口岸（赣州港）、赣州航空口岸（航空港）和赣州综合保税区四个国家级开放平台，积极创新口岸监管模式，按照“整体推进、重点突破、部门协同、区域联动”的思路，整合口岸资源，推动口岸资源共享、共用。

（1）依托赣州铁路口岸对外开放，将全市的陆路（含公路、铁路）口岸平台进行整合，统称为赣州港。按照“一核两翼”口岸布局，以赣州港为中心，通过“港区联动”功能扩展的模式，将赣州综合保税区和南翼口岸拓展区（龙南保税物流中心、定南公路口岸作业区）和东翼口岸拓展功能区（瑞金陆路口岸作业区）纳入国检监管试验区范畴，并向安远县等地延伸，打造综合性赣州港。

（2）依托赣州航空口岸对外开放，将航空口岸与赣州综合保税区进行整合，打造赣州的航空港。

（3）依托赣州综合保税区正式运营，将保税物流等功能延伸到赣州港以及我市的其他口岸平台，形成口岸功能的互补和叠加效应。

三、口岸功能拓展

充分发挥对外开放口岸作用，以赣州铁路口岸为核心载体，由赣州港统一申报进境粮谷、水果、冻品、钻石、平行进口汽车等指定口岸以及进口废物原材料检验检疫场所，并规划建设相关功能区域。同时，根据赣州市相关产业发展布局，通过“港区联动”的模式，将口岸功能拓展延伸至其他口岸平台，同步享受国家开放口岸政策。

（1）采取“港区联动”的模式，推动赣州港口岸功能延伸，在瑞金设立进境粮食监管仓库，在定南（安远）设立进境水果监管仓库，在赣州综保区设立进境水果、平行进口汽车、再生原料监管仓库和跨境电商、国际快件监管中心。

（2）采取“港区联动”的模式，推动赣州港与赣综合保税区相互渗透，在将赣州港口岸功能全覆盖的同时，发挥综合保税区保税仓储的作用，创新区监管新模式，扩大赣州综合保税区业务范围，完善州港保税功能。

（3）采取“港区联动”的模式，推动航空港与赣综合保税区无缝对接、深度合作，设立跨境电商、国际快件监管中心。

（4）依托江西电子口岸，推进国际贸易“单一窗口”建设。由赣州港先行试点，在试点成功的基础上，在全市进行推广使用，实现赣州港与各口岸单位、各口岸平台的信息一体化和口岸物流管理与国内国际口岸物流的无缝衔接，提高“大通关”效率和口岸部门服务水平。

第四节　大力推进龙南、全南、定南园区一体化发展

为推动龙南、全南、定南（以下简称“三南”）一体化发展，打造赣州南部重要增长板块，根据《国务院办公厅关于促进开发区改革和创新发展的若干意见》（国办发〔2017〕7号）精神，赣州市运用创新管理模式，将全南工业园、定南工业园、“三南”示范园纳入龙南经济技术开发区（以下简称龙南经开区）管理，推动品牌共用、政策共享、规划共编、园区共建、数据并表，构建龙南经开区“一区四园”发展新格局。赣州市对“三南”示范园建设的安排是，一年拉开框架、两年完善配套、三年初具规模。“三南”加工贸易产业主营业务收入在2016年基础上实现三年翻番。到2020年，龙南经开区经济实力大幅提升，核心竞争力明显增强，工业增加值、主营业务收入、利税总额在全省国家级经开区中排位前移、位居前列，电子信息首位产业在全省比重提升。

一、面临的体制机制改革内容

赣州市推进改革的基本思路是由国家专项资金、市本级财政、“三南”共同出资和引进外来资金，采取市场化运作，组建运营公司，统一实施征地拆迁、“三通一平”以及配套基础设施建设，在“三南快线”沿线、京九铁路沿线建设“三南”承接加工贸易转移示范地产业园（以下简称“三南”示范园）。这项改革还面临许多体制机制创新，具体如下：

（1）必须创新管理体制机制。深化行政审批制度改革，赋予“三南”更加灵活的管理权限，对确需市相关主管部门审核转报省级审批事项的，实行即时办理。加强统计业务指导，创新“一区四园”的统计方法。

（2）必须改革人事管理体制。赣州市要创新选人用人机制，在征得上

级组织人事部门同意后，赋予“一区四园”对外公开招聘事业编制干部和选调科级及以下机关工作人员的权限。支持“一区四园”开展以全员聘任制和薪酬绩效激励制为主要内容的人事制度改革。探索建立干部差异化绩效考核制度和末位淘汰制度，畅通“一区四园”身份对等人员能进能出的双向渠道和职级晋升渠道。

（3）必须完善财税管理体制。赣州市要出台建立“三南”示范园财税分享机制，按照三个县招商企业纳税比、基础设施出资比进行核定。原龙南经开区和全南、定南工业园区财税独立运行。建议从 2018 年起，凡由龙南经开区新引进并在其区域范围内设立的各类纳税人（除银行、保险、证券等金融业外），在龙南经开区范围内中央、省投资的基础设施建设项目所缴税费，由项目所在地税务机关进行征收。龙南经开区区域范围内所有土地出让收入归属于龙南经开区。

（4）要创新投融资体制。赣州需要鼓励设立“三南”产业发展基金，加大“一区四园”建设和产业发展投入。推动设立赣粤产业合作基金，赣粤产业合作项目向“一区四园”倾斜集中。推动政策性银行和开发性金融机构加大对“一区四园”信贷支持力度。优化完善产业投融资体制机制，推进“一区四园”加快形成“基金+基地”的产业发展载体建设新模式。支持龙南经开区建投公司依照国家有关规定，上市和发行中期票据、短期融资券等债券产品筹集资金。

二、赣州市加快改革的重要“抓手”和举措

赣州市要争取将国家级新区、自贸区、深圳前海经济特区等先行先试优惠政策复制到“一区四园”。争取龙南县、全南县、定南县享受省直管县相关政策，争取将国家和省级层面试点示范优先在“三南”布局，争取省政府将“三南”列入“多规合一”试点县，具体如下：

（一）支持园区基础设施建设

争取将“一区四园”上缴的新增建设用地有偿使用费、森林植被恢复费按省、市两级分成部分，按规定用途通过安排专项支出的形式，用于支

持“一区四园”基础设施建设。支持鼓励单位、集体或个人在“一区四园”投资兴建标准厂房。对符合条件的标准厂房项目，在申报省级专项补助的基础上，市县财政给予配套补助。对投资建好的标准厂房，因招商等原因造成无法投入生产且无其他经营收入的，按规定减免房产税、城镇土地使用税。

（二）鼓励企业入驻

对入驻“三南”示范园的电子信息产业项目，总投资1亿元及以上且在两年内竣工投产的，由受益财政按其项目设备投资额的3%以内给予一次性补助，单个项目最高补助额不超过300万元；总投资3亿元及以上且在两年内竣工投产的，在受益财政补助的基础上，市财政再适当给予一次性补助；对新引进的世界500强企业由受益财政给予一次性开办补助。“三南”示范园内标准化厂房建设和入驻企业应缴的政府定价管理的涉企经营服务性收费，一律按下限执行。对入驻“一区四园”的企业，缴纳房产税、城镇土地使用税确有困难的，由企业提出申请，经批准后，可按规定予以减免。帮助龙南经开区争取比照适用国家自主创新示范区在股权奖励、转股增本、技术转让等方面的个人所得税优惠政策。

（三）支持企业技术创新

支持“一区四园”重点企业增加对关键、核心技术研发的投入，不断提高研发经费占销售收入的比重；搭建产学研对接平台，组织企业参加高校产学研和对外科技合作考察、科技创新论坛等活动。重点支持企业与高校、科研院所共建省级高新技术重点实验室、工程技术研究中心等产业技术创新平台。推动与工信部电子第五研究所合作，设立国家级“三南”电子信息产品检验检测中心。鼓励“一区四园”内重点企业购买用于重点工艺流程和环节改造关键设备，对符合条件的企业视同技术改造予以资金支持。

（四）支持企业挂牌上市

对“一区四园”内企业挂牌上市给予奖励，在省财政奖励基础上，对在境内主板、中小板、创业板上市的企业，每户由市县财政各奖励500万元；对在境外上市并符合条件的企业，每户由市县财政各奖励100万元；对在“新三板”成功挂牌的企业，每户由市财政奖励120万元，县级财政给予配套奖励。

三、赣州市推进“一区四园”的策略和保障措施

（一）推进一体化招商

创新招商引资方式，建立“一区四园”联动招商工作机制，统一招商政策，统一宣传口径，推进“一区四园”一体化招商。健全与粤港台产业对接合作机制，探索在“一区四园”设立跨省（区）产业合作区，打造“飞地经济”。

（二）加快“三南快线”建设

把“三南快线”作为推进“三南”产城融合、构建龙南经开区“一区四园”发展新格局的重大项目，统一建设标准，由“三南”共同出资，市财政给予补助，推动“三南快线”尽快全线贯通。

（三）加大资金支持

由市财政筹集1亿元，“三南”各出资1亿元，推动设立产业发展基金，通过股权投资、债权投资、风险投资等方式支持“三南”示范园建设。“三南”示范园新增财力由市本级和“三南”按一定比例予以分成。省下达的承接加工贸易转移事项资金优先向“三南”示范园倾斜。争取省财政新增地方政府债券和置换债券资金，新增债券资金向“一区四园”倾斜。加大市级资金奖励倾斜力度，对“一区四园”内年纳税额首次突破5000万元、1亿元的工业企业，市财政分别给予100万元、200万元的一次性奖励；对新认定的国家级、省级企业技术研究中心，由市财政分别给予30万元、20万元的一次性奖励；对被国家工商总局新认定为地理标志证明（集体）商标、中国驰名商标的产品，由市财政给予每件10万元的一次性奖励；对被认定为江西省著名商标、江西省名牌产品的由受益财政给予5万元的一次

性奖励。对新认定的高新技术企业，由市级财政对其给予研发投入的 20%、最高不超过 10 万元的一次性奖励。对“一区四园”企业进口的高端设备和先进技术，在国家、省给予贴息补助的基础上，市财政按照上级进口贴息金额 1∶1 的比例予以配套。

（四）强化用地保障

每年倾斜下达“三南”用地计划，其中要单列“一区四园”用地计划；对符合条件的重大项目，列入省重大项目调度，使用省级预留计划指标，做到应保尽保。“一区四园”耕地占补平衡以县域自行平衡为主，资源匮乏确实无法完成土地开发补充耕地任务的，在市域范围内统筹予以解决。鼓励企业推行工业用地“长期租赁、先租后让、租让结合”供应方式，缓解企业一次性支付土地出让金的资金压力。鼓励现有用地提高土地利用率，在符合规划、不改变用途的前提下，对现有工业用地通过厂房加层、厂区改造、内部用地整理等途径提高土地利用率，对增加容积率的，不再增收土地价款。经依法批准后，鼓励划拨土地上的工业厂房、仓库等用于养老、流通、服务、旅游、文化创意等行业发展，在一定时间内可继续以划拨方式使用土地，暂不变更土地使用性质，支持“一区四园”调区扩区。

第八章

赣南苏区振兴发展绩效

——基于指标纵向比较分析

2012年，国务院出台《国务院关于支持赣南等原中央苏区振兴发展的若干意见》（国发〔2012〕21号，简称《若干意见》）。该文件是一个非常重要的支持赣南等原中央苏区发展的文件，大量的国家政策支持陆续惠及赣南，赣南等原中央苏区振兴迈入新的发展阶段。考虑到政策效应的滞后性，我们重点比较自2013年至2017年，赣南苏区各项指标的发展情况，从中获得相关结论和启示。

第一节　赣南苏区振兴发展的指标体系构建

一、赣南苏区振兴发展含义

赣南苏区振兴发展不同于一般意义的区域经济发展。《若干意见》明确指出，原中央苏区特别是赣南地区，经济发展仍然滞后，民生问题仍然突出，贫困落后面貌仍然没有得到根本改变。还有不少群众住在危旧土坯房里，喝不上干净水，不能正常用电，一些红军和革命烈士后代生活依然困窘；基础设施薄弱、产业结构单一、生态环境脆弱等制约当地经济社会发展的问题仍然比较突出。振兴发展赣南等原中央苏区，既是一项重大的经济任务，更是一项重大的政治任务，对于全国革命老区加快发展具有标志性意义和示范作用。

从赣南苏区振兴发展实际要求来看，衡量其发展成效要从多维的角度来设计。赣南苏区振兴首先要从民生入手，解决紧迫性生存问题。其次，要夯实基层提升经济发展总量和发展质量。最后，要提升其生态环境水平。

二、指标体系及其构建

（一）指标体系

所谓指标体系是指由若干个反映社会经济现象总体数量特征的相对独

立又相互联系的统计指标所组成的有机整体。在统计研究中，如果要说明总体全貌，那么只使用一个指标往往是不够的，因为它只能反映总体某一方面的数量特征。这个时候就需要同时使用多个相关指标了，而多个相关的又相互独立的指标所构成的统一整体，即为指标体系。

（二）指标体系构建原则

（1）全面性原则。例如反映经济状况好坏不仅要看经济发展速度，还要看经济效益，今后的发展潜力；既要看绝对水平，也要反映相对水平，全面反映出经济状况。

（2）综合性原则。表征经济发展信息量很大，有大量统计指标，要从中选择能综合反映某一方面的主要指标。

（3）可比性原则。各指标所反映的统计范围、统计口径要一致；同一指标的内容，计算方法、计量单位、价格要一致，且当有变化时要及时调整，使指标具有可比性。

（4）可操作性原则。各指标在设置时应尽量采用现有的定量统计指标，以利于统计资料的搜集、整理、汇总和对历史统计资料的分析。

三、指标比较法

指标比较法，又称指标对比分析法。就是通过技术经济指标的对比，检查计划的完成情况，分析产生差异的原因，进而挖掘内部潜力的方法。这种方法，具有通俗易懂、简单易行、便于掌握的特点，因而得到了广泛的应用，但在应用时必须注意各技术经济指标的可比性。

（1）将实际指标与计划指标对比，以检查计划的完成情况，分析完成计划的积极因素和影响计划完成的原因，以便及时采取措施，保证成本目标的实现。在进行实际与计划对比时，还应注意计划本身的质量。如果计划本身出现质量问题，则应调整计划，重新正确评价实际工作的成绩，以免挫伤人的积极性。

（2）本期实际指标与上期实际指标对比。通过这种对比，可以看出各项技术经济指标的动态情况，反映施工项目管理水平的提高程度。在一般情况下，一个技术经济指标只能代表施工项目管理的一个侧面，只有成本指标才是施工项目管理水平的综合反映。因此，成本指标的对比分析尤为重要，一定要真实可靠，而且要有深度。

（3）与本行业平均水平、先进水平对比。通过这种对比，可以反映本项目的技术管理和经济管理与其他项目的平均水平和先进水平的差距，进而采取措施赶超先进水平。

比较分析法适用于同质指标的数量对比。采用这种分析方法，应注意相比指标的可比性。可比的共同基础包括经济内容、计算方法、计算期和影响指标形成的客观条件等方面。若指标不可比，应先按可比的口径进行调整，然后再进行对比。

四、赣南等原中央苏区振兴发展指标体系

根据上述分析，我们把赣南等原中央苏区振兴发展指标体系分为三种类别：其一，民生类指标；其二，经济类指标；其三，生态保护类指标。具体如表 8-1 所示。

表 8-1　赣南苏区振兴发展指标体系

一级指标	二级指标	三级指标
经济类	总量类	地区生产总值（GDP）
		人均生产总值
	产业类	第一产业增加值
		第二产业增加值
		第三产业增加值
		产业结构
	财税类	财政总收入
	投资类	固定资产投资
	消费类	社会消费品零售总额
		城镇人均消费支出
		农村人均消费支出

续表

一级指标	二级指标	三级指标
经济类	收入类	在岗职工平均工资
		城镇就业人员平均工资
		城镇人均可支配收入
		农村人均可支配收入
	消费收入综合类	城镇恩格尔系数
		农村恩格尔系数
民生类	宏观类	民生总支出
		民生支出占财政总支出比率
	教育类	高中阶段毛入学率
		人均受教育年限
	就业类	就业率
		失业率
	养老医疗类	城乡居民社会养老保险参保人数
		每千人拥有的医生人数
		医院床位数
	农村生活条件	农村危旧土坯房改造数
		农村自来水普及率
		农村公路建设公里数
	扶贫类	贫困人口
		贫困发生率
生态保护类	森林类	森林覆盖率
	能耗类	万元 GDP 能耗
	水体类	城市污水处理率
		城市生活垃圾无害化处理率
	空气类	水质达标率
		空气质量优良率

第二节　赣南苏区经济发展比较分析

本节的各个指标的数据主要来自《江西统计年鉴》（2013~2017 年）、《赣州市统计年鉴》（2011~2017 年）及中国统计信息网官网。每个数据均四舍五入保留两位小数，部分指标因无官方记载会有缺失，以下是各个指标的比较分析情况：

一、总量类指标比较

GDP 是指一个国家（或地区）所有常住单位在一定时期内生产的全部最终产品和服务价值的总和，被认为是衡量国家（或地区）经济状况的重要指标。人均 GDP 是一个国家或地区在核算期内（通常为一年）实现的生产总值与所属范围内的常住人口的比值，是用来衡量这个国家或地区的人民生活水平的一个重要标准。

赣州市 2013~2017 年的地区生产总值（GDP）分别为 1688.07 亿元、1850.68 亿元、1984.13 亿元、2207.20 亿元、2524.01 亿元，与 2012 年 1512.76 亿元 GDP 相比，这五年内增长速度明显，GDP 年平均增长速度约为 36%；分别与上一年相比则可发现赣州市在这五年内呈一个小的“V”形，2013~2015 年内增速有所放缓，2016~2017 年两年内又恢复上升水平，年平均增长速度约为 11%，但是 GDP 总体仍是呈逐年上升趋势，且增速越来越快，具体数值增长如图 8-1 所示。这段时期内 GDP 的稳定增长说明赣州市在这五年内经济运行稳中向好，经济实力显著增强，且 GDP 增速呈现出持续上升的趋势。

同时，赣州市 2013~2017 年的人均 GDP 与 GDP 呈现了几乎相近的发展趋势，与 2012 年 1.79 万元的人均 GDP 相比，2013~2017 年五年内的人均 GDP 平均增长速度约为 34%；反映出赣州市这几年内经济发展迅速，居民

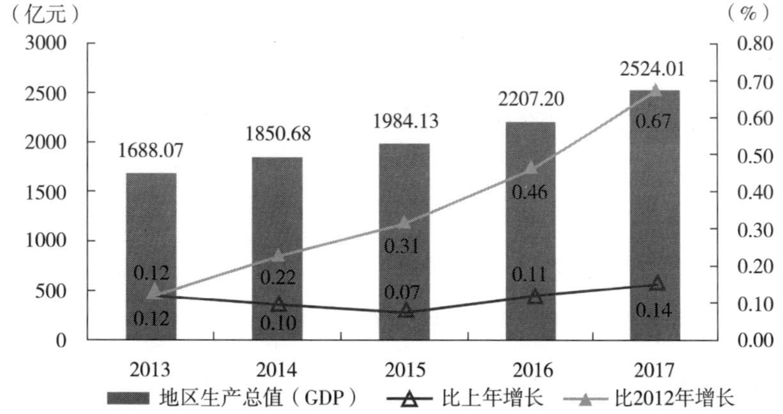

图 8-1　2013~2017 年生产总值及增长速度

生活水平也在不断提高，具体数值如图 8-2 所示。

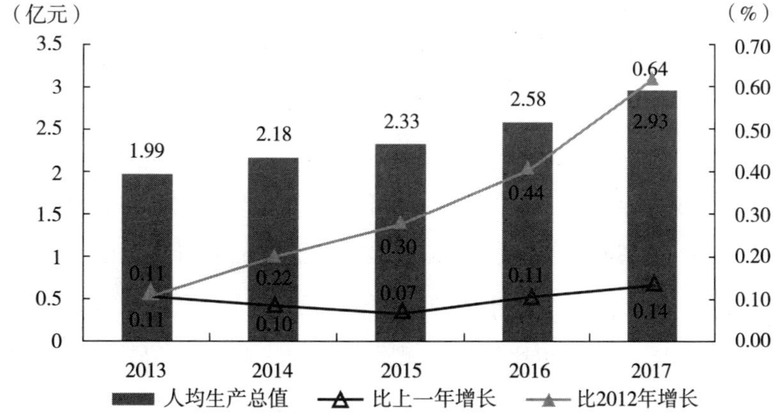

图 8-2　2013~2017 年人均生产总值及增长速度

二、产业类指标比较

产业结构是指农业、工业和服务业在一个国家或地区经济结构中所占的比重，这个比重反映出该地区经济发展的主要驱动力来源于哪一类产业。赣州市 2013~2017 年第一、第二、第三产业值分别所占比重为 15.8∶45.7∶38.5、

15.3：45.9：38.8、14.9：44.3：40.8、15.2：41.6：43.2 和 13.7：42.2：44.1（单位：%）。第一产业所占比重由 2013 年的 15.8%下降至 2017 年的 13.7%，比重在 2016 年有过一次小幅度的上升，但总体是在下降；第二产业所占比重由 2013 年的 45.7%下降至 2017 年的 44.1%，期间比重变化起伏，在 2017 年下降明显，下降了约 3 个百分点；第三产业所占比重由 2013 年的 38.5%上升至 2017 年的 44.1%，2017 年比重上升最多，期间也一直呈稳步上升趋势。这五年内三类产业对 GDP 增长的贡献率分别为 10.4%、35.3% 和 55.3%，其中第三产业的增长最为迅速和显著，第一产业和第二产业比重虽然在逐渐减少，但是在产业结构中仍占有一定比重，这说明赣州市在五年发展中不断调整产业结构，通过产业升级和转型取得了一定的经济增长成效，具体数值如图 8-3 所示。

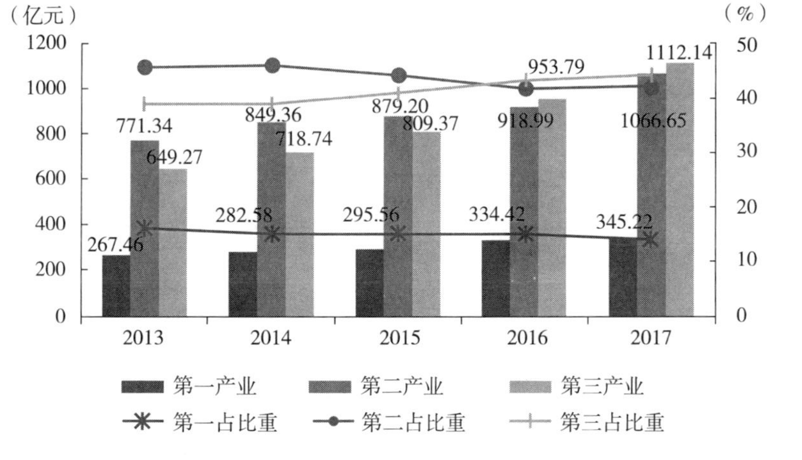

图 8-3　2013~2017 年三类产业产值及其比重

全部工业增加值由 2013 年的 661.93 亿元增加至 2017 年的 897.48 亿元，增长率为 35.59%；规模以上工业增加值由 2013 年的 635.78 亿元增加至 2017 年的 926.95 亿元，增长率为 45.80%。并且规模以上工业增加值每年占 GDP 比重的变化呈先上升后下降趋势，这说明赣州市在这五年内虽然经济总量提升了很多，但是大型工业企业的发展没有跟上相应的综合经济发展速度，产业结构的调整优化还有待提高，这也与前面分析的第二产业发展趋势相吻合，具体数值如图 8-4 所示。

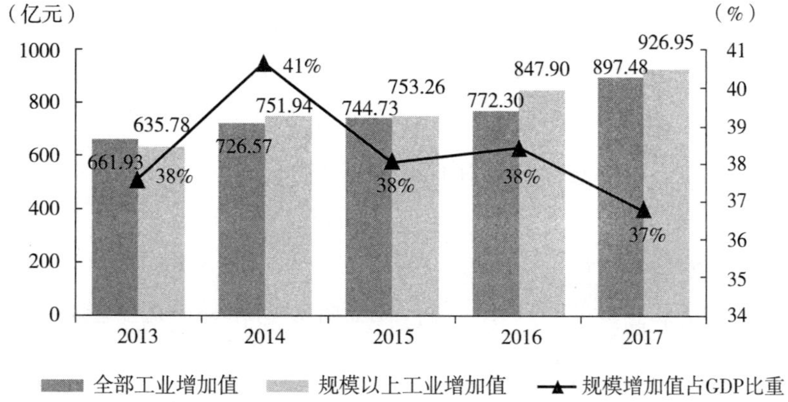

图 8-4　2013~2017 年全部工业、规模以上工业增加值

三、财税类和投资类指标比较

全年财政收入由 2013 年的 280. 20 亿元增加至 2017 年的 408. 32 亿元，增长了 45. 72%，全市经济运行状况良好；固定资产投资由 2013 年的 1330. 87 亿元增加至 2017 年的 2510. 48 亿元，增长了将近一番。在政府的大力支持引进下，赣州市吸引了不少海内外投资，投资的增加带动了当地就业和经济增长，这也反映了在固定资产投资在五年内增长了将近一倍的事实上，赣州市在产业推广和资金引入等方面取得了不错的成效，同时经济的繁荣有效带动了当地政府的财政收入，为当地的基础设施建设和民生环境的改善提供了有力保障，具体数值如图 8-5 所示。

四、消费类指标比较

社会消费品零售总额由 2013 年的 559. 99 亿元增加至 2017 年的 887. 05 亿元，增长率为 58. 40%；城镇人均消费支出由 2013 年的 13353 元增加至 2017 年的 18547 元，增长了 38. 9%；农村人均消费支出由 2013 年的 5267 元

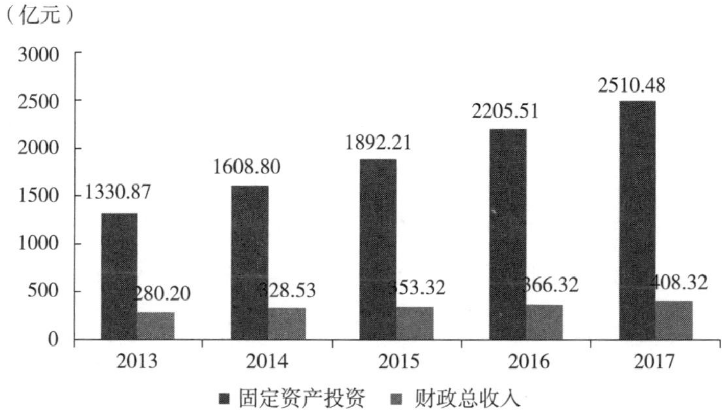

图 8-5 2013~2017 年财政总收入和固定资产投资

增加至 2017 年的 8214 元，增长了 55.95%。由此可见，赣州市在这五年内整体的消费水平有了大幅提升，而居民收入水平的高低是决定消费支出的主要因素，消费的增加一方面反映出居民的收入持续稳定增加，另一方面也说明居民购买环境和商品品质的提升，尤其是农村地区，农村居民生活条件和生活水平得到了很大的改善和提升，城乡差距在逐渐缩小。具体数值如图 8-6 所示。

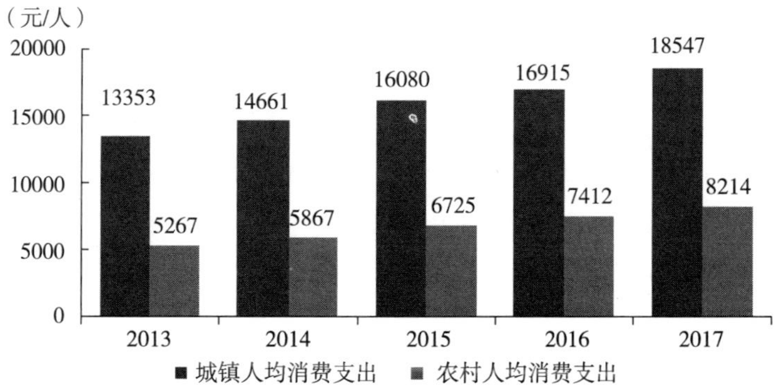

图 8-6 2013~2017 年城镇、农村人均消费支出

五、收入类指标

城镇人均可支配收入由 2013 年的 20797 元增加至 2017 年的 29567 元，增长了 42.17%，与上一年相比的年平均增长率为 9.60%；农村人均可支配收入由 2013 年的 6224 元增加至 2017 年的 9717 元，增长了 56.12%，同年与上一年相比的年平均增长率为 12.91%；全市在岗人员平均工资从 2013 年的 40922 元/人上升至 2016 年的 55253 元/人（2017 年数据暂未公布），增长率为 35.02%。具体数值如图 8-7 所示。

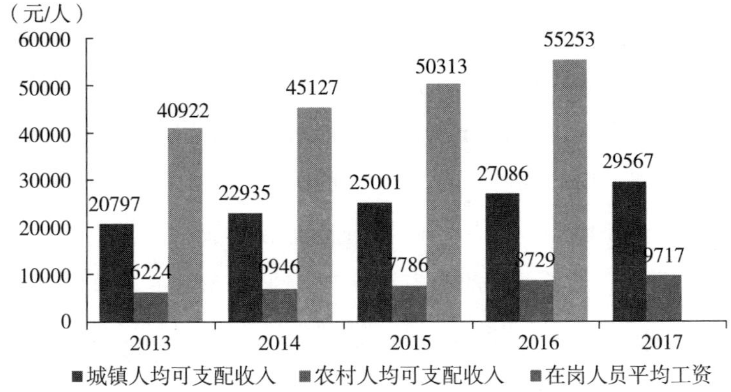

图 8-7　2013~2017 年城镇、农村人均可支配收入

由此看出，赣州市居民普遍收入增加，物质生活水平得到了提升，但是城乡收入存在一定差距，截止到 2017 年，城镇人均可支配收入是农村人均可支配收入的 3 倍多，但差距正在逐步减少，农村人均可支配收入年增长率比城镇人均可支配收入的年增长率要更高。

六、消费收入综合类指标

恩格尔系数指的是居民家庭中食物支出占消费总支出的比重。一个家庭收入越少，家庭收入中或者家庭总支出中用来购买食物的支出所占的比例就越大，随着家庭收入的增加，家庭收入中或者家庭支出中用来购买食物的支出将会下降。恩格尔系数是用来衡量家庭富足程度的重要指标。赣州市城镇恩格尔系数和农村恩格尔系数分别从2013年的36.1%和38.1%下降至2017年的33.6%和36.1%，各下降了2.5个百分点和2个百分点，可以看出，城乡居民普遍消费能力提升，购买力增强，并且消费更多地用于非食物支出方面，这段时期内人民生活水平和生活质量都有一定的提升。这也与之前分析的居民消费水平的情况相吻合。具体数据如图8-8所示。

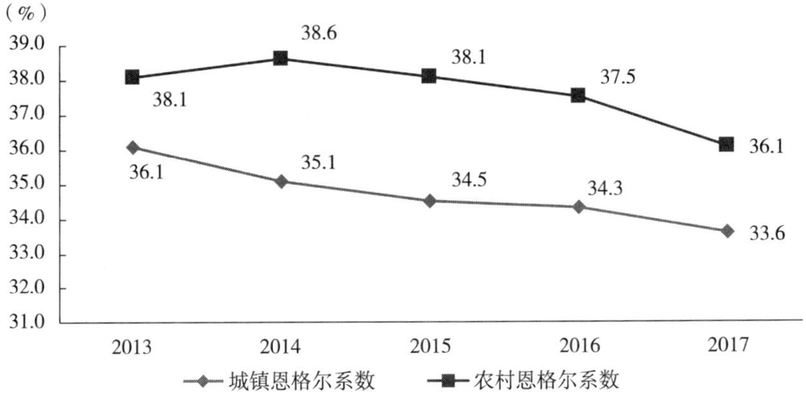

图8-8　2013~2017年城镇、农村恩格尔系数

第三节　赣南苏区民生发展比较分析

2013~2017年，是党中央《若干意见》实施以来的五年，通过对2013~2017年的民生指标数据进行纵向比较，来衡量政府解决民生问题的绩效，为赣南苏区民生发展提供对策，为下一步的实践提供指导意义。

本节数据来源于中国统计信息网官网、《江西统计年鉴》（2013~2017年）、《赣州市统计年鉴》（2011~2017年）。部分数据因无官方记载会有缺失，具体指标的比较分析情况如下：

一、民生类支出比较

赣州市2013~2017年民生类支出分别为271.6亿元、303.1亿元、350亿元、552.54亿元和648.19亿元，从2013年至2017年增长了138.7%；民生类支出占财政总支出的比重从2013年的56.5%增加至2017年的83.5%，增长了27个百分点，其中2015年到2016年增长最多，从56.8%增加至81.6%，民生类支出占到了财政总支出的五分之四，由此可见赣州市政府高度重视民生的发展，加大了对民生事业的扶持力度，持续增加民生投入，新增财力向民生领域倾斜。具体数值如图8-9所示。

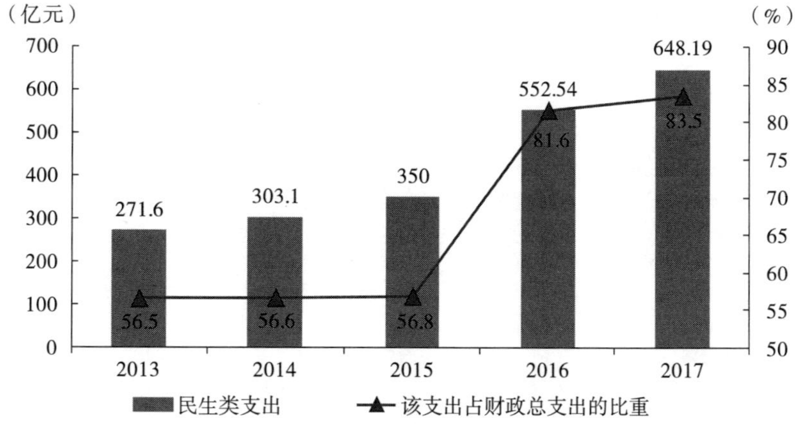

图8-9　2013~2017年民生类支出及其占比

二、教育水平变化

教育是民生之本，决定国家的未来和发展。教育对提高生活质量和全面建成小康社会都有重要影响。在教育方面，全市充分落实“一法两纲”，高中阶段毛入学率和人均受教育年限均逐年增加，高中阶段毛入学率从2013年的76.97%上升至2016年的92.60%，增加了将近16个百分点；人均受教育年限由2013年的8.79年增加至2016年的9.01年，增加了0.22年，教育普及率更高，惠及到更多偏远山村的学龄儿童。具体数值如图 8-10 所示。

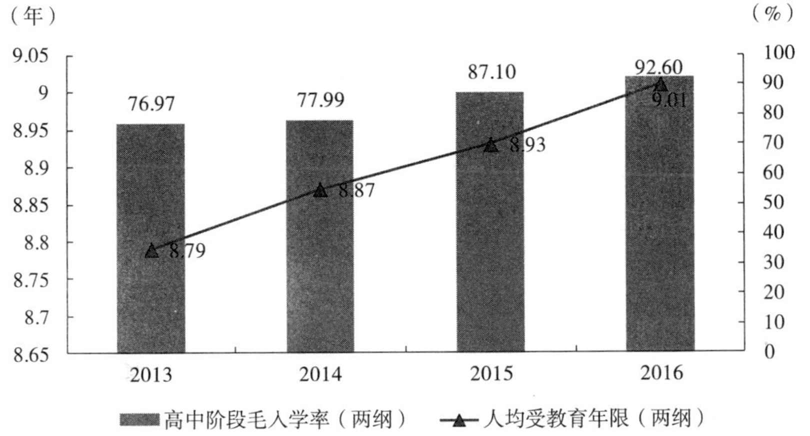

图 8-10　2013~2016 年高中阶段毛入学率、人均受教育年限

三、就业方面变化

就业是民生工作的重中之重，同时也是民生指标的重要因素之一。目前的就业问题主要表现在大学生就业难和农民工就业保障方面。就业的发展能够促进社会经济的发展以及社会的和谐稳定，因此在民生统计指标体系的构建中，要充分地考虑就业所占的比重。这对于解决民生问题具有很大的现实指导意义。在就业方面，失业率由 2013 年的 3. 32%下降至 2017 年的 3. 04%，下降了 0. 28 个百分点，每年的就业率均在 96%以上，2017 年接近于 97%；城镇就业人员平均工资逐年增加，由 2013 年的 40280 元增加至 2016 年的 54699 元，增长率为 35. 8%，说明全市就业状况良好，且城镇就业人员的平均工资处于稳步提升状态。具体数值如图 8-11、图 8-12 所示。

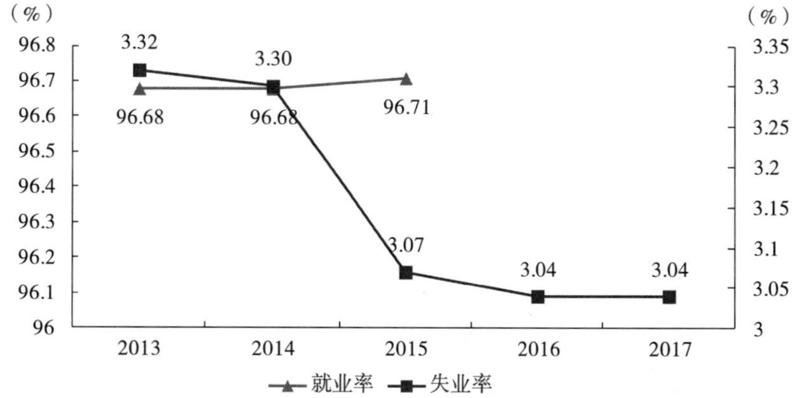

图 8-11　2013~2017 年全市就业率、失业率

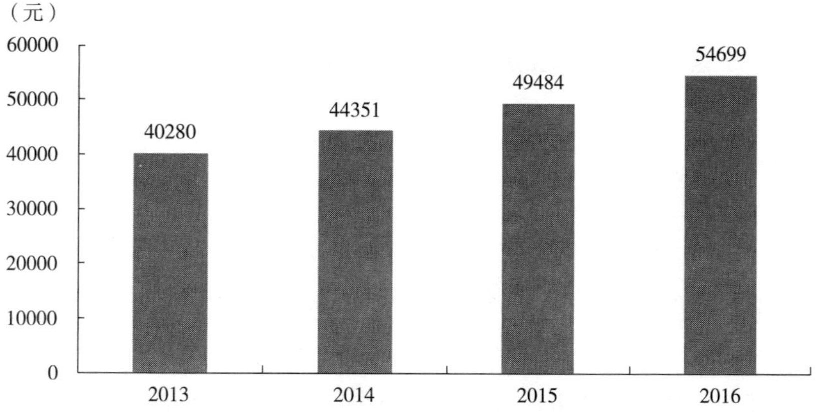

图 8-12　2013~2016 年城镇就业人员平均工资

四、医疗卫生服务变化

医疗和人们的切身利益相关，是改善和促进民生发展的重要组成部分，是除教育、就业外，人们所能感受到的最明显的民生问题。目前，在赣南苏区依然存在不少“看病难，看病贵”的问题，制约着人们生活水平的提高，因此，将医疗问题纳入民生指标体系，可以为进一步推进医疗改革提供一定的数据参考，也为进一步全面改善和保障民生提供动力。在医疗方面，卫生医疗机构床位数从 2013 年的 30945 张增加至 2017 年的 45200 张，增长了 46.07%；每千人口拥有的医生数从 2013 年的 1.09 人增加至 2016 年的 1.46 人，医疗卫生队伍建设及医疗服务水平得到了进一步的提高。具体数值如图 8-13 所示。

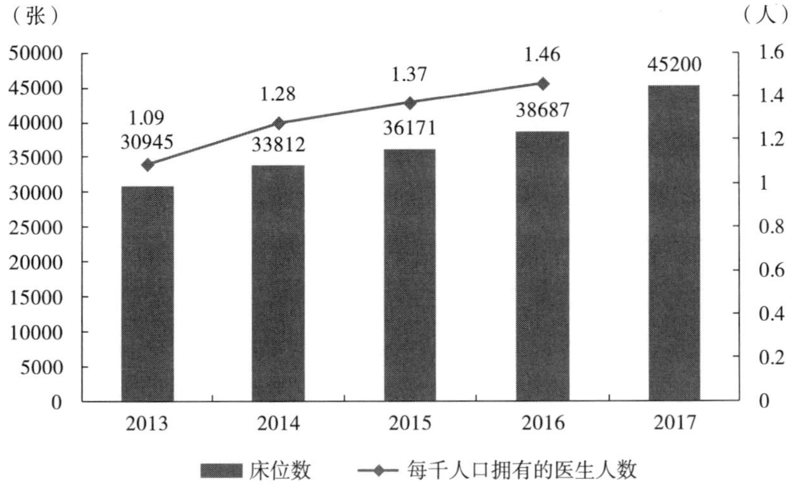

图 8-13　2013~2017 年每千人口拥有医生数及总床位数

五、人民生活与社会保障变化

（一）居民收入与恩格尔系数变化

居民收入是反映一个地区经济发展、居民生活水平的重要指标，目前，赣南苏区的居民收入存在差距，特别是城乡居民的收入差距依然明显，虽然政府在政策方面给予了足够的重视，但是收入差距的问题还是不容乐观。因此，我们将居民收入纳入民生指标体系显得尤为重要。恩格尔系数是指食物消费支出占总消费支出的比重，是国际通用的衡量居民生活质量的指标。2017 年城镇居民人均可支配收入 29567 元，比 2016 年增长 9.2%，农村居民人均可支配收入 9717 元，比 2014 年增长 12.1%，城镇居民家庭恩格尔系数为 33.6%，农村居民家庭恩格尔系数为 36.1%（见表 8-2）。

表 8-2　2013~2017 年城乡居民生活改善情况

指标	2013 年	2014 年	2015 年	2016 年	2017 年
城镇人均可支配收入（元）	20797	22935	25001	27086	29567
农村人均可支配收入（元）	6224	6946	7786	8729	9717
城镇恩格尔系数（%）	36. 1	35. 1	34. 5	34. 3	33. 6
农村恩格尔系数（%）	38. 1	38. 6	38. 1	37. 5	36. 1

（二）社会保障服务水平变化

社会保障问题是民生问题中的重要问题，也是民生指标体系中最重要的组成部分。对于特殊群体、低收入群体以及老年群体的生活改善来说，社会保障尤为重要。增强社会保障，有利于社会发展的公平与正义。赣州市城乡居民社会养老保险参保人数逐年增加，从 2013 年的 393. 4 万人增加至 2017 年的 414. 19 万人，增长了 5. 28%。具体数值如图 8-14 所示。

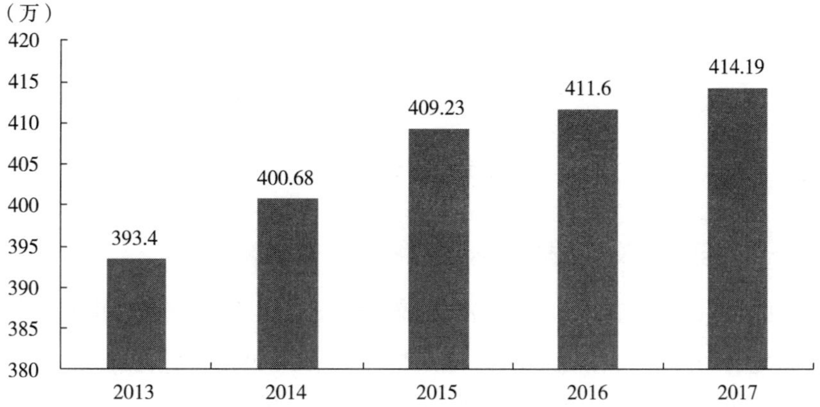

图 8-14　2013~2017 年城乡居民社会养老保险参保人数

六、扶贫方面变化

扶贫就是政府和社会帮助贫困地区和贫困户来开发经济、发展生产、摆脱贫困。结合赣南苏区的贫困现状，扶贫也是影响民生发展的重要指标。

在扶贫方面，全市贫困人口从2013年的139.5万减少至2017年的34.99万，共减少了104.51万贫困人口，在五年内将贫困人口数减少至原来的四分之一；贫困发生率也是逐年递减，从2013年的18.75%下降至2017年的4.31%，下降了14.44个百分点，扶贫工作取得了突破性进展。具体数值如图8-15所示。

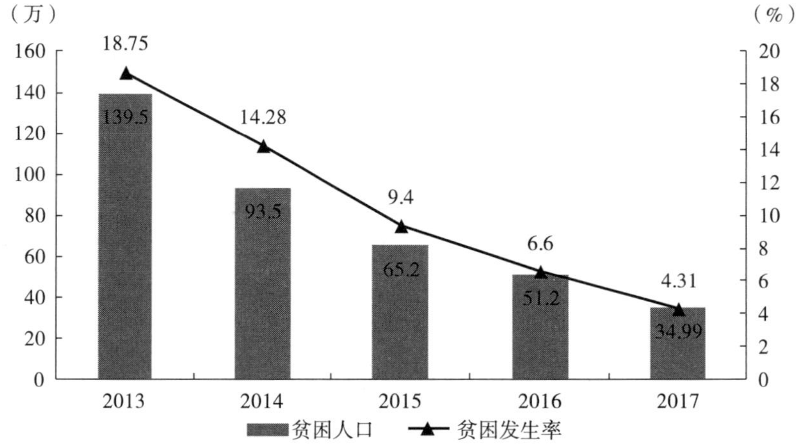

图8-15　2013~2017年贫困人口及贫困发生率

农村地区的民生建设一直是政府民生工作的重点，赣州市在2013年和2014年分别改造了农村危旧土坯房17.04万户和14.28万户，修建农村公路里数分别达2500公里和3800公里，全市自来水普及率在2015年已经达到了70.46%，比2013年上升了将近13个百分点，城乡面貌大为改善，基础设施不断完善，在经济快速发展的同时，民生建设发展速度也并未落后。

第九章

赣南等原中央苏区县域振兴发展差异分析

近五年来，赣南等原中央苏区积极开拓进取，经济社会进步明显，但各县发展速度和发展质量存在着差异。本章通过利用传统统计方法分别对赣南各县经济发展绝对差异和相对差异进行测度，并结合探索性空间数据分析（ESDA）方法，以赣南苏区 18 个县（市、区）作为研究单位，分别从时间、空间以及关联性三个角度对 2009~2017 年赣南苏区县域经济差异的空间格局及演化进行了分析。结果表明：赣南苏区区域之间绝对差异在增大，但相对差异有所缩小。赣州西部区域差异明显，是区域差异的主要贡献者；赣南苏区区域空间分化明显，两极分化趋势逐渐减弱；根据空间关联性分析，赣南苏区区域经济表现出空间正相关关系，这表明苏区振兴发展进一步提升赣南区域之间积聚程度。通过结合 Moran 散点地图，可将赣南苏区划分为扩散型、极化型、沉陷型及传染型 4 种不同类型的经济发展区域。据冷热点分析可知，赣南苏区冷热点的区域分布特征明显，热点区呈波动变化，冷点区呈不断缩小的趋势。

第一节　研究目的与研究方法介绍

一、赣南等原中央苏区区域差异综述

区域经济差异一直都是区域研究的热点，区域经济差异是测度在一定时期内区域间经济发展水平非均等化的现象。早在 20 世纪中叶，美国经济学家 J. G Wllamson 就曾应用“倒 U”形理论对区域经济不平衡状况进行研究，得出了区域经济发展差异是一个呈“倒 U”形周期性规律变化的过程。Robert Merton Solow 也在经济增长模式中提出了“趋同假说”，认为由于边际报酬递减规律，最终会导致发达地区与欠发达地区发达程度的趋同。区域经济差异一直受到学术界的广泛关注，国内外学者针对不同的研究问题和目的采用不同的研究指标、研究方法以及研究尺度等。研究结果多从格局、过程、机理和政策等视角展开对区域经济差异进行阐述。研究也呈现出新的特征：其一，研究单元、研究范围越来越聚焦在小尺度和特定经济区域，如鄱阳湖生态经济区（钟业喜、陆玉麒，2010）、长三角区域（吕韬、曹有挥，2010）、长江经济带（曾浩、余瑞祥等，2015）等特定经济区域作为研究的热点。其二，研究方法的多元化，在传统的变异系数、基尼系数、泰尔指数和综合熵指数等分析方法基础上，开始关注空间计量方法的应用。

改革开放以来，经济取得了突飞猛进的发展，但区域间发展不平衡的问题日益突出。为了促进区域经济协调发展，我国政府陆续出台了西部大开发、东北振兴、中部崛起等区域振兴战略。可见我国政府加大了对欠发达地区的扶持力度，特别是近年来加大了对赣南等原中央苏区的扶持力度，赣南苏区是中央革命根据地的主体，为中国革命做出了重大贡献和巨大牺牲。但由于种种原因，赣南苏区目前经济发展依然相对滞后，如何进一步帮助和支持赣南苏区发展应当高度重视和深入研究。2012 年 6 月 28 日，党中央和国务院出台实施《国务院关于支持赣南等原中央苏区振兴发展的若干意见》（以下简称《若干意见》），开启了赣州发展新纪元。目前，对江西省区域经济差异和空间格局演变已有研究，大部分集中在赣北、赣中、赣南区域上进行探讨，而特别针对赣南苏区区域差异的研究甚少。因此，本文以赣南 18 个县域为研究尺度，应用探索性空间数据分析（ESDA）等方法揭示赣南苏区区域经济发展差异，寻求差异形成原因，对推动赣南苏区振兴发展以及促进区域经济协调可持续发展，都具有重要的理论意义和现实意义。

二、研究区域、数据来源

（一）研究区域

本节研究区域所指赣南苏区主要是赣州市所辖全部县（市、区），赣州位于江西省的南部，经济面积 39379.64 平方公里，占江西省总面积的 23.6%。包括赣州 18 个县（市、区），根据赣州“一区两群”的城市规划部署将赣州分为三大区域。“一区”即以章贡区为核心的赣州都市区，包括：章贡区、赣县区（2016 年“撤县设市”）、南康区（2012 年“撤县设市”）、兴国县、上犹县、信丰县、大余县、于都县、崇义县九个县（区）；“两群”即以龙南县为核心的赣州南部城镇群和以瑞金市为核心的赣州东部城镇群，赣州南部城镇群包括龙南县、定南县、全南县、安远县、寻乌县五个县；赣州东部城镇群包括石城县、瑞金市、会昌县、宁都县四个县（市）。在此基础上，本节按照“一区两群”的规划部署依次将赣南苏区划定为赣州西部地区、赣州南部地区及赣州东部地区（见图 9-1）。

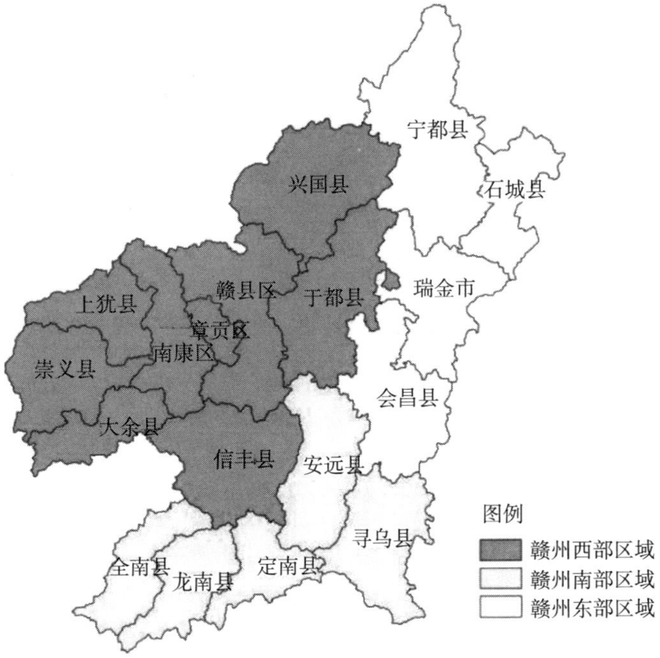

图 9-1　赣南苏区示意图

（二）数据来源

本节以赣南苏区，包括赣州西部、赣州南部以及赣州东部共 18 个县（市、区）作为研究单元，采用人均 GDP 作为分析赣南苏区县域经济发展差异的衡量指标，时间跨度为 2009～2017 年。研究数据主要来源《江西省统计年鉴》《中国县域统计年鉴》《中国区域经济统计年鉴》《赣州市统计年鉴》及各地区统计公报等。

三、研究方法

（一）标准差指数及变异系数

区域经济差异可分为绝对差异和相对差异。绝对差异是区域经济指标之间的偏离距离，反映的是区域之间经济发展量上的等级水平差异。相对差异是区域经济指标之间的比例，反映了区域经济发展水平的差异。本节采用标准差指数（S）和变异系数（V）分别从相对差异和绝对差异测度出区域间的经济差距。可表示为：

$$S=\sqrt{\frac{1}{N}\sum_{i=1}^{N}(Y_i-Y_0)^2} \tag{9-1}$$

$$V=\frac{S}{Y_0} \tag{9-2}$$

式中：N 为研究区域个数；Y_i为第 i 个区域的人均 GDP；Y_0为 N 个区域的 GDP 的平均值。S 的值越大，表明绝对差异越大；V 的值越大，表明相对差异越大。

（二）泰尔指数

泰尔指数（Theil）能够将整体差异划分为组内和组间差异，很好地应用在区域整体差异和区域间差异的实证研究中。

$$I(0)=\frac{\sum_{i=1}^{n}\log(\overline{Y}/Y_i)}{n} \tag{9-3}$$

$$I(0)=T_{BR}+R_{WR}=\sum_{g=1}^{G}P_gI(0)_g+\sum_{g=1}^{G}P_g\log(P_g/V_g) \tag{9-4}$$

式中：n 为统计单位数；Y_i是第 i 个单位的人均 GDP；$\overline{Y}$ 是 Y_i的平均值。对泰尔指数进行分解，按照一定的分组方式将所有单位分成 G 组（本节 G=3），分解为公式（9-4）。其中，T_{BR}为区域内的差异，R_{WR}为区域间的差异。P_g表示第 g 组人口在总人口中的份额；V_g表示第 g 组 GDP 占总

GDP 的份额。泰尔指数越大，表明区域之间差异越大。

（三）空间自相关

（1）全局空间自相关。空间自相关是一个区域单元上的某种地理现象或某一属性值与邻近区域单元上同一现象或属性值的相关程度。它分为全局空间自相关与局部空间自相关，其全局测度主要有 Moran's I 统计量，其计算公式如下：

$$I = \frac{\sum_{i=1}^{n}\sum_{j=1}^{n} W_{ij}(x_i - \bar{x})(x_j - \bar{x})}{S^2 \sum_{i=1}^{n}\sum_{j=1}^{n} W_{ij}} \tag{9-5}$$

式中：S^2为人均 GDP 的方差值，即：

$$S^2 = \frac{1}{n}\sum_{i=1}^{n}(x_i - \bar{x})^2 \quad \bar{x} = \frac{1}{n}\sum_{i=1}^{n} x_i \tag{9-6}$$

x_i和 x_j分别为 i 区域单元和 j 区域单元的人均 GDP；W_{ij}为空间权重矩阵的要素，可以采用邻接标准和距离标准来判定，本节采用的是邻接标准，即区域 i 和区域 j 具有公共边界，空间权重 W_{ij}取 1，否则取 0。全局空间自相关通常采用 Moran's I 值作为测度指标，Moran's I 值介于-1 和 1 之间，如果 Moran's I 值是正且越接近 1，说明具有正的空间自相关，集聚度明显；如果 Moran's I 值是负且越接近-1，说明具有负的空间自相关，离散度明显；如果 Moran's I 值接近 0，则表明没有空间自相关，呈空间随机分布。

（2）局部空间自相关。为反映局部空间集聚程度，引入描述每个区域单元与其周围显著的相似值区域单元之间空间集聚程度的指标，即局部 Moran 指数，其计算方法如下：

$$I_i = n(x_i - \bar{x}) \frac{\sum_{i} W_{ij}(x_j - \bar{x})}{\sum_{i}(x_i - \bar{x})^2} \tag{9-7}$$

式中：I_i表示局部 Moran 指数。其他变量的含义与公式（9-5）相同。I_i的值大于 0 表示该区域单元周围相似值（高值或低值）的空间集聚，I_i的值小于 0 表示该区域单元周围非相似值的空间集聚。本节利用局部空间自相关解释区域空间差异的异质性，故采用 Moran 散点图。

（3）Getis-OrgG_i^* 指数。Getis-OrgG_i^* 指数用来揭示空间地域中较显著的高值簇及低值簇，也即识别区域中冷热点区的空间分布，常用于区域空间格局演变研究。

$$G_i^*(d) = \frac{\sum_{j=1}^{n} W_{ij}(d) X_j}{\sum_{j=1}^{n} X_j} \quad (i \neq j) \tag{9-8}$$

式中：$W_{ij}(d)$ 为空间权重，其他变量含义与公式（9-5）相同。

第二节　赣南等原中央苏区区域经济差异分析

一、区域间发展长期不平衡，人均 GDP 呈现西、南部高，东部低的特征

从图 9-2 可知，2009 年，赣州西部区域人均 GDP 为 13256 元，赣州南部区域人均 GDP 为 12324 元，赣州东部区域人均 GDP 为 8221 元，全区人均 GDP（这里采用赣州市人均 GDP）为 11201 元；2017 年，赣州西部区域人均 GDP 为 34414 元，赣州南部区域人均 GDP 为 33983 元，赣州东部区域人均 GDP 为 21211 元，全区人均 GDP 为 29300 元。2009 年和 2017 年四者比值（西部：南部：东部：全区人均）分别为 1：0.93：0.67：0.84 和 1：0.99：0.62：0.85。近十年，比例基本维持一致，表明赣南苏区中的三个区域经济发展速度趋同，但也不难看出，虽然赣州西部区域与赣州南部区域经济差异不明显，但比赣州东部区域经济发展水平高出 50%，赣州东部区域经济发展水平远低于全区平均水平的 30%。显然，这种区域间发展不平衡现象长期存在，并没有得到根本性缓解。

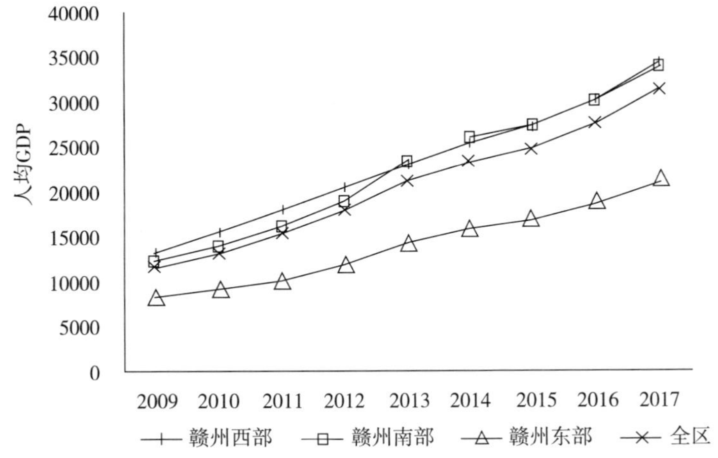

图 9-2　2009~2017 年赣州西部、南部、东部的人均 GDP 差异比较

二、区域绝对差异呈不断扩大，但相对差异变小，经济聚集度提升

从表 9-1 可以看出，2009~2017 年标准差指数逐年递增，由 2009 年的 5113 增长到 2017 年的 13204，增长近 158%，年增长率为 15.82%。从标准差指数增长趋势表明赣南苏区区域经济的绝对差距不断扩大，区域间经济发展不平衡越来越明显。从表 9-1 可见，2009~2017 年间变异指数基本维持在 0.42 左右，变化不大。但如果将 2009~2012 年作为第一阶段，2013~2017 年作为第二阶段，则可以发现第二阶段变异系数略低于第一阶段，这说明苏区振兴发展使得区间的相对差异轻微减少。2009~2012 年间的 Moran's I 为 0.13 左右，2013~2017 年间的 Moran's I 为 0.18 左右，这说明赣南苏区区域之间经济聚集程度有所提升，这也客观反映了 2012 年《若干意见》出台后，赣州各区域之间经济联系有所提升，区域之间结构化、封闭性经济体系朝着开放性的经济转变。2012 年，赣州 GDP 为 1512.76 亿元，到 2017 年赣州的 GDP 为 2524.01 亿元，年增长率为 11%。连续几年主要经济指标增速高于全省和全国平均水平，位居省内第一方阵。

表 9-1　2009~2017 年赣南苏区区域经济差异

年份	标准差指数	变异系数	Moran's I
2009	5113	0. 4304	0. 1185
2010	5656	0. 4133	0. 1313
2011	7064	0. 4491	0. 1563
2012	8062	0. 4438	0. 1342
2013	8610	0. 4041	0. 1827
2014	9489	0. 4036	0. 1840
2015	10215	0. 4072	0. 1891
2016	11384	0. 4108	0. 1819
2017	13204	0. 4210	0. 1713

三、区域内差异呈波动缩小趋势，赣州西部差异大，赣州南部和东部差异小

根据泰尔指数分解，从图 9-3 和表 9-2 可知，总体差异处在波动缩小的趋势，其中赣州西部区域内部贡献率一直保持较高水平，最高的时候达到 53%，近年来，赣州西部区域内部差异也呈现出缩小的趋势，到 2017 年贡献率已下降至 46%。赣州西部，也成为赣州都市区，即以章贡区为核心的赣州都市区，包括章贡区、赣县区（2016 年“撤县设市”）、南康区（2012 年“撤县设市”）、兴国县、上犹县、信丰县、大余县、于都县、崇义县九个县（区）。实际上，赣州西部除章贡区人均 GDP 较高以外，其余县域的经济发展水平都偏低。这一区域内含地区城市经济、县城经济、乡镇经济和农村经济，城乡结构巨大差异导致其内部差异较大。近年来，随着城乡一体化的统筹发展，赣州西部区域内部差异有逐渐缩小的趋势，但其差异贡献率一直维持在高位，说明赣州西部区域内部差异仍然是赣州市经济发展总差异波动的主要原因。赣州东部区域是以瑞金市为核心的赣州东部城镇群，包括石城县、瑞金市、会昌县、宁都县四个县（市）。近九年来，赣州东部区各县经济发展速度相当，县域差异贡献水平长期维持在 6%。这也说明，赣州东部四个县（市）独立性强，瑞金市辐射作用不明

显。赣州南部城镇群包括龙南县、定南县、全南县、安远县、寻乌县五个县。赣州南部内部差异贡献率 2009 年为 11%，之后有所提升，最高达到 14%，但其内部差异走势基本稳定。此外，赣州各区区域差异呈明显扩大的趋势，对总体差异的贡献也呈平稳上升的趋势，区域间差异在持续扩大，越来越成为总差异波动的一个重要因素。这反映了赣南苏区振兴发展过程中，各区之间竞争力度加大，经济发展水平的差异增大。

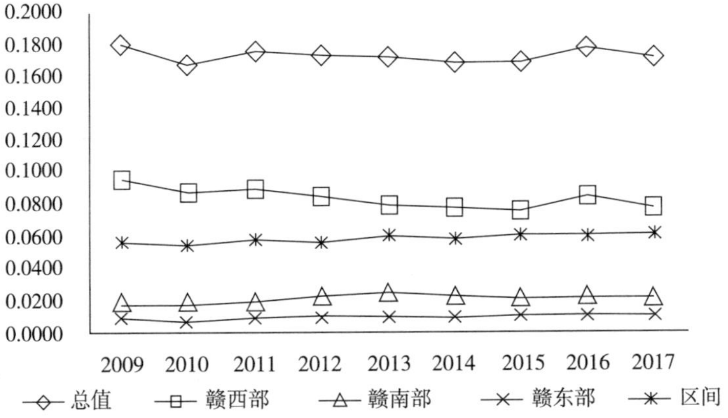

图 9-3　2009~2017 年区域经济差异变化系数

表 9-2　2009~2017 年区域经济差异演化及分解

年份	总差异	泰尔指数及其分解				构成比例（%）			
		赣西部	赣南部	赣东部	区间	赣西部	赣南部	赣东部	区间
2009	0. 1788	0. 0949	0. 0187	0. 0094	0. 0558	0. 53	0. 11	0. 05	0. 31
2010	0. 1660	0. 0867	0. 0179	0. 0072	0. 0542	0. 52	0. 11	0. 04	0. 33
2011	0. 1749	0. 0886	0. 0196	0. 0087	0. 0579	0. 51	0. 11	0. 05	0. 33
2012	0. 1718	0. 0844	0. 0216	0. 0101	0. 0557	0. 49	0. 13	0. 06	0. 32
2013	0. 1707	0. 0787	0. 0229	0. 0093	0. 0598	0. 46	0. 13	0. 06	0. 35
2014	0. 1668	0. 0772	0. 0226	0. 0092	0. 0578	0. 46	0. 14	0. 05	0. 35
2015	0. 1680	0. 0754	0. 0220	0. 0105	0. 0601	0. 45	0. 13	0. 06	0. 36
2016	0. 1764	0. 0844	0. 0211	0. 0106	0. 0603	0. 48	0. 12	0. 06	0. 34
2017	0. 1699	0. 0775	0. 0212	0. 0102	0. 0610	0. 46	0. 12	0. 06	0. 36

第三节　赣南苏区区域经济差异的空间演化

为了反映赣南苏区经济发展水平的空间格局及其变化，研究以 2013 年和 2017 年县（市、区）人均 GDP 数据，参照世界银行的区域经济分类方法和标准，按区域人均 GDP（本节分别采用赣州历年人均 GDP 数据）的 50%、100%、150%依次将各县（市、区）划分为低水平发展区、中低水平发展区、中高水平发展区、高水平发展区（见图 9-4）。

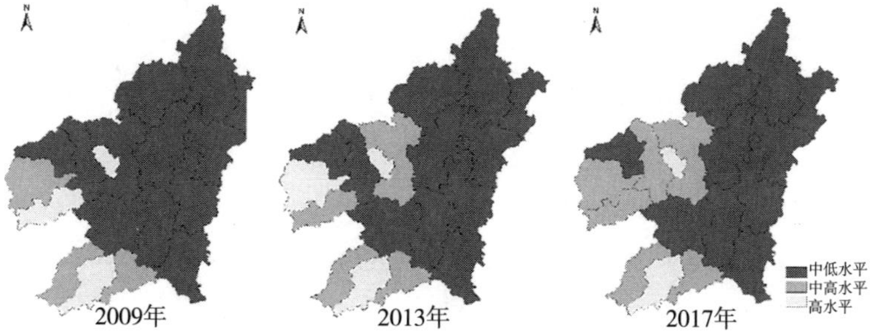

图 9-4　赣南苏区区域经济发展水平空间格局

资料来源：全区人均 GDP 的划分标准。

一、赣南苏区区域经济发展水平总体偏低

从图 9-4 可知，按照赣州人均 GDP 划分，处在全区人均 GDP 的 50%的区域个数为 0，所以不存在低水平发展区，全区划分了三个经济发展水平区域：中低水平发展区、中高水平发展区以及高水平发展区。就赣南苏区区域经济发展水平空间格局可以看出，2009~2017 年人均 GDP 低于全区平均水平的区域占绝大多数，分别约占全区数的 67%、61%和 56%。处在中高水平以上区域分别约占全区数的 33%、39%和 44%。充分表明赣南苏区大部分

县域仍旧处在较低的经济发展水平上。2009～2017 年，区域经济发展水平空间格局有小幅变化。在 2013 年和 2017 年中，处在低水平区域的只分别减少 1 个，处在高水平区域的也只分别增加 1 个。表明在苏区振兴战略的实施下赣州县域经济有所提高，但依旧没有从根本上改变经济落后的局面，2017 年赣州市人均 GDP 为 29300 元与全省平均水平 45187 元仍然相差 15887 元，同时差距还在不断扩大。

二、区域经济发展水平两极分化呈逐渐减弱趋势

从图 9-4 可知，2009～2017 年处在中低水平发展区的县域数有明显的下降，由 12 个减少到 10 个。处在全省平均水平以上的区域也只在原来的基础上增加了 2 个，分别是赣县区和南康区。2017 年，处在高水平发展区的个数由 3 个减少到了 2 个，只有章贡区和龙南县。表明自《若干意见》出台以来，赣南苏区经济总体处于加快发展趋势，各地区发展日趋均衡，但经济增长极逐渐形成。赣州市出现两个增长极：其一是赣州章贡区为核心增长板块；其二是以“龙南县”为核心的“三南”经济增长板块。

三、县域经济发展水平区域空间分化明显

从图 9-4 可知，赣南苏区区域经济发展水平在空间分布上呈现出明显的南高北低、西高东低的特征。2009 年，赣州有三个高水平发展区域，分别为章贡区、大余县、龙南县，处在中高发展水平的区域均集中位于赣州的西南部和南部，包括了大余县、崇义县、龙南县、定南县、全南县 5 个县。这些县域占据了优越的区位和交通条件，赣州南部自古就是赣粤两省的咽喉要地、商贾要道，都素有“江西南大门”之称，是江西对接粤港澳的第一门户和排头兵，地处“珠三角”两小时交通圈，是江西省融入“9+2”泛珠三角经济圈和承接产业转移的最前沿，又是珠三角、海峡西岸经济区的直接腹地，并且矿产资源丰富，例如大余县素有“世界钨都”之称。而处在中低发展水平的区域集中在除章贡区以外的赣州中部、北部以及东部地区，其区域个数占到了总数量的 67%，这些地区大多交通落后，地理环境封闭，

如赣州东面的武夷山脉作为江西与福建的省界；西面罗霄山脉中的诸山天然地将江西与湖南分隔；北面的雩山等山岭阻隔了赣州与赣中及赣北的联系。闭塞的地理环境是造成这些地区长期处在经济发展水平相对落后局面的重要原因。

近九年来，赣南苏区人均GDP发展水平空间分布呈现比较明显的集聚特征，逐步形成了两个经济增长极。其一，是以章贡区为核心的“核心——边缘”的空间结构。其二，以“龙南县”为核心的“三南”经济增长极。对比2009年、2013年和2017年赣州市经济发展空间格局图，可以发现第一个增长极演化速度非常快，第二个增长极相对独立，变化不大。近年来，赣州市逐渐形成了以章贡区为核心的“核心——边缘”的空间结构。2009年，章贡区经济发展水平远高于周边区域（周边均为低收入县）；2013年，赣县区步入中高发展区域；2017年，南康区又进入中高发展区域。至此，逐渐形成以“章贡区”为核心，包含大余县、崇义县、南康区、赣县区（除上犹县）为一体的中高发展水平赣州西部增长板块。

第四节　赣南苏区区域经济空间关联分析

一、赣南苏区全局空间自相关分析

全局Moran's I系数来测度区域总体空间相关性，可以衡量区域之间整体上的空间关联与空间差异测度。本节借助GeoDa1.6软件计算出2009~2017年人均GDP的全局空间自相关系数Moran's I。从表9-1可知，赣南苏区2009~2017年期间人均GDP呈现正的空间自相关特性，即拥有较高（或较低）人均GDP的区域与其他同样拥有较高（较低）人均GDP的区域相邻，也即在空间上呈集聚分布（周国兰等，2012）。从Moran's I系数的变化趋势来看，大致呈波动上升的趋势，在2009~2017年间Moran's I值由

0.1185 提高到 0.1713。表明在 2009~2017 年间，全局空间相关性不断增强，表现出经济发展水平较高（较低）的区域不断集聚的现象。其中 2012 年后出现了一个明显的拐点，仅 2013 年的 Moran's I 值的涨幅就达 36%。这表明，赣南苏区各区域之间要素流动加剧，经济关联增强。主要原因是赣州市各区致力于苏区振兴发展，不仅在产业投资有所发展，而且鼓励创业，打破区域之间壁垒，推动经济向前发展。

二、赣南苏区局部空间自相关分析

Moran's I 系数是一个全局空间上的统计量，只能反映 2009~2017 年赣南苏区人均 GDP 在整个研究区域的空间关联性。因而不能用来估计局部空间上的自相关结构（孔柠檬等，2016）。所以要借助局部空间自相关分析方法，通常可以借助 Moran 散点图和 Getis-OrgG_i^* 指数来进行局部空间自相关分析。

根据对全局空间相关性的分析，本节选取了 2009 年、2013 年和 2017 年作为研究的年份，分别对这两个年份的散点图数量进行了统计，借助 Geoda1.6 软件和 ArcGis10.2 软件计算得出赣南苏区各县域人均 GDP 的 Moran 散点地图（见图 9-5）。

通过 Moran 散点图可将各个地区的经济发展水平分为四个象限的集聚模式，Moran 散点图的四个象限表达了某一点（区域）和其周围点（区域）四种类型的局域空间联系（李志萌等，2016）。这四个象限分别对应的是高高空间关联（H—H）、低高空间关联（L—H）、低低空间关联（L—L）和高低空间关联（H—L）。“H—H”型代表某一区域和其周围区域的观测值都较高；“L—H”型代表某一低观测值的区域被周围高观测值的区域所包围的空间联系形式；“L—L”代表某一区域和其周围区域的观测值都较低；“H—L”型代表某一高观测值的区域被周围低观测值的区域所包围的空间联系形式。其中“H—H”型和“L—L”型表明具有较高的空间正相关性，反映在区域的集聚和相似性上。“L—H”型和“H—L”型表明存在较强的空间负相关性，区域具有异质性（刘善庆等，2017）。根据它们各自的性质，为表达的直观性，分别用扩散型、沉陷型（低谷型）、传染型（落后型）、极化型代替“H—H”型、“L—H”型、“L—L”型和“H—L”型（黄小勇，2012）。

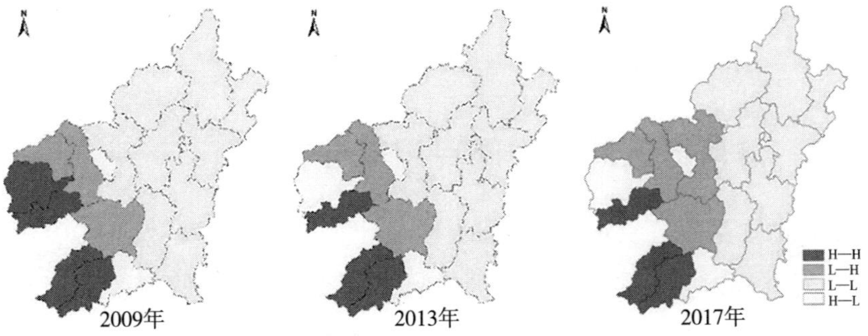

图 9-5　赣南苏区区域人均 GDP 的 Moran 散点地图

扩散型（H—H）。这一类型的县域表现出自身和周围县域都具有较高的经济发展水平。同时具有较高的空间正相关性。在 2009 年、2013 年和 2017 年这一类型的县域分别有 4 个、3 个和 3 个，主要位于赣州的南部地区，包括了龙南县、全南县和大余县。这三个县都是位于赣粤两省的咽喉要地，占据了极佳的交通地理位置，充当着“江西南大门”的重要角色，也是联系广东沿海城市的第一门户。随着广东省产业转型升级和“腾笼换鸟”的产业转移的需要，大量的传统劳动密集型加工制造业纷纷转移到内陆地区，这三个县具有承接珠三角产业转移的区位优势，可以通过承接大量制造业发展自身的经济。赣粤两地的经济发展和产业结构都存在着很大的差异，根据扩散效应的作用机理，即各种生产要素在一定发展阶段上从增长极向周围不发达地区的扩散，从而带动周围地区的经济发展（高小琼，2012）。广东省作为经济发达的省份，具有较强的经济辐射能力，广东省的增长极作用逐渐显现，带动了周边省份县域的经济发展，形成了明显的扩散型区域。

极化型（H—L）。这一类型的县域往往自身具有经济发展水平较高，但相邻县域的经济发展水平较低，具有明显的空间异质性。这一类型的县域呈零散分布的特点，主要包括了章贡区、崇义县以及定南县，其中在2009~2017年间崇义县由扩散型演变为极化型，表明崇义县与周边县域的经济差异变大。除章贡区外，崇义县和定南县都位于赣州边界，同时均受到广东省的经济辐射影响，但与扩散型县域相比，虽然这些区域具有较快的发展趋势，但由于自身经济总量还偏低，自身对周边县域涓滴效应较弱，无法带动周边县域的发展，难以形成扩散型区域，从而形成了极化型区域。而位于赣州的中心城市章贡区，与周围地区经济发展水平有着较大的反差，存在着一个明显的经济凹陷区，表明赣州市中心的辐射带动作用极其有限，极化作用占主导地位。

沉陷型（L—H）。这一类型的县域自身经济发展水平偏低，但周围县域的经济发展水平相对较高，这种类型县域一般分布在“H-H”型和“H-L”型县域周围，又被称为“边缘县域”（季凯文，2016）。其主要原因是其位于经济发达县域边缘，处在中心的高值地区扩散效应不足，无法形成“大树底下好乘凉”的现象，赣州市中心城市的辐射能力和吸引能力尚不够强，对周边区域的带动能力较弱。再加上相对落后的地区无法与其竞争获取经济发展所需的资源，强化区域发展的“马太效应”（陈林等，2015；谢宝河，2015），反而更可能造成“大树底下不长草”的困境，这类型的县域在2013年有3个，分别是南康区、上犹县、信丰县。从分布特点来看，这些县域恰好符合“边缘县域”的分布特征，集中分布在极化型以及扩散型县域周围。据John Friedmann的“核心—外围”理论，这类边缘区域一般是处在核心区域外围，与核心区域之间已建立一定程度的经济联系，经济发展呈上升趋势，该区域有新城市、附属的或次级中心形成的可能，这一类型也是经济发展的过渡型城市（卢新波，2011）。2017年赣县区由2013年的“L—L”型演变为“L—H”型县域，已然表明赣县区自2016年撤县设区以来，经济发展迈入新的发展阶段，经济发展水平有了明显的提升，是迈入更高水平的类型过渡区。赣县撤市设区，丰富赣州中心城区的城市功能，增强辐射带动能力，赣县区应当抓住机遇，实现经济飞跃式发展。

传染型（L—L）。这一类型跟“H—H”型区域正好相反，这一类型的县域自身及其周边县域都处在较低的经济发展水平，空间呈集聚分布特征。从图 9-6 可知，这种类型县域集中分布在赣州的北部和东部。由北至南分别是宁都县、兴国县、石城县、赣县区、于都县、瑞金市、会昌县、安远县以及寻乌县。这一类型的县域占了总数的一半左右。这一类型的县域由 2009 年的 9 个演变为 2017 年的 8 个，在数量上减少了 1 个，赣县区退出了这一类型。由于这些县域地理位置偏远，分散于山区，基本属于农业大县，其中工业化以及服务业发展水平都普遍偏低，加上原有的基础条件较差，经济发展水平低下，难于形成中心城市的辐射带动效应，从而造成了长期无法摆脱发展落后的局面。

三、赣南苏区冷热点演化分析

以人均 GDP 为变量，计算出 2009 年、2013 年和 2017 年时间断面的赣南苏区各县域单位 Getis-OrgG_i^* 指数，并用自然间断点分级法（Jenks）将 G_i^* 指数由高至低分为四类，得到赣南苏区经济发展冷热点演化图（见图 9-6）。

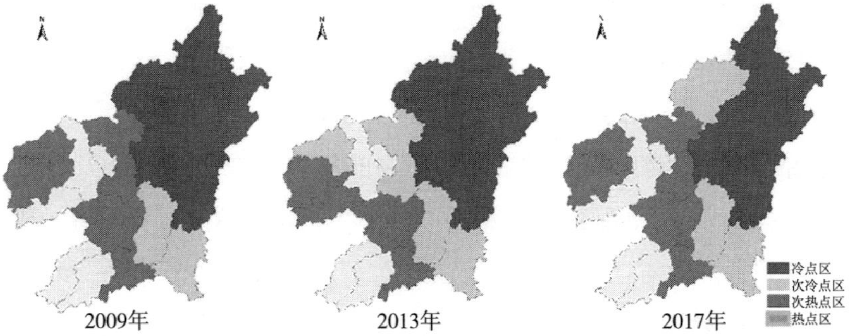

图 9-6　赣南苏区经济发展冷热点格局演变

赣南苏区经济发展热点区整体空间格局呈波动变化趋势。其中 2009 年和 2017 年热点分布大致相同，从热点的数量来看，2009 年和 2017 年热点区域个数都为 5 个，仅 2013 年热点数量减少 1 个，位于赣州西部的大余县是热点变动的主要区域，大致经历了“热点区——次热点区——热点区”

阶段。这些热点区主要分布在赣州南部以及赣州西部，分别分布在以章贡区为核心和龙南县为核心的热点区，而冷点区大片集中在赣州北部以及东部区域边缘地区。

赣南苏区经济发展冷点区格局呈缩小的趋势。从图 9-6 可知，在研究期内，经济发展冷点区集中分布在赣州北部以及东部区域，而次冷点区分布在赣州西部以及南部。在 2013~2017 年间，次冷点以下区域有明显减少的趋势，其中冷点区的县域数量减少 1 个，次冷点区减少 2 个。从热点区分布的空间格局来看，次热点以上区域开始慢慢出现往东扩展集聚的趋势。

从次热点以上区域的变迁来看，2009 年和 2017 年热点区的县域数量与次热点区持平，热点区集中分布在赣州南部以及西南部，包括了南康区、章贡区、龙南县、全南县 4 个县（区）。而次热点集中分布在热点区边缘，包括了崇义县、大余县、信丰县、定南县 4 个县。2013 年热点以及次热点区分布大体上没有明显变化，次热点区越来越呈沿京九铁路线的“带状式”扩展，次热点和热点分别减少 1 个。2017 年热点区扩展又开始呈“组团式”，热点区的县域数量由原来的 4 个增加到 5 个，2017 年逐渐形成了以章贡区为核心的热点区以及以龙南县为核心的热点区的两大空间结构。以上赣南苏区经济发展冷热点格局的演变表明，《若干意见》政策效应日益显现，赣南苏区经济发展格局出现明显的变化。

第五节　结论与讨论

本章利用传统的统计分析方法，结合 ESDA，在 ArcGis 和 GeoDa 软件的支持下，以赣南苏区 18 个县（市、区）为研究单位，以人均 GDP 为测度指标，分别从时间、空间以及关联性三个角度分析了 2009~2017 年赣南苏区区域经济差异的空间格局及演化。

一、相关结论

第一，赣南苏区区域发展水平不平衡，体现“西高、南高、东低”分布格局。赣州西南部边缘地区经济发展水平相对较高，赣州东部以及赣州北部地区由于地处丘陵山区地带，经济发展相对落后。经济发展水平空间分布格局上表现出明显分化特征。赣南苏区区域经济发展处于偏低水平，县域经济的两极分化现象得到有效抑制，区域经济趋向均衡发展。随着《若干意见》的实施，赣南苏区经济落后的县域获得更多政策支持，有效地缩小了地区间经济发展水平的差异，协调了区域间经济的平衡发展。

第二，赣南苏区经济发展绝对差异呈持续扩大趋势，但相对差异具有下降的趋势。区域差异分解结果表明，赣南苏区区域差异波动主要受赣州西部区域差异以及区间差异的影响，其中赣州西部区域差异呈波动缩小趋势，这可能是由于赣州城乡统筹一体化逐渐转变成城乡二元结构导致的巨大差异造成的。与此同时，而赣州东部、南部、西部区间差异呈不断扩大的趋势，一种解释是以“章贡”为核心赣州西部和以“龙南”为核心的赣州进度发展迅猛，另一种解释是以“瑞金”为核心的赣州东部经济发展“动能”不足，从而导致区间差异扩大。总体来说，赣州南部区域差异变化较小，对总差异的贡献也略有不足。

第三，赣南苏区区域经济在空间关联性上逐渐增强。从 Moran’s I 系数的变化趋势来看，大致呈波动上升的趋势，在 2009~2017 年间 Moran’s I 值由 0. 1185 提高到 0. 1713。表明在 2009~2017 年间，全局空间自相关性不断增强，表现出经济发展水平较高（较低）的区域不断集聚的现象。主要原因是赣州市各区致力于苏区振兴发展，不仅在产业投资有所发展，而且鼓励创业，打破区域之间壁垒，推动经济向前发展。

第四，扩散区和极化区集中赣州南部和西部，东部为落后区。根据 Moran 散点图可将赣南苏区区域分为：扩散型、极化型、沉陷型以及传染型。扩散型区域无明显变化，主要以赣州南部以及西南部的边缘性县域。

极化型区域也无明显变化，零散分布在南部、西南部以及赣州中心城区。由于这些县域自身经济总量还偏低，以至于这些地区的扩散效应不足，表现出与周边县域截然不同的经济发展水平。沉陷型区域大多处在经济发达县域边缘，受发达地区经济辐射效应不足，经济带动能力偏弱。传染型区域超过总区域数量的一半，在这一研究期间，只有赣县区退出了这一类型。从这一类型的分布特点可以看出，这些县域大多处在交通不便的丘陵山区一带，闭塞的地理环境是造成了经济落后的主要原因。

第五，赣州东北部均为冷点区，其面积逐渐缩小，次热点面积增加。根据热冷点的分布也大致呈现这样的特点，次冷点区以下的县域个数占全区域的绝大多数，分布特点基本与传染型县域分布特点基本一致，分布在赣州北部以及东部。热点以及次热点分布多集中在赣州西南部、南部以及章贡区周边县域。在研究期间，次热点以上区域明显扩大，越来越呈沿京九铁路线的“带状式”扩展，而次冷点以下区域有明显的缩小趋势，兴国县逐渐融入赣州西部板块。

二、关于赣州“一区两群”发展战略的讨论

在《若干意见》实施五年多来，赣州抢抓机遇，积极作为，推进赣南苏区振兴发展取得阶段性重大成效。基于赣南苏区区域经济差异现状及分析，为推动赣南苏区区域经济协调发展，提出以下可行性建议。其一，培育和强化核心增长极。加强培育赣州中心城区成为具有较为完善的对接功能和较为强大的辐射、带动能力的核心增长极，打造成为全市经济引力较强的对接“洼地”与经济张力较强的辐射“高地”。加快打造赣州市一小时城市经济圈，强化市、县两级及县级之间的经济联系与协作，形成圈域经济一体化的发展态势。其二，建设与优化交通网。构建“一纵一横”高速铁路网和“两纵两横”普速铁路网和“三纵三横六联”高速公路网，重点建设三大省际交通走廊。其三，发展壮大县域经济，优化和完善“一区两群”城镇空间总体布局。加速推进东部城镇群、南部城镇群和瑞金、龙南次中心城市建设，发挥东部城镇群、南部城镇群毗邻海西经济区、珠

三角经济区的优势，培育市域次增长极，形成支撑赣闽合作、赣粤合作的门户区域，强化南北双核作用凸现赣州的门户地位。其四，纵深推进赣南苏区振兴发展，增进振兴发展政策效应，深入推进《若干意见》的贯彻落实。

第十章

赣南苏区振兴发展战略政策效应测度

——基于双重差分法的实证检验

近年来，赣南等原中央苏区振兴发展越来越受到社会各界的广泛关注。本章基于2007~2017年江西省各地级市的数据，利用双重差分法对《国务院关于支持赣南等原中央苏区振兴发展的若干意见》出台实施后的政策效应进行了实证分析，结果表明，赣南苏区振兴发展战略的实施提高了赣南苏区的经济增长率达到0.7个百分点。进一步的分析表明，投资、消费、产业结构以及经济发展基础也是影响一个地区经济增长的重要因素。本章综合研究结果，提出了相关政策建议：第一，要继续深入推进《若干意见》的实施；第二，优化投资环境，激发市场活力；第三，优化产业结构，加快产业转型升级；第四，制定和完善人才引进政策，加快建立和完善人力资源体系。

第一节　研究概述

改革开放以来，我国发生了翻天覆地的变化，但伴随着经济高速增长的同时，依旧面临着诸多问题，例如区域间发展不平衡不充分的问题，特别是在少数落后地区表现得尤为明显。随着我国全面建成小康社会以及伟大中国梦构想的提出，赣南苏区经济发展落后，民生问题突出，贫困落后面貌仍然没有得到根本改变等一系列问题显得尤为突出。为此，在2012年6月28日，党中央和国务院出台实施《国务院关于支持赣南等原中央苏区振兴发展的若干意见》（国发〔2012〕21号）（以下简称《若干意见》）。

赣南苏区位于我国江西省南部，是土地革命期间最重要的革命根据地，为中国革命做出了巨大贡献和巨大牺牲。党和国家将赣南苏区振兴发展作为一项重大的经济任务和政治任务。支持赣南苏区振兴发展，不仅是协调区域发展的战略要求，更是确保与全国同步实现全面建成小康社会目标的迫切要求，也是构建和谐社会的重要举措。随着《若干意见》出台实施五年多来，党和国家陆续出台支持赣南苏区振兴发展的文件已近百个，数百项具体政策得到了落实。而赣南苏区振兴发展战略的实施究竟在赣南苏区发展过程中带来了怎样的政策效应？作用究竟有多大？是当前非常值得研究的学术命题。尽管在国内外，学术界对于政策效应的研究已经相当成熟，并对大量相关政策的实施效果进行过实证检验，但少有涉及赣南苏区振兴战略实施效果的研究，而国内学者对赣南苏区的研究往往偏向定性方面的分析，并未从实证的角度评估过政策实施的效果。因而，迫切需要理论界对赣南苏区振兴发展战略的实施效果做出科学客观的评估，以便为实践部分提供理论依据，同时对于完善和推进赣南苏区振兴发展战略的实施具有重要的现实意义。

鉴于此，本章着重考察赣南苏区振兴发展战略在经济层面上的政策效应，以期能够对赣南苏区振兴发展战略做出科学客观的评估。本章的以下部分做如下安排：第二部分，主要阐述基于双重差分法下的政策效应研究以及赣南苏区振兴发展的相关文献研究；第三部分，提出本文的研究方法，构建双重差分法模型及对相关变量进行设定与说明；第四部分，报告了主要回归结果及对结果进行稳健性检验；第五部分，总结研究结论并提出相关政策建议。

第二节　文献综述

一、双重差分法对政策效应的测定

双重差分法（difference-in-difference）是基于“自然实验”下估计政策效果的一种研究方法。相比其他研究方法，双重差分法的优点在于能够减少政策作为解释变量产生的内生性问题。陈林和伍海军（2015）指出，双重差分法能够控制个体异质性，同时控制随时间变化产生的个体影响。叶芳和王燕（2013）指出，双重差分模型通过控制事前差异，可以有效地分离出真正的政策效果。在国内外，双重差分法在政策效果评估领域已经得到广泛应用。周黎安和陈烨（2005）最早引入双重差分法，研究将试点期的税费改革视为一次“准实验”，借助双重差分法对农村税费改革的实施效果进行了实证检验。该研究是国内首次对双重差分法在政策效应应用上的有效尝试。自此，我国基于双重差分法的政策效应研究越来越丰富。从以往文献来看，此类研究多聚焦于不同的公共政策类型，例如财政政策、产业政策、区域发展政策以及其他政策方面。例如国内学者通过借助双重差分法对“营改增”、产业政策、西部大开发战略以及“省直管县”改革等政策的实施效果进行了实证研究（李成、张玉霞，2015；钱雪松等，2018；郑新业等，2011）。这些研究都准确地评估了政策实施的具体效应，例如经济效应、生态效应以及社会效应等多方面。具体的，研究文献对政策实施效果中的经济增长、生态环境、农民纯收入增长以及公共服务支出等的影响做出了科学客观的评估（蒲龙，2017；沈坤荣、金刚等，2018；左翔等，2011）。

综上所述，不难看出双重差分法已经逐渐成为科学评价政策效果最为广泛应用的工具，特别是在对于考察区域发展战略的政策效应上有着无可比拟的优越性，尽管已有研究借助双重差分法对西部大开发、中部崛起以及东北振兴等区域性发展战略的政策效应进行了科学的评估，但至今还没有文献借助这一方法对赣南苏区振兴发展战略的政策效果进行过实证研究。

二、赣南苏区振兴发展的研究

2012 年 6 月 28 日，为支持赣南苏区振兴发展，党中央和国务院出台实施《若干意见》，将赣南苏区振兴发展上升为国家战略。《若干意见》确立了民生和经济两大方面的发展目标：其一，实现赣南等原中央苏区整体跨越式发展，与全国同步实现全面建设小康社会目标；其二，解决突出的民生问题和制约发展的薄弱环节。正因为赣南苏区振兴发展战略无论是从经济上还是政治上都具有重要的战略意义，因此，学术界开始逐渐聚焦于赣南苏区振兴发展的研究，周国兰和季凯文（2012）从区域协调发展的视角分析了赣南等原中央苏区的重要战略地位。同时，赣南苏区发展的滞后性也是实施赣南苏区振兴战略的现实背景，孔柠檬和刘桂莉（2016）通过研究发现赣南苏区发展滞后主要表现在经济发展水平偏低、贫困发生率高以及社会事业发展落后等方面。通过对赣南苏区发展现状和困境的清楚认识能够更好地为赣南苏区振兴发展指明方向，特别是赣南苏区存在贫困人口数量众多以及贫困发生率高的问题是打赢脱贫攻坚战和实现赣南苏区振兴的最大的“拦路虎”。国内学者李志萌和张宜红（2016）就产业扶贫进行了有效的探索并提出了破解路径，其中刘善庆和尤琳等（2017）提出新型农业经营主体是产业扶贫的主要抓手。在赣南苏区振兴发展战略实施之初，国内学者黄小勇（2012）就提出赣南等原中央苏区的振兴发展，财税政策是重点，要着重从绿色生态、民生质量和产业转型升级三大方面制定财税支持政策，同时也有研究提出要加大金融支持和推进新一轮的开放合作等措施加快赣南苏区振兴发展（高小琼，2012；季凯文，2016）。不可否认，《若干意见》出台实施的五年多来，赣南苏区已经取得了重大的发展成果，不少学者对赣南苏区振兴发展战略的实施效果进行了定性研究，从已有的研究结果表明，自《若干意见》出台实施后，赣南苏区经济发展明显加快、人民福祉不断增进（谢宝河，2015）。

通过对上述文献的回顾可以发现，赣南苏区振兴发展的研究多聚焦于现状、进程以及对策等视角进行分析，而对于赣南苏区振兴发展战略的政策效果的研究相对还不成熟，现有研究文献在研究方法上多数采取描述赣南苏区振兴发展战略实施前后的变化来评价政策的实施效果，但不足以准确识别赣南苏区振兴发展战略对于地区经济增长的净效应。因为即使没有这项战略的实施，这个地区也会在其他要素的推动下取得经济增长，如果要考察一项战略（政策）的影响，则要剔除可能会影响该地区经济增长的其他因素。而借助双重差分法能够有效地剥离干扰因素，更加科学和客观地评估政策净效应，同时也是对评估赣南苏区振兴发展战略的实施效果的有效尝试，进一步可以弥补关于赣南苏区振兴发展战略实施效果实证研究的不足。有鉴于此，本章采用较为严谨的双重差分法对赣南苏区振兴发展战略的实施效果进行评价，拟用赣南苏区振兴发展战略作为外生变量，以期对战略实施后的经济效应做出科学准确的评估。

第三节　研究设计

一、研究方法

本节主要从经济增长视角评估赣南苏区振兴发展战略的政策效应，借鉴和采用了现在国内普遍采用的双重差分法进行分析。通过构造政策实施的实验组和非政策实施的对照组，并控制其他可能影响经济增长的因素，比较政策实施前后实验组和对照组的差异，从而进一步检验赣南苏区振兴发展战略实施对经济增长的影响。基本模型如下：

$$Y_{it}=\beta_0+\beta_1 treated_{it}+\beta_2 time_{it}+\beta_3 did_{it}+\varepsilon_{it} \quad (10-1)$$

式中，Y_{it}作为被解释变量；i 代表地区，t 代表年份；ε 为随机误差项；用变量 $treated_{it}$反映所关注的地级市是否为政策实施地区，取值为 1 代表实验组，取值为 0 代表对照组；$time_{it}$反映政策执行的进程，政策执行当年与此后取值 1，否则为 0。通过这种方式，我们可以将样本划分为 4 组，政策实施前的实验组（treated=1，time=0）、政策实施后的实验组（treated=1，time=1）、政策实施前的对照组（treated=0，time=0）以及政策实施后的对照组（treated=1，time=1）。为了检验改革效果，我们设立“实验组（treated）”和“政策实施时间（time）”的交互项，即政策效应（did），只有当“实验组”和“政策实施时间”两个哑变量同时取 1 时，这个变量才为 1，否则为 0。其中交互项（did）是用来衡量政策实施所带来的净效应。

从式（10-1）可以分解对照组和实验组的被解释变量的变动模型，其中对照组在政策实施前后的被解释变量可以表示为：

$$Y_{it}=\begin{cases}\beta_0+\varepsilon_{it}, & time_{it}=0\\ \beta_0+\beta_2+\varepsilon_{it}, & time=1\end{cases} \quad (10-2)$$

所以，对照组政策实施前后 Y_{it} 的变动为 $Diff_1=\beta_2$，同样地，实验组的被解释变量可以表示为：

$$Y_{it}=\begin{cases}\beta_0+\beta_1+\varepsilon_{it}, & time=0\\ \beta_0+\beta_1+\beta_2+\beta_3+\varepsilon_{it} & time=1\end{cases} \tag{10-3}$$

所以，实验组政策实施前后 Y_{it} 的变动为 $Diff_2=\beta_2+\beta_3$。从而就可以估计政策对 Y_{it} 的净影响为：$Diff=Diff_2-Diff_1=(\beta_2+\beta_3)-\beta_2=\beta_3$。$\beta_3$ 也就是式（10-1）中 did 的系数，即双重差分法的估计值。若 β_3 的值显著为正，说明具有正向的政策效应；反之则为负。

二、变量设定与数据说明

本章研究目的是验证赣南苏区振兴发展战略对于推动地区经济增长的影响以及影响程度。变量的选取也是为研究目标服务的，考虑到一个地区的经济增长还受到多方面因素的影响，因此在设置赣南苏区振兴发展战略这一核心变量的同时，还需要综合考虑其他相关变量因素。变量设置以及相关具体说明如下：

（1）被解释变量。为了能够更好地度量地区的经济增长情况，本章选取实际 GDP 增长率 Y_{it} 作为被解释变量。

（2）核心变量。政策效应（did）是本章关注的核心变量，即时间变化哑变量与实验组哑变量的交互项，回归系数反映了政策的效应，本章主要将赣南苏区作为重点关注地区，主要将赣州市作为实验组，同时在选择全省范围内各地级市的基础上剔除了吉安市和抚州市苏区比率超过 20%以上的地级市作为对照组，共计 8 个地级市。并根据 2012 年《若干意见》的出台实施作为时间节点，在此基础上评估赣南苏区振兴发展对赣南苏区经济发展的影响效应。

（3）控制变量。选择控制变量的原因在于控制其他因素对地区经济增长的影响，从而更加科学地评估政策效应。基于索罗经济增长模型 $Y=AK^{\alpha}L^{\beta}$，同时借鉴郑新业、王晗等（2011）的研究，选取了地区人口增长率（pop）控制了劳动力因素对经济增长的影响；选取全社会固定资产增长率（k）来控制投资增长对经济增长的影响；选取全社会消费品零售总额的增长率（con）控制消费和市场因素对经济增长的影响；选取第一产业比重（prate）反映地区的经济结构，一般认为第一产业比重较大的地区属于发展相对落后的区域；另外，我们还将各地级市 2007 年 GDP 总量（g2007）来反映各地级市初始经济发展情况（郑新业等，2011）。最后需要说明的是，为了减少个体效应和时间效应对分析的影响，本章在最后引入双向固定效应模型进行实证检验，在模型中，μ_i代表各地级市的个体固定效应；λ_t代表时间固定效应。基于双重差分法基本模型，在引入控制变量后，具体模型如下：

$$\mu_i+\lambda_t+\varepsilon_{it} \qquad (10-4)$$

三、数据来源与统计描述

基于样本选取的合理性考虑，鉴于各省之间差异较大，为了控制跨省对比可能出现的系统差异，所以选取江西省各地级市作为研究样本（卢新波等，2011）。选取了 2007~2017 年江西省 9 个地级市的面板数据来评估赣南苏区振兴发展战略的政策效应，本章将 2012~2017 年作为赣南苏区振兴发展战略实施之后的时期；政策实施前，即 2007~2011 年作为对照。基于数据的可得性及合理性对样本进行了如下筛选：其一，对照组中剔除了吉安市和抚州市等苏区占比超过 20%的地级市；其二，其中由于受到 2008 年金融危机的影响，2009 年数据存在较大的偏差，故剔除了 2009 年的各地级市的数据。各数据均来自 2007~2017 年的《江西省统计年鉴》以及各地级市的统计公报等。各变量的描述性统计结果如表 10-1 所示。

表 10-1　各变量描述性统计结果

变量	观测值	均值	标准差	最小值	最大值
gdp	90	0. 114	0. 025	0. 045	0. 171
k	90	0. 260	0. 182	0. 05	1. 365
pop	90	0. 006	0. 004	0. 001	0. 027
con	90	0. 156	0. 040	0. 084	0. 244
prate	90	0. 104	0. 048	0. 038	0. 222

续表

变量	观测值	均值	标准差	最小值	最大值
g2007	90	532. 287	344. 458	204. 780	1390. 100
time	90	0. 600	0. 493	0	1
treated	90	0. 111	0. 316	0	1
did	90	0. 067	0. 251	0	1

资料来源：2007~2017 年《江西省统计年鉴》及各地级市统计公报。

第四节　实证结果与分析

一、适用性检验

在进行具体分析之前，需要对样本是否适用于双重差分法进行验证。双重差分法的使用要满足两个条件：其一，研究样本选取是随机的；其二，实验组与对照组在政策实施前具有相同趋势。基于此，本节分别对这两个条件进行检验。

（一）随机性检验

根据《若干意见》指出原中央苏区特别是赣南地区，经济发展滞后，民生问题突出等问题仍旧没有得到很大的改善，因此主要将赣南苏区作为苏区振兴发展战略的重点实施区域。通过大样本比较发现，赣州市人均 GDP 和人均财政收入都远远低于全省以及全国的平均水平，同时还存在第一产业比重过大等问题。因此，我们认为赣南苏区振兴发展战略的确定是跟赣州现实发展水平有着密切的关系。我们采用 Logit 模型检验选取政策实施地区选取的标准，采用 2007~2017 年还未实施战略之前的各市数据。本节以“是否为实验组”作为因变量，选取人均 GDP、第一产业比重、人均财政收入作为解释变量，考察这些因素是否影响实验组的选取。另外，本节选取了 GDP 增长率作为是否影响选择的标准因素。据此得出 Logit 模型回归结果如表 10-2 所示。

表 10-2　Logit 模型回归结果

变量	回归（1）	回归（2）	回归（3）	回归（4）
人均 GDP	-2.261*** （-4.04）			
第一产业比重		34.504*** （4.50）		
人均财政收入			-1.119*** （-3.19）	
GDP 增长率				0.0411 （0.00）
常数项	20.627*** （3.70）	-6.688*** （-6.20）	6.464** （2.45）	-2.084* （-1.76）
Pseudo R^2	0.202	0.328	0.106	0.000

注：符号 *、**、*** 分别表示在 10%、5%、1%的置信水平上显著；括号内是 t 统计量。

从回归结果可知，人均 GDP 和人均财政收入系数都显著为负，第一产业比重系数显著为正，这表明地区存在经济落后的事实是实施苏区振兴战略的重要原因。不过，表 10-2 中 GDP 增长率估计系数不显著，这说明经济增长的高低不是政策实施选取的标准。本节研究的问题是赣南苏区振兴发展战略对经济增长的影响作用，而一个地区的人均 GDP、人均财政收入以及第一产业比重与该地区经济实际增长率并无直接相关关系。因此，进一步确立了本节实验组样本选择的随机性。

（二）平行趋势检验

双重差分法虽然默认实验组和对照组之间存在差异，但在政策实施前发展趋势要是一致的，即实验组与对照组差距固定或近似固定，就可以认为对照组的选取是合适的，所以在分析前需检验实验组与对照组在政策实施前实际 GDP 增长率是否具有相同趋势。由图 10-1 可知，在政策实施前，即 2012 年前，实验组和对照组的变化趋势近乎一致，因此，符合平行趋势的条件。

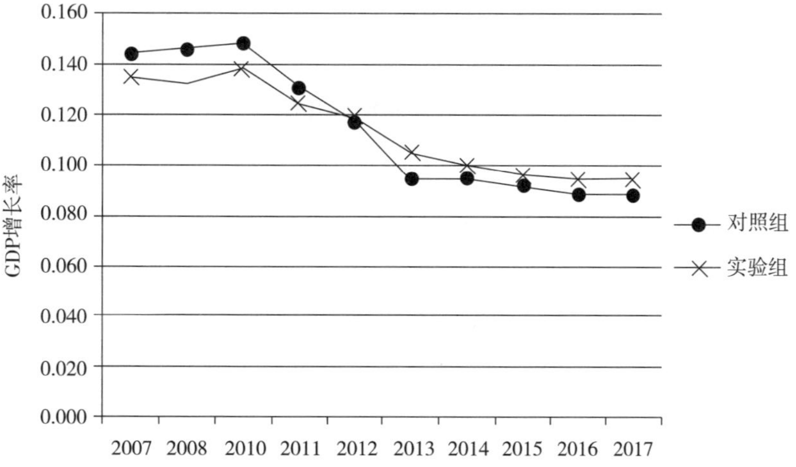

图 10-1　2007~2017 年实验组和对照组实际 GDP 增长率

二、回归结果分析

本节结合双重差分法原理，以实际 GDP 增长率为被解释变量，在引入投资因素、市场因素、劳动力因素、产业结构以及经济发展基础等控制变量后，使用稳健标准误差下的双重差分法估计得到表 10-3 的结果。

表 10-3　双重差分法估计结果

项目	政策实施前（2012 年前）			政策实施后（2012 年后）			双重差分值
	对照组	实验组	Diff	对照组	实验组	Diff	Diff-In-Diff
GDP 增长率	0.095	0.089	-0.006	0.068	0.072	0.004	0.010**
P 值	—	—	0.228	—	—	0.173	0.027

注：符号 *、**、*** 分别表示在 10%、5%、1%的置信水平上显著。

由表 10-3 可知，在赣南苏区振兴发展战略实施后，由该政策实施所带来的经济增长率的净效应 did 为 0.01，并且在 5%的置信水平上显著。表明赣南苏区振兴发展战略在一定程度上促进了经济增长。为进一步刻画其他控制变量对经济增长的影响，以判断交互项（did）的系数是否稳健和可靠，还需对该面板数据做进一步的回归分析。本节所选取的样本是面板数据，因此利用面板双重差分法对式（10-4）进行回归分析，结果如表 10-4 所示。

表 10-4　双重差分法回归结果

解释变量	模型 1	模型 2	模型 3	模型 4	模型 5	模型 6	模型 7	模型 8
time	-0.045*** (-10.49)	-0.035*** (-9.88)	-0.036*** (-9.82)	-0.026*** (-7.27)	-0.026*** (-7.48)	-0.027*** (-7.96)	-0.027*** (-6.84)	-0.043*** (-3.57)
treated	-0.009*** (-3.8)	-0.006*** (-4.12)	-0.005 (-1.34)	-0.004 (-1.5)	-0.005* (-1.82)	-0.006** (-2.05)	—	—
did	0.146*** (3.37)	0.009*** (3.19)	0.009*** (3.00)	0.010*** (3.28)	0.010*** (3.27)	0.010*** (3.25)	0.010*** (3.58)	0.007** (2.96)
k		0.046*** (5.97)	0.046*** (5.95)	0.033*** (3.73)	0.033*** (3.65)	0.036*** (3.9)	0.038*** (3.9)	0.034*** (5.25)
pop			-0.144 (-0.44)	-0.112 (-0.34)	-0.11 (-0.35)	-0.167 (-0.58)	-0.276 (-0.84)	-0.205 (-1.02)
con				0.179*** (3.6)	0.178*** (3.4)	0.151*** (3.43)	0.136** (3.04)	0.239* (1.81)
prate					0.001 (0.10)	0.009 (1.03)	0.048 (0.84)	-0.161** (-2.06)
g2007						4.71e-06** (3.17)	—	—
地区效应	no	no	no	no	no	no	yes	yes
时间效应	no	no	no	no	no	no	no	yes
常数项	0.414*** (61.29)	0.123*** (35.79)	0.124*** (31.35)	0.094*** (10.59)	0.093*** (11.36)	0.095*** (12.77)	0.095*** (9.04)	0.112** (3.14)
R^2	0.771	0.857	0.858	0.867	0.867	0.868	0.868	0.941

注：符号 *、**、*** 分别表示在 10%、5%、1%的置信水平上显著；括号内是 t 统计量。

表 10-4 中模型 1 是不加入任何控制变量的估计结果，为了考察回归系数的稳健性，模型 2~模型 6 在模型 1 的基础上依次加入了“固定资产投资增长率（k）”“人口增长率（pop）”“全社会消费品零售总额增长率（con）”“第一产业比重（prate）”以及“各地级市 2007 年的 GDP 总量（g2007）”

作为控制变量。其中模型 1~模型 6 是混合 OLS 回归模型，模型 7 是固定效应模型，模型 8 是双向固定效应模型。由表 10-4 可知，模型 1 在不加入任何控制变量的情况下 did 系数为 0.146，并且在 1%的置信水平上显著，模型解释力度为 0.771。表明赣南苏区振兴发展战略对 GDP 的增长有显著的正向效应，但这还不足以揭示政策效应的真实情况。因为在没有剔除其他影响 GDP 增长的因素情况下，估计结果可能会出现高估（或低估）。因此，我们在模型 1 的基础上依次加入了不同的控制变量，由模型 1~模型 6 结果可知，在逐步加入控制变量后，政策相关系数逐渐减小并最后趋于稳定，政策效应（did）相关系数保持在 0.010，且均在 1%置信水平上显著，调整后的 R^2 为 0.868。结果表明，赣南苏区振兴发展战略显著提高了经济增长率 1 个百分点。虽然政策效应相关系数变小，但模型的解释力度得到了增强，表明模型更加趋于合理和科学，在一定程度上避免了高估政策效应的估计结果。为进一步估算结果，本节采用了控制地区效应的固定效应模型，结果如表 10-4 所示，模型 7 中政策效应相关系数为 0.010，调整后的 R^2 为 0.868。由结果可知，无论是采用 OLS 混合模型还是固定效应模型，赣南苏区振兴发展战略对赣南苏区经济增长的影响都是显著为正的，且系数大小也没发生任何变化。具体而言，赣南苏区振兴发展战略显著提高了经济增长率 1 个百分点。最后，为获得更加稳健的结果，我们采用双向固定效应模型，在加入所有的控制变量后，同时控制了地区固定效应和时间固定效应，由模型 8 的估算结果可知，在加入时间和地区的虚拟变量后政策效应相关系数为 0.007，且在 1%置信水平上显著，同时调整后的 R^2 为 0.941，表明赣南苏区振兴发展战略显著提高了经济增长率 0.7 个百分点。具体而言，在模型 7 的基础上控制了时间效应的影响情况下，政策效应的相关系数出现明显减小的情况，但模型的解释力度上有了明显的增强，在一定程度上避免了高估（低估）政策效应，更加能够准确和客观地反映政策效应的真实情况。如表 10-4 所示，在模型 1~模型 8 中，尽管政策效应的相关系数有所不同，但其系数都在 1%的置信水平上显著为正，在一定程度上表明本节的估计结果是稳健可信的，这足以说明赣南苏区振兴发展战略对 GDP 的增长有显著的正向效应。

在控制变量方面，众所周知，长期以来消费、投资和出口被誉为拉动中国经济发展的三驾马车，根据本节回归结果显示，其中固定资产投资（k）和全社会消费品零售总额（con）的增长对经济增长均有显著的正向影响，这表明地区经济增长依旧很大程度上依赖投资和消费。其中人口增长率（pop）并未给经济增长带来显著作用，且相关系数呈非显著的负相关，造成的原因可能是：第一，很大程度上是由于数据的选取上存在的误差，由于缺乏各地级市的常住人口数据，所以本节仅采用了年末户籍人口的统计数作为人口增长率的计算指标，存在与真实劳动力增长情况上的偏差，再加上江西省是个典型的人口输出大省，人口流动性大，“用脚投票”广为普遍（Tiebout C M，1959），正因为人们往往偏好经济发展水平相对较高的地区，所以造成了内陆地区人口大量向沿海大城市涌入，人才大规模出现“孔雀东南飞”的现象，这就造成了内陆地区人口流失非常严重，因此这也就造成了户籍人口不能准确反映一个地区的真实劳动力情况，所以无法准确估计人口增长给经济带来的影响，进而使得在估算时出现结果的偏差；第二，我国经济正在从简单的劳动密集型向更加人力资本密集型转变，经济增长慢慢不再依赖劳动力数量的简单投入，而是人力资本质量的提高正在代替劳动力数量的简单扩张（王小鲁、樊纲等，2009）；第三，反映了江西省的人口红利逐渐消失，以往经济增长由简单的资本和劳动力投入向依靠全要素生产率的提高方式转变（蔡昉，2010）。此外，已有大量研究表明一个地区产业结构的合理化和高级化能够衡量一个地区发达程度，并且对经济增长有持续推动作用（干春晖等，2011），根据模型 8 的结果可知，第一产业比重（prate）相关系数为-0. 161，在 5%的置信水平上显著。表明如果一个地区第一产业比重过大会制约这个地区的经济发展速度。最后，根据模型 6 回归结果显示，经济发展初始情况（g2007）的相关系数为正，且在 5%置信水平上显著，表明一个地区经济发展基础也会对这个地区未来一段时间的经济发展产生影响。

三、稳健性检验

本节在做实证研究前，已经通过构造对照组和实验组的实际 GDP 增长率趋势图对双重差分法的平行趋势进行了初步检验。为了进一步检验政策效应的评估结果是否真正来源于政策的实施，本节借鉴以往研究中的反事实检验方法，通过虚构实验组（白重恩等，2011），将研究区间迁移至 2011 年以前，构造一个虚拟样本组。假设“赣南苏区振兴发展战略”在 2010 年实施，2010~2011 年的样本构造成了虚拟实验组；2007~2010 年的样本组构造成虚拟对照组，其他变量设置不变。本文采用混合 OLS 回归模型得到模型 9、模型 10 和模型 11 分别对应的是个体固定效应模型和双向固定效应模型，具体结果如表 10-5 所示。

表 10-5　反事实检验结果

解释变量	模型 9	模型 10	模型 11
time	-0.004 (-1.07)	-0.001 (-0.13)	-0.019** (-2.52)
treated	-0.004 (-0.87)	—	—
did	0.001 (0.45)	0.001 (1.19)	-0.001 (-0.39)
k	0.028*** (5.87)	0.022** (3.85)	0.024** (4.00)
pop	-0.012 (-0.02)	0.168 (0.42)	-0.273 (-0.72)
con	-0.024 (-0.61)	-0.002 (-0.05)	-0.06 (-0.21)
prate	-0.043* (-1.86)	0.118 (0.78)	-0.233 (-1.68)
g2007	2.45e-06 * (1.89)	—	—

续表

解释变量	模型 9	模型 10	模型 11
地区效应	no	yes	yes
时间效应	no	no	yes
常数项	0.141 *** (10.77)	0.117 ** (4.54)	0.179 ** (2.93)
R^2	0.348	0.369	0.763

注：符号 *、**、*** 分别表示在 10%、5%、1%的置信水平上显著；括号内是 t 统计量。

由表 10-5 可知，在控制了所有变量之后，在三个模型中，政策效应（did）的系数均不显著，说明未实施赣南苏区振兴发展战略时，虚拟变量 did 并未给经济增长带来任何影响，不存在系统性误差，所以这进一步说明了上述检验结果是由赣南苏区振兴发展战略产生的影响，并非时间趋势的作用，检验表明上述结果是可靠的。

第五节　结论与建议

赣南苏区振兴发展战略的实施对我国区域协调发展具有重要借鉴和实践价值，为我国加快建成全面小康社会和实现伟大中国梦提供了有益探索。本章基于 2007~2017 年的江西省各地级市的面板数据，采用双重差分法对赣南苏区振兴发展战略实施以来的政策效应进行了实证分析。根据实证结果，可以得出以下结论：第一，赣南苏区振兴发展战略政策效应显著，表明赣南苏区振兴发展战略的实施在一定程度上有效地促进地区经济的增长，结果表明赣南苏区振兴战略实施后能够带动 0.7%的经济增长。第二，研究还发现，投资、消费和产业结构对经济发展具有显著的正相关性，加大资本投入、扩大市场和优化产业结构是提高经济发展的重要举措。第三，同时在对劳动力因素的回归中发现，尽管人口的增长对 GDP 增长呈非显著的负相关，但也能在一定程度上反映一个地区的经济发展问题，一方面说明户籍人口不能准确地反映一个地区的真实劳动力情况，但这也恰恰验证了江西省是一个人口输出大省的事实，反映了江西省劳动力流失严重，特别是高技术人才；另一方面说明在劳动力投入方面，已由数量上的简单扩张逐步向投入质量上发生转变。第四，随着人口红利的逐步消失，经济发展方式的加快转变，更加注重创新驱动力。

根据上述分析及结果，可以得出以下政策建议：第一，要继续深入推进《若干意见》贯彻实施。加速推动政策、资金和项目的实施落地，进一步增进赣南苏区振兴的政策效应。第二，优化投资环境，激发市场活力。在硬环境方面，加大和完善基础设施投资，营造良好的投资环境；在软环境方面，转变政府职能，通过体制创新，充分激发市场活力，加速构建“小政府，大社会”。第三，优化产业结构，加快产业转型升级。改造和提升传统产业，加快培育新兴产业，加快产业集群，同时还要深入实施创新驱动战略，加快新旧动能接续转换，加快形成新的经济结构和增长格局。第四，制定和完善人才引进政策，加快建立和完善人力资源体系。人才是第一资源，在全国各地掀起了“人才抢夺战”的局势下，赣南苏区要认清形势和把握机遇，一方面，要加大教育类投入，促进教育公平，特别是要完善高等院校和科研机构保障机制；另一方面，创新和扩宽人才引进方式，制定和完善人才引进政策和机制，增强赣南苏区对人才的吸引力，“聚天下英才而用之”，为赣南苏区振兴发展提供强有力的人才保障和智力支持。

第十一章

赣南苏区振兴发展的综合评价

第一节　赣州市战略定位和目标完成评估

一、赣州市振兴战略实施评价

赣州市紧紧围绕《若干意见》提出的战略定位，编制规划、制定政策、谋划项目、狠抓落实。

（一）建设全国革命老区扶贫攻坚示范区初见成效

以罗霄山连片特困地区为主战场，完善精准扶贫工作措施，不断加大扶贫攻坚力度，探索了一条革命老区脱贫攻坚的新路子，赣州市进入减贫进程最快、扶贫成效最大的时期，扶贫对象从2011年的194.88万人减少到2016年底的43.14万人，五年脱贫151.74万人，贫困发生率由26.7%下降到5.7%，下降21个百分点。

（二）全国稀有金属产业基地、先进制造业基地和特色农产品深加工基地加快建设

通过实施三年主攻工业推进计划，推进“两城两谷一带”平台和项目建设，赣州市的特色优势产业集群正在有力打造。以稀土、钨为重点的稀有金属产业竞争力显著提升，“中国稀金谷”建设启动实施，中国南方稀土集团经国务院批准正式成立并进入实质性运营阶段，稀土钨新材料及其应用产业实现主营业务收入突破千亿元，约占全国同行业的三分之一，形成了较为完整的产业链。先进制造业发展提速、新能源汽车、高端装备制造、生物制药等战略性新兴产业加速壮大，新能源汽车科技城、“青峰药谷”建设有力推进，电子信息、纺织服装、食品加工、家具等传统制造业加快转型升级，家具产业集群总产值突破千亿元，是国内三大家具基地之一，赣粤电子信息产业带建设集聚效应正在显现。特色农产品加工业加速转型升级，赣州市农产品加工率达到54.86%，脐橙、油茶、蔬菜、烟叶、茶叶等

产业持续壮大。赣南脐橙品牌居全国初级农产品类地理标志产品价值榜榜首，保持种植面积世界最大、年产量世界第三的地位；赣南油茶获批国家地理标志保护产品；蔬菜产业发展势头较好，加快形成供港、供深重要蔬菜基地；烟叶产量居江西省第一。

（三）区域性综合交通枢纽地位日益凸显

赣南苏区交通运输事业进入投入最多、发展最快、成效最大、群众受益最多的时期，初步建成现代化、立体式、多层次的综合交通运输网络。铁路建设实现重大突破，即将形成“一纵一横”高速铁路和“两纵两横”普速铁路网，成为全国“八纵八横”高铁节点城市。高速公路大通道全面形成，形成“三纵三横六联”高速公路网，实现县县通高速公路。民航事业快速发展，赣州市成为全国支线航空发展试点城市，黄金机场迈入百万空港行列，瑞金支线机场即将开工。

（四）南方地区重要生态屏障得到巩固

赣州市扎实推进生态文明建设，生态功能总体提升，生态优势进一步凸显；森林城市创建有效开展，森林质量明显提升，森林覆盖率稳定在76.4%以上，居江西省第一；国家级自然保护区、国家级湿地公园、国家级森林公园数量明显增多；江河源头保护成效明显，建立东江流域上下游横向生态补偿机制，赣江源头、东江源头、陡水湖等重点生态功能区建设成效显著。赣州城市生态环境竞争力进入全国前20强，成为全国“首批创建生态文明典范城市”和国家山水林田湖生态保护修复试点市。

（五）红色文化传承创新区初步建成

苏区精神焕发新的时代内涵，赣南老区干部群众“四个意识”“四个自信”进一步增强，感恩党、跟党走的信念坚定，红色基因广泛传承。红色文艺精品不断涌现，赣南采茶歌舞剧《山歌情》《八子参军》《永远的歌谣》获中宣部“五个一工程奖”和文化部“文华优秀剧目奖”“曹禺戏剧文学奖”等大奖。公共文化服务体系建设取得突破，其被命名为国家公共文化服务体系示范区。红色文化遗产保护利用卓有成效，赣州市的国家级爱国主义教育基地位居全国设区市前列，341 个革命旧居旧址开辟为红色旅游景点，基本建成全国著名红色旅游目的地。

二、赣州市发展目标实现情况评估

《若干意见》实施五年（2012~2017 年）来，赣南苏区振兴发展取得阶段性明显成效，主要表现如下：

（一）农村基础设施建设取得巨大进步

到 2016 年底，全面解决了近 300 万农村人口安全饮水的问题；全面完成了农村危旧土坯房改造 69.52 万户；累计完成低电压治理 58.5 万户，全面解决近 300 万山区群众不通电或长期连片“低电压”问题；新（改、扩）建中小学校舍 503 万平方米，改造校舍危房 230.6 万平方米，校舍面积增加了三分之一；到 2016 年底，国有工矿棚户、国有农林场危房改造已完成 97%、88.33%，2017 年将全面完成；全面解决了农村不通电或电压低问题；建成城市生活污水管网 1130 公里，污水处理率达 86.46%，完成了 18 个县（市、区）县城生活污水管网体系建设目标；农村中小学寄宿生宿舍改造任务已完成；千人口医疗机构床位数将达到 4.2 张，接近江西省平均水平；完成 40.8 万户通广播电视，基本实现广播电视户户通。

（二）交通、能源、产业等薄弱环节得到较大幅度的改善和提升

五年来，一批重大基础设施建设取得重大进展，区域性交通枢纽加快构建，电力、油气等能源保障能力明显增强，水利设施条件大为改善。产业升级成效明显，特色优势产业集群进一步壮大，初步形成稀土钨新材料及应用、新能源汽车及配套、家具等产业集群。城镇化水平逐渐提高，生态建设和环境保护取得明显成效。

（三）主要经济指标增速高于全国、江西省平均水平

2012~2016 年，地区生产总值由 1508.49 亿元增加到 2194.34 亿元，年均增长 10.3%；规模以上工业增加值由 566.97 亿元增加到 847.9 亿元，年均增长 11.7%；固定资产投资额由 1035.91 亿元增加到 2205.51 亿元，年均

增长 22.9%；财政总收入由 230.82 亿元增加到 366.32 亿元，年均增长 15.2%；一般公共预算收入由 141.28 亿元增加到 243.18 亿元，年均增长 17.2%；进出口总额由 32.89 亿美元增加到 41.12 亿美元，年均增长 7.1%，其中出口总额由 28.39 亿美元增加到 33.91 亿美元，年均增长 6.1%；城镇居民人均可支配收入由 18704 元增加到 27086 元，年均增长 10.8%；农民人均可支配收入由 5301 元增加到 8729 元，年均增长 12.5%（见表 11-1）。

表 11-1　2012~2016 年经济发展指标情况表

指标名称	单位	指标值					年均增幅（%）
		2012 年	2013 年	2014 年	2015 年	2016 年	2012~2016 年
地区生产总值	亿元	1508.49	1684.68	1843.59	1973.87	2194.34	10.3
人均生产总值	元	17873	19866	21708	23148	25611	9.9
规模以上工业增加值	亿元	566.97	635.78	751.94	753.26	847.9	11.7
固定资产投资额	亿元	1035.91	1330.87	1608.77	1892.21	2205.51	22.9
财政总收入	亿元	230.82	280.20	328.53	353.32	366.32	15.2
一般公共预算收入	亿元	141.28	184.37	225.31	245.51	243.18	17.2
进出口总额	亿美元	32.89	33.02	39.03	41.55	41.12	7.1
出口总额	亿美元	28.39	29.16	32.03	33.92	33.91	6.1
城镇居民人均可支配收入	元	18704	20797	22935	25001	27086	10.8
农民人均可支配收入	元	5301	6224	6946	7786	8729	12.5

（四）教育、医疗卫生和社保就业支出得到较大提高

五年来，赣州市民生工程得到了快速发展，人均教育、医疗卫生和社保就业支出分别占全国平均水平比 2011 年占比分别提高 7 个、13 个、2 个百分点；基本公共服务水平各项指标呈明显增长态势，教育、卫生医疗、社会保障等基本公共服务水平快速提高，大部分公共服务水平指标接近中西部平均水平。

第二节　赣州市民生和社会事业评价

一、赣州市民生发展评估

《若干意见》提出的民生工程主要包括农村危旧土坯房改造、农村饮水安全、农村电网改造和农村道路建设、提高特殊困难群体生活水平等方面内容。

总体来看，赣州市把解决好突出民生问题作为振兴发展的首要任务，且取得了明显成果，实现了振兴发展惠及于民的目的。经过近几年的努力，基本完成了所有农村危旧房改造，形成了以公租房为主，廉租补贴、棚户区（危旧房）改造等为辅的住房保障供应体系；解决了农村饮水安全问题，基本实现了农村饮水安全卫生评价和水质卫生监测全覆盖；农网改造升级工程全面完成，初步建立了安全可靠、节能环保、技术先进、管理规范的新型农村电网；农村公路的等级标准和通达深度进一步提高；扶贫攻坚成就明显；一批特殊困难群体生活水平得到提高。

同时，赣南民生问题较多、民生投入欠账大的问题仍然没有得到根本性解决，农村公路等级低，已经远远不能满足农村经济社会发展需要；《若干意见》中明确的在乡退伍红军老战士、失散红军等“两红”人员遗孀定期生活补助政策尚未落实；贫困人口多、贫困程度深、贫困面广，脱贫攻坚难度大，一些重大民生问题仍然需要引起重视并加快解决。建议进一步加大对赣州市改善民生和脱贫攻坚的投入支持，取消对赣州市、县两级民生和社会事业项目的配套资金，持续有效地帮助解决苏区群众普遍关心关注的民生问题。赣州市要把改善民生作为苏区振兴的头等大事，保持较高的民生投入增速和民生支出比例，保障民生问题持续有效解决。

二、赣州市社会事业发展评估

《若干意见》涉及优先发展教育事业、提升城乡医疗卫生服务水平、加快文化体育事业发展、加强就业和社会保障、强化基层社会管理服务五个方面的内容。

（一）教育发展评估

教育事业一直处于赣南苏区振兴发展的优先地位，学前教育、农村义务教育水平有了较大提升，高中、中等职业教育和高等教育获得良好扶植和发展；教育扶贫成效显著，贫困家庭资助面基本实现全覆盖。部省共建教育改革发展试验区建设取得较好成效，但赣州市的教育投入、优秀师资等仍然不足。建议国家进一步支持赣州市建设教育改革发展试验区，加大教育投入。赣州市不断增加教育投入，切实完善基本办学条件，补充和培训更多优秀师资力量。

（二）医疗卫生评估

赣州市城乡医疗卫生服务水平不断提高，医疗卫生体系更加完善，基层医疗卫生队伍不断壮大，配套食品药品检验检测体系趋于完善，公共服务能力不断加强，但赣州市的医疗卫生基础设施建设进度稍缓，基层医疗卫生队伍仍有待进一步加强，建议国家进一步支持赣州市的医疗卫生事业发展，在项目审批、试点示范等方面予以倾斜。赣州市要加强医疗卫生基础设施建设力度，补充和培训更多优秀医疗卫生人才，尽快建成完善的医疗卫生服务体系，加快推进“健康赣州 2030”规划纲要建设。

（三）文化体育评估

赣州市文化体育事业发展速度加快，城乡公共文化设施和公共体育设施得到改善，实现广播电视户户通，各种历史古迹和文化遗产建设和保护力度加大，但赣州市的历史古迹和文化遗产保护尚未实现全覆盖，城乡公共体育设施覆盖率还不高。建议国家进一步支持赣州市文化体育事业发展，加强项目建设。赣州市要加大对历史古迹和各类文化遗产的保护力度，增加投资建设更多的公共体育设施，提高覆盖率。

（四）社会保障评估

赣州市就业和社会保障服务体系更加完善，覆盖群体更加全面，各种公共服务机构、设施建设力度不断加大，但是基层就业和社会保障服务平台以及其他公共服务机构建设速度需加快。建议国家进一步支持赣州市完善就业和社会保障体系，帮助提升社会保障水平。赣州市要加快基础公共服务平台建设进度。

（五）社会管理

赣州市基层社会管理服务不断创新，基层管理经费保障基本到位，服务功能不断拓展，成效明显，但社区服务中心、服务站等综合性基层平台覆盖率仍然较低。建议国家进一步支持赣州市提升基层社会管理服务水平，开展社会管理服务试点。赣州市要加大投入，提高综合性基层平台覆盖率。

第三节　赣州市经济发展评价

一、赣州市农业和城乡统筹建设评估

总体来说，赣州市农业发展态势良好。粮食生产稳定，脐橙产业发展质量和水平得到提高，油茶、毛竹、花卉苗木等特色林业，蜜橘、茶叶、白莲、生猪、蔬菜、水产品、家禽等特色农产品均有较大发展，赣县、信丰县国家现代农业示范区建设初见成效。动植物疫病防控、农产品质量安全检验检测等体系进一步加强。赣州市城镇化水平逐年提高，城镇规划工作进一步增强，新农村建设步伐加快，农业转移人口市民化稳步推进，休闲农业和乡村旅游已成为农民增收的重要渠道，农村劳动力转移就业和创业成效明显。

同时，赣州市农业产业竞争力总体还不强。脐橙产业发展较好但仍缺乏产业链条延伸，产品深加工能力不足；油茶产业品牌效应还不突出，种植效益有待提升；蔬菜产业发展态势较好但没有形成规模效应，尚未真正形成面向东南沿海和港澳地区的重要农产品供应基地。建议国家对赣州市的脐橙、油茶、蔬菜等特色优势农业加大扶持力度，支持建设一批国家现代农业示范区，提高农业科技创新能力。赣州市加快构建现代农业产业的种植、深加工和经营体系，提高农业综合生产能力、资源利用率、劳动生产率和产业竞争力，切实做大做强脐橙、油茶、蔬菜等产业，加快农业大市向农业强市转变。

二、赣州市基础设施建设评估

《若干意见》主要涉及建设赣州综合交通枢纽、加强交通基础设施建设、提高能源保障能力、加快水利基础设施建设四个方面的内容。

总体来说，赣州市加快解决了历史欠账所遗留下来的交通出行困难、电力保障能力低、水利安全有隐患等问题，交通基础设施建设取得显著成效，基本建成以高速公路为主骨架、以国省道为次骨架，以县乡农村公路为脉络的公路基础设施网络，基本形成十字交叉型的铁路网络，铁路运输实现了高速突破；能源保障能力进一步提高，电源及电网建设取得可喜成绩，供电能力大幅提升；水利基础设施建设稳步推进。

同时，赣州市的交通瓶颈制约问题仍然存在，与东部沿海地区、赣北地区的基础设施布局、投入、等级等方面仍有一定差距，高速路网还不完善；能源保障较为单一，能源自身保障能力还不强，能源输送通道薄弱。建议国家从布局、投入、等级等方面对赣州市的交通基础设施建设进行倾斜支持，加快赣深高铁、华能瑞金电厂二期项目的建设进度，支持建设赣广高铁，尽快开工建设鹰梅铁路、神华国华信丰电厂等项目，优化赣州市高速公路网络布局，通过更高效的基础设施服务，提高区域发展竞争优势，引领赣南的区域经济在更高层次上发展。赣州市加强与国家、江西省的对接沟通，拓宽项目投入渠道，引进社会资金参与重大基础设施项目建设，推动重大交通、能源发展换挡提速。

三、特色优势产业发展情况与评估

《若干意见》主要涉及赣州推动优势矿产业发展、加快提升制造业发展水平、促进红色文化旅游产业大发展、大力发展现代服务业、推动产业与城市协调发展五个方面的内容。

总体来说，赣州市优势矿产业平稳向前发展，矿产资源整治整合力度大，钕铁硼磁材、发光材料、稀土陶瓷材料及稀土电机、节能灯具等稀土新材料和应用领域效益逐年提高，以稀土、钨为重点的稀有金属产业竞争力明显提升。制造业水平明显提升，制造业产值逐年提高，新能源汽车、高端装备制造、生物制药、电子信息、家具等产业呈现较好发展势头，“两城两谷一带”产业项目建设对特色优势产业和先进制造业具有很强的牵引作用。红色文化旅游业健康发展，在革命历史文物保护和爱国主义教育景点、教育基地建设，以及公共文化建设等方面逐年加大投入和修缮力度，获批首个国家5A级旅游景区，赣州市在全国红色旅游发展中的地位不断凸显。现代服务业快速发展，金融、物流、电子商务等产业活力不断显现，服务业产值在经济总量中的比重逐年提高。产业与城市协调发展，行政区划调整力度大，城市规划水平不断提高，数字化城市建设取得新成效，中心城区对振兴发展的带动力得到增强。

同时，赣州市的产业基础尤其是工业发展差距仍然较为明显，产业规模小、发展层次低、集中度不高的问题比较突出；现代服务业水平不高，金融创新还有较大差距，现代物流体系还不健全，物流成本较高，一定程度上制约了经济发展。建议国家将产业扶持作为下一步推进赣南苏区振兴发展的重点，支持赣州市实行差别化产业政策，协调央企布局一批关联性较强的重大产业项目，推动科研院所支援产业创新升级，推动赣南尽快提高自我发展能力和水平。赣州市要积极向政策要红利，向市场要动力，加快产业创新升级，加强与珠三角等地的产业合作，提升产业承接转移的水平。

四、改革开放情况与评估

《若干意见》主要涉及赣州创新体制机制、有序承接产业转移和推动开放合作三个方面的内容。

（一）改革方面

赣州市高度重视体制机制创新，并以体制机制创新引领各项工作开展，通过简政放权等大大提高了办事效率，并为产业发展营造了良好的生态环境。通过争取政策支持、积极开展各项试点和示范区工作，积极有序地推进承接产业转移工作，拓展与周边省市地区合作，促进地方特色产业的转型升级，为赣州市企业和产品“走出去”营造了更为良好的发展环境。

（二）开放发展

由于全国经济下行的外部因素，以及赣州市部分特色产业缺少龙头企业、企业产品名牌效应不强、产业发展深度不够等内部因素的影响，赣州市的要素市场建设还不完善，承接产业转移的优势尚未充分发挥。建议国家在深化改革、先行先试、开放合作等方面对赣州市予以大力支持，通过加大力度深化改革，支持开展一批重大试点示范，支持赣州市与广东、福建开展产业合作区域建设，激活苏区振兴发展动力。赣州市要借助国家“一带一路”发展战略的新机遇，进一步完善对外开放的体制机制，积极主动融入开放新格局，加快与沿海发达地区的对接，提升承接产业转移的承载能力和水平。

第四节　赣州市生态发展评价

《若干意见》主要涉及赣州加强生态建设和水土保持、加大环境治理和保护力度、大力发展循环经济三个方面的内容。

一、生态建设和水土保持评估

2012~2016年，完成造林绿化511.4万亩，全面实施天然林保护工程，启动1000万亩低质低效林改造工作。建立林业自然保护区54个、湿地公园19个、森林公园31个。赣州成为国家木材战略储备生产基地，共有9个县列为国家木材战略储备县，完成建设任务4.05万亩。开展了东江源、赣江源和赣南二期森林重点火险区综合治理等项目建设。赣州市省级以上自然保护区、森林公园的建设；赣州是水土保持改革试验区，18个县（市、区）全部列入“赣州市国家水土保持重点建设工程”，开展了赣南崩岗侵蚀防治和水土保持生态修复试点，水土保持生态修复面积2799平方公里。编制完成了《赣江、东江源水生态系统保护与修复治理行动计划》，到2016年，共有6个水产种质资源保护区被列为国家级保护区。瑞金、上犹列入全国生态文明示范工程试点，2011~2017年，移民搬迁计划29万人，已经完成搬迁入住21万（其中2017年8.8万人正在实施中）。全面完成库区1246户4988名“水上漂”移民上岸安置工程。评估认为，赣州市生态建设和环境保护工作取得了阶段性成果。全面实施了天然林保护工程，森林总量增加、森林质量提升；扎实推进了自然保护区、湿地公园和森林公园建设，加强了生物多样性保护。

二、环境治理和保护力度评估

2012~2016年，赣州市矿山环境综合治理项目14个，资金6.58亿元，目前已完成施工的项目3个，正在施工的项目11个。赣州市投入城镇污水管网建设资金20.7亿元，共建成污水管网1130公里，2016年城镇污水处理率达到86.46%，比2011年提高14个百分点，新增污水处理规模18.5万吨/日，污水处理能力达到46.75万吨/日。在16个需建设工业园区污水处理设施的县（市、区）中，8个项目开工建设，8个项目正在推进前期工作。赣州市获得中央重金属污染防治专项资金5.55亿元，共治理项目94个，淘汰关停有色加工企业91家，累计消减重金属排放量281.31千克，年度消减比例达到3%以上。此外，开展区域性大气污染联防联治工作，在中心城区划定“高污染燃料禁燃区”，禁燃区总面积62平方公里，占建成区面积的69.6%。淘汰燃煤锅炉233台（479.73蒸吨）。总体来说，赣州市环境保护基础设施建设取得重大进展，环境管理能力明显提升，主要污染物排放总量得到有效控制，重点领域节能减碳得到加强，重点流域和区域环境质量得到改善，水土保持改革试验区建设成效明显。

三、循环经济发展评估

国家发展改革委、财政部将赣州经济技术开发区列为2013年国家循环化改造示范试点园区，安排子项目33个，目前已建成项目21个，在建项目3个，8个园区列为省级园区循环化改造试点。此外，国家发展改革委批复了《赣州市低碳试点工作实施方案》，扎实开展低碳城市建设工程，到2016年，化肥农药施用量减少（折纯）23.85万吨，农业面源污染初步得到遏制。总体来说，通过努力，赣州循环经济得到快速发展，赣州市为建设我国南方地区重要的生态屏障做出巨大贡献。

但是，赣州市生态环境脆弱的状况尚未根本改变，森林质量不高，生态系统功能修复任务较重，绿色产业发展的基础薄弱。建议国家进一步支持赣州市建设全国生态文明试验区，在低质低效林改造、水土保持、生态修复、江河治理、水源地保护和农业面源污染等方面加大对赣州市的支持力度，支持开展重点流域水环境综合治理和可持续发展试点。赣州市要处理好加快振兴发展与保护生态环境的关系，加强生态保护和修复治理，提升森林生态功能，推动生态与经济融合发展。

第五节　赣州市政策扶持情况与评价

《若干意见》主要包括赣州市执行西部大开发政策、财税政策、投资政策、金融政策、产业政策、国土资源政策、生态补偿政策、人才政策、对口支援政策等方面。

一、实施情况

（一）赣州市执行西部大开发政策

截至2016年底，共梳理赣州市执行西部大开发政策163项，除差别化产业政策外，已基本落实到位。落实西部大开发税收政策方面，财政部、海关总署、国家税务总局明确从2012年1月1日起赣州市执行西部大开发税收政策，累计为符合条件的1762户（次）企业减免企业所得税17.6亿元，为企业减免关税2.5亿元。落实西部大开发转移支付政策方面，全面梳理中、西部地区存在差异的财政转移支付政策，已落实政策49项。

（二）财税政策

2012~2016年，中央和省下达赣州市各类补助资金1852.5亿元，年均增幅达19.1%。2017年省财政已下达第一批均衡性转移支付资金1.96亿元，加上基数部分35.86亿元，全市均衡性转移支付总额达37.82亿元。赣南等原中央苏区补助资金32亿元；2013~2015年中央专项彩票公益金项目资金9.6亿元，财政部已表示“十三五”期间将继续给予中央专项彩票公益金支持，支持力度不小于“十二五”期间。将赣州纳入全国唯一的稀土开发利用综合试点城市，中央财政2013~2015年共安排9.52亿元支持资金；将赣州市纳入国家首批山水林田湖生态保护修复试点，中央财政已下达基础奖补资金20亿元，后续还将给予差异性奖补支持；国家重点生态功能区转移支付31.96亿元；东江流域国土江河综合整治试点资金5.26亿元；东江流域生态补偿中央奖补资金4亿元；化解公益性债务补助资金1.79亿元，将公益性基础设施国债转贷资金158.79亿元转为拨款。2016年省财政转贷赣州市新增债券额度51.14亿元，同比增长43.6%，2017年新增债券额度省财政正在测算分配；2016年省财政转贷赣州市置换债券额度共75.57亿元，2017年省财政转贷赣州市第一批置换债券额度46.39亿元。

（三）投资政策

2013 年至 2017 年 4 月底，上级下达经济建设专项补助资金约 213.3 亿元。国家、省发展改革委在铁路、公路、能源等重大项目审批核准上给予倾斜支持，明确对赣州市申报中央预算内投资计划执行西部大开发政策大力支持。由中央财政计算的赣州公益性建设项目补助资金按西部政策标准从 66.7%提高至 80%，地方 20%配套原则上由江西省财政负担；2012~2016 年共争取上级财政扶贫资金 41.53 亿元。公路、水利、民航等项目投资补助标准均按西部大开发政策标准执行，中央财政加大了对原中央苏区县铁路投资计划的实施。

（四）金融政策

赣州市政府与国开行、工商银行、中国银行等银行业金融机构签署“十三五”期间向赣州投放 1675 亿元信贷资金的战略合作协议，截至 2017 年 3 月底，全市银行业金融机构各类贷款余额 3057.58 亿元，比“十二五”期末新增贷款 760.03 亿元，增长 33.08%。同时，根据《赣州市银行业金融机构支持地方经济发展考核奖励办法》，每年对各银行信贷支持地方经济发展进行考核奖励。险资运用：一是险资支农支小，赣南金融交易中心与人保资本积极合作，通过“资产证券化模式”推动总规模 5 亿元“险资支农支小”项目在赣州试点；二是险资支持大项目，赣州城投集团与太平洋资产管理有限责任公司合作，以城投集团子公司——赣州振兴实业有限责任公司作为融资主体融资 18 亿元。自 2012 年以来，赣州市通过发行各类企业债券、中期票据等直接融资成功融资 437.87 亿元。中国农业银行、中国工商银行、交通银行、深圳证券交易所、中国基金业协会等机构与赣州市签订战略合作协议，一批金融政策措施在赣州落地见效。

（五）产业政策

2016 年 9 月 21 日《国家发展改革委办公厅关于江西省需支持办理事项有关情况的函》已明确拟定出台“赣州市鼓励类产业目录”。2015 年，赣州市争取到崇义章源投资控股有限公司碳纤维增强碳化硅陶瓷基复合材料构件产业化项目2361万元。2012~2016年上级下达赣州国家工业中小企业技术改造项目、中央预算内投资服务业发展引导资金项目、产业协调项目省基建投资计划项目等项目资金4694万元。

（六）国土资源政策

建设用地保障方面，国土资源部连续四年支持赣州市开展土地利用总体规划定期评估与适时修改，进一步优化赣州市用地空间，解决重点项目选址与原规划不符的问题；连续5年给予“调结构、转方式、保民生”重大项目用地计划支持，累计下达专项用地计划3.06万亩；将赣州农村危旧土坯房改造项目用地纳入全国保障性安居工程，实行应保尽保，下达专项用地计划2.16万亩。土地利用方式改革创新方面，支持赣州同时开展城乡建设用地增减挂钩、低丘缓坡荒滩等未利用地开发利用和工矿废弃地复垦利用“三项试点”，2012~2016年，连续5年开展低丘缓坡荒滩等未利用地开发利用试点，争取试点规模3.99万亩、工矿废弃地复垦利用规模1.37万亩，2009~2016年，连续8年开展城乡建设用地增减挂钩试点，争取试点规模5.8万亩。

（七）生态补偿政策

国务院将东江开展跨地区生态保护补偿试点事宜明文列入《关于健全生态保护补偿机制的意见》（国办发〔2016〕31号），财政部、环保部推动江西、广东两省政府签署了《关于东江流域上下游横向生态补偿的协议》，2016~2018年试点期间，赣州市东江源区最多可获得奖补资金15亿元，其中2016年已下达中央奖补资金4亿元。2016年8月，经国务院批复，赣州市南康、赣县、信丰、宁都、于都、兴国、会昌、石城、瑞金九个县（市、区）纳入国家重点生态功能区转移支付范围，并进入中央财政补助基数；2012~2016年，国家重点生态功能区转移支付31.96亿元。启动实施国家山水林田湖生态保护修复试点；2012~2016年，国土资源部批准立项废弃矿山植被恢复治理和生态治理工程等项目14个，资金6.58亿元。从2015年起，国家级和省级生态公益林管护支出标准由2014年的17元/亩提高到20元/亩。公益林补助资金30054.13万元已下达各县（市、区）。2016年、2017

年国家级和省级生态公益林管护支出标准仍为20元/亩，两年补助资金60040.85万元已下达各县（市、区）。

（八）人才政策

中央国家机关及有关单位下派两批共79名挂职干部对口支援赣州，通过集中调训、跟班培训、送教下乡等方式，为赣州开展领导干部及专业人才培训110余期，培训学员5500人次，开展专业人才交流7900余人次。2012~2016年，共选派106名干部（厅级12名、县处级51名、科级43名）到中央国家机关、央企、省级金融机构、沿海发达地区挂职锻炼。2012年全国行政机关公务员特色实践教育基地正式挂牌成立，2013年设立瑞金干部学院，增挂瑞金廉政教育学院和瑞金国家公务员培训中心牌子。国家离子型稀土资源高效开发利用工程技术研究中心、国家脐橙工程技术研究中心和国家钨与稀土产品质量监督检验中心等七个“国字号”的科研平台相继落户赣州，先后建立了10家院士工作站（其中6家为省级院士工作站），5家博士后科研工作站，共柔性引进院士11人，以及“千人计划”专家、国贴省贴专家、博士研究生等急需紧缺高层次人才596余人，聘请国内外顶级专家为市政府或企业顾问60多名。

（九）对口支援政策

国务院办公厅印发《中央国家机关及有关单位对口支援赣南等原中央苏区实施方案》，明确由国家发展改革委和中央组织部牵头，39个部委对口支援赣州市18个县（市、区）、赣州经济技术开发区，其中39个部委中有26位主要领导、副职领导73人次到赣州调研指导，出台88个具体对口支援文件，为赣州量身定制扶持措施，给予了全方位支持。

二、政策执行评价

总体来说，国家对赣州市的政策扶持针对性强、力度大，执行西部大开发、财税、投资、金融、产业、国土资源、生态补偿、人才等领域的扶持政策在赣州市得到较好落实，为加快振兴发展提供了政策动能。对口支援成效明显，国家部委、江西省和赣州市形成了支援工作合力，一批对口支援的政策、资金、项目和人才得到落实，有力加快了赣南各县（市、区）发展。

由于诸多因素，差别化产业政策在赣州市尚未落实，央企帮扶力度还不大，一些扶持政策落实仍需加大力度。建议国家支持赣州发展产业，加大科研院所对口支援、央企对口支援赣州市的力度。赣州市要积极完善政策落实条件，加快扶持政策转化力度。

第十二章

赣南苏区振兴发展面临的关键问题

五年来，经过赣州市人民的共同努力，赣南苏区振兴发展取得了阶段性成效，但横向比较，又存在很大差距，主要体现在经济总量偏小、人均GDP水平较低，产业层次不高，主导产业辐射性不突出。赣南苏区区域积聚作用还不显著，“一区两群”的战略效应和赣州城市经济辐射效应还没有凸现出来。此外，赣州市民间投资还不够活跃，实体经济仍然面临不少困难；赣南苏区创新能力不足，创业氛围还不是特别浓厚，新经济、新业态发展较为缓慢；城乡规划建设和管理水平有待提高；脱贫攻坚任务依然繁重；有些干部不作为、慢作为、乱作为，担当意识不强。

第一节　民生发展与扶贫攻坚存在的问题

一、贫困发生率较高，扶贫攻坚任务艰巨

到2016年底，贫困人口占全省的34.8%、约为全国的1%，贫困发生率为5.7%，分别高于全省、全国的2.4个、1.2个百分点。赣州市贫困人口规模大、贫困程度深的状况尚未根本改变。到2017年7月底，赣州市仍有贫困人口14.69万户、50.39万人，贫困人口占全省的37.7%，贫困发生率比全国高出47%，比全省高出76%，仍然是全国较大的集中连片特殊困难地区之一。全市各地都不同程度地分布有贫困人口、贫困村，但又相对集中于重点扶贫攻坚地区，11个重点扶贫攻坚县（市、区）有贫困人口40.86万人，占全市贫困人口总数的81.1%。全市仍有深度贫困村458个，其中贫困发生率高于15%的贫困村和25%以上的农户仍住土坯房的行政村有153个，贫困发生率高于10%的非贫困村有305个。这些深度贫困村地处偏远，几乎都是集体经济空壳村，贫困人口多，居住条件差，基础设施年久失修，多数村小组未通水泥路，不少农民喝不上安全饮用水，村里缺乏基本医疗设备和合格医护人员，村容村貌落后。深度贫困户致贫原因很多，

其中因病因残致贫的最为突出，合计占57.7%，其次是缺技术、缺劳力、缺资金致贫，这三者共占33.85%。总体来说，赣州市贫困面相对较广，贫困程度较深，需要实行兜底保障的贫困人口较多，薄弱的赣州财政支撑困难，扶贫攻坚任务艰巨。

二、民生建设和公共服务领域难点多

（一）城乡居民社会养老保险标准低

当前，赣州市城乡居民每人每月基础养老金仅80元，比全国平均水平低33.3%，在革命老区市中处于靠后位置，每年不足1000元，仅为低保的四分之一，远不及国家扶贫标准线，难以保障基本生活。社保资金缺口大，2016年城镇职工养老保险基金缺口达13.61亿元；全市认定的40.7万被征地农民中，24万人已参加基本养老保险，目前部分县市区仍有5.9亿元配套资金未转入养老保险基金，另有约16万人至今没有参保，需要配套补贴资金近百亿元；实施健康扶贫的资金压力大，每年需要市县财政筹资4亿元为贫困人口购买疾病补充保险，加重了财政压力。

（二）留守儿童的健康堪忧

赣州是劳务输出大市，全市近50万留守儿童，长期隔代监护或单亲监护，甚至委托亲戚或邻居照管，很不利于他们健康成长。留守儿童中6~24月龄幼儿营养摄入量不足，导致低体重率、生长迟缓率、贫血患者率明显高于非贫困地区，其他微量营养素缺乏的状况也不容小觑。

（三）卫生基础设施薄弱

2016年全市每千人病床为4.5张，在8个革命老区市中排在第七位，县级医院千人床位仅1.5张，两者间的差距更大。基层医疗卫生机构业务用房中仍有2.58万平方米危房。市医疗急救中心业务用房面积仅800平方米，与国家卫计委关于急救中心房屋建筑面积不少于2150平方米的基本要求相差甚远。

（四）教育事业落后

学前教育资源严重不足。全市1089个村小附属幼儿园（班）师资少、条件差，与农村幼儿园办园标准相比差距较大。要实现学前三年入园率达到85%、普惠性幼儿园覆盖率达到80%左右，还需新建公办幼儿园466所、扶持普惠性民办幼儿园1500所。义务教育均衡发展任务重，大班额问题突出，全市初中大班额和特大班额占到了73.97%。18个县（市、区）中有6个县实现义务教育基本均衡，仅占33.3%，远低于全国64%、全省57.1%的通过率；还有12个县（市、区）未通过国家评估认定，占全省四分之一。农村教师待遇低，工作条件艰苦，农村学校每年开学季都因教师不足，要耗费大量精力寻找代课人员，多数农村教师都没有享受到2002年省政府设立的艰苦边远地区农村中小学教师特殊补贴。教育兜底力度不够。全市现有学前建档立卡幼儿28469人，每年需资助资金4270.35万元，中央和省仅解决2100万元，缺额一半。资助政策存在盲区。按国家政策，在义务教育阶段，只有贫困家庭寄宿生才能享受生活补助，全市有10.2万名义务教育阶段贫困家庭非寄宿生得不到生活补助。

第二节　经济发展面临的问题

一、经济总量较小，财政收入偏弱

赣州市人口和土地面积分别占全省的1/4和1/5，主要经济指标占全省1/10的落后面貌至今没有改变。2016年，赣州地区生产总值2194.34亿元，仅占全国的0.29%、江西省的11.9%；人均地区生产总值25611元，仅为全国的47.5%、江西省的63.9%；人均财政总收入仅为全国的36.9%、全省的62.3%；农村居民人均可支配收入仅为全国的70.6%、全省的71.91%。从人均水平看，不仅多数指标深陷于全省的谷底，而且在全国革命老区中也处于靠后的位置。全市人均GDP为25611元，与延安、遵义、百色、临沂、黄冈、三明、龙岩等市相比，排在最后一位，只及第一位（三明市）

的35%；人均固定资产投资25741元、农民人均可支配收入8729元，均排在最后一位，为并列第一位的三明市和龙岩市的30.5%及60.5%；人均规模以上工业增加值9896元、人均社会消费品零售总额9223元，均排在倒数第二位，为并列第一位的延安市和龙岩市的20.3%及33.1%；城镇居民人均可支配收入27086元，排在倒数第三位，只及第一位（龙岩市）的89%；人均财政总收入4275元，排在第四位，只及第一位（延安市）的28%。经济发展滞后、人均水平低，这是赣南苏区同步小康面临的最大困难。

二、全面小康进程远远滞后，追赶难度加大

小康监测初步数据显示，2016年赣州全面小康总体实现程度为80.49%，分别比全国及全省低13.8个百分点和7.7个百分点，约相当于全国2010年的水平、全省2013年的水平，比全国落后6年，比全省落后3年。衡量全面小康建设的五项一级指标都不同程度地低于全省平均水平。其中，经济发展实现程度仅74.08%，比全省低6.42个百分点；民主法制实现程度仅79.28%，比全省低13.12个百分点。文化建设实现程度仅73.61%，比全省低9.49个百分点。列入全面小康进程监测的35个指标中，有9个指标的实现程度在33%~66%之间，还有三分之一以上的路程差距，特别是反映经济发展水平的重要指标——人均GDP，只有目标值的一半。预计2020年赣州市全面小康实现程度为88%左右，同步小康难度很大，追赶的路上存在重重难关。

三、投资依赖症致使动力单一、效益低迷

由于长期习惯于靠投资拉动经济增长，进入新常态后又未能及时转变经济增长方式，不少地方的投资依赖症越来越重，逐渐从投资主导变为投资主体，甚至出现固定资产投资规模超过当地经济总量的情况。2016年，赣州市固定资产投资增速为23.5%，比全国高出15.4个百分点，比全省高出9.5个百分点，资本形成对经济增长的贡献率达80.6%，分别比全国及全省高出38.41个百分点和30.32个百分点；全市人均社会消费品零售总额分

别只及全国的 38.3%、全省的 63.7%，并且呈现下降趋势，消费对经济增长的拉力过弱；而货物和服务净出口则出现巨额负值，为-58.4%。更需引起重视的是，全市固定资产投资占 GDP 的比重已经超过 100%，达到 100.5%。这意味着固定资产投资不仅失去了乘数效应，还出现了投入大于产出的问题，这是新中国成立以来固定资产投资史上罕见的现象。同期，全市劳动生产率为 39107.8 元/人，比全国低 58.8%，比全省低 43.8%，在全省十一个设区市中最低。一些投资未能用于苏区振兴发展，而是用于形象工程。不少苏区县的楼堂馆所富丽堂皇，县城建设像东部，农村面貌像西部。脱离实际的造林绿化“一大四小工程”，各县（市、区）平均耗资过亿，公路两旁十几米宽的绿化带占用了大量的农田，不少还是立有保护碑的基本农田。这些非法占田的绿化树本可用于需要绿化的城镇，但这些县却舍近求远，另花巨资到外地甚至是外省买树种植。有的贫困村不思发展经济挖穷根，却将宝贵的帮扶资金用于重复建设村委会办公用房，小小村庄居然搞两个文化广场。

四、工业实力不强，创新能力较弱

赣州工业实力不强，产业集聚度不高，产业结构单一；重大产业项目偏少，战略新兴产业规模较小，优势骨干企业不多；自身“造血”功能亟待加强。三次产业结构比为 14.6∶42.7∶42.7，工业是经济发展的最大短板，规模以上工业增加值仅占全省的 10.9%，工业化率低于全省 4.4 个百分点，还没有主营业务收入过百亿元的大型企业，到 2020 年基本建立现代产业体系还有较大差距。稀有金属产业核心竞争力欠缺，传统的稀土、钨等有色产业占工业产值的 40%以上，但稀土企业产品同质化严重，加工环节发展滞后；高端装备制造、生物医药等战略性新兴产业发展时间短、经济体量小，产业公共服务平台能力弱，科技企业孵化基地、小微企业创业创新基地等创新载体不多，创新创业环境还有较大差距，缺少物联网、云计算中心和大数据中心等信息技术支撑平台。R&D 经费支出占 GDP 比重为 0.79%，分别低于全国、全省 1.28 个百分点、0.25 个百分点。

五、基础设施薄弱，综合交通运输体系不完善

（一）交通运输体系问题

赣州综合交通运输体系尚未完全形成，对外快速运输通道制约依然较为严重。上犹、崇义、安远、全南、宁都、寻乌和石城县七个县未通铁路，铁路运营总里程仅占江西的13.8%，仅为全省平均水平的58.3%；信丰至南雄、寻乌南桥至广东龙川、寻全西延等几条出省高速公路还未打通，昌赣粤高速等级低、塞车严重；国省道技术等级不高，三级及以下公路占45%以上，部分路段破损严重；普通国省道二级及以上公路比例仅为55.8%，低于全省平均水平2.1个百分点，还有1500公里普通国省道、1.3万公里农村公路需要升级改造；赣州黄金机场原设计年旅客吞吐量为49万人次，2016年旅客吞吐量达108万人，超出规划设计能力。赣江航道尚未实现三级通航，水路运输基本处于断航状态，其融入长江黄金水道任重道远。

（二）能源基础设施能力不足

2016年最高用电负荷达到240万千瓦，2020年将达388万千瓦，电力缺口大，供需矛盾突出；虽然形成了500千伏骨干网架，但仍为链式结构，可靠性低；220千伏、110千伏网架覆盖面不够，变电站分布不均衡，电网受电能力和变电容量严重不足；电源结构较为单一，主要是火力发电，水电、风电、光伏发电有一定发展，但规模较小。

（三）水利基础设施

赣州市水利设施防灾减灾能力仍然较弱，约有40%的人口、15%的耕地和3.14%的工农业总产值直接受洪水威胁；有近150万亩农田灌溉得不到有效保障，农业灌溉水利用系数在0.48以下，低于全国、江西省平均水平；有64座新出现病险水库和108座病险水闸亟待除险加固。

第三节 区域平衡和区域联动问题

一、赣州市各区域发展不平衡问题还比较突出

（一）GDP 差异比较

2017 年，赣州市各地区差异非常大。人均 GDP 高值区包括“章贡区”“大余和崇义”和“三南（全南、龙南、定南）”赣南东都为低值范围。例如，赣州章贡区 2017 年人均 GDP 为 72277 元，而石城县人均 GDP 仅仅只有 18497 元，其相差接近 4 倍，与其接壤的宁都县和瑞金市人均 GDP 分别为 20051 元和 23478 元。赣州中心县域章贡区 2017 年农村人均可支配收入为 14078 元。近年来，各地经济增长速度都接近 10%，但由于前期基础差别大，导致不平衡发展问题突出。

（二）财政收入差异比较

从财政总收入来看，赣州市各区域之间差异非常明显，出现两个高值区域，分别是“章贡、赣县和南康”区域和瑞金区。

如图 12-1，2017 年章贡区财政收入最高达 40 亿元，而上犹、安远、寻乌、石城不足 10 亿元，前者约为后者的 4 倍。从财政收入增长率来看，“三南”增幅在 25% 以下，赣州财政收入平均增幅超过 30%。然而“三南”2017 年 GDP 比 2013 年增幅超过 40%，与赣州市平均增幅齐平。主要原因是瑞金、兴国、于都等大部分经济落后县为国家贫困县，在扶贫攻坚的背景下获得更多国家转移支付，从而使其财政收入快速增长。

（三）农村居民收入差异比较

近年来，赣州市农村居民收入差距非常明显。以 2017 年为例，农村居民收入高值区在章贡区、信丰县，次高值区瑞金市、南康区、龙南县，中低值

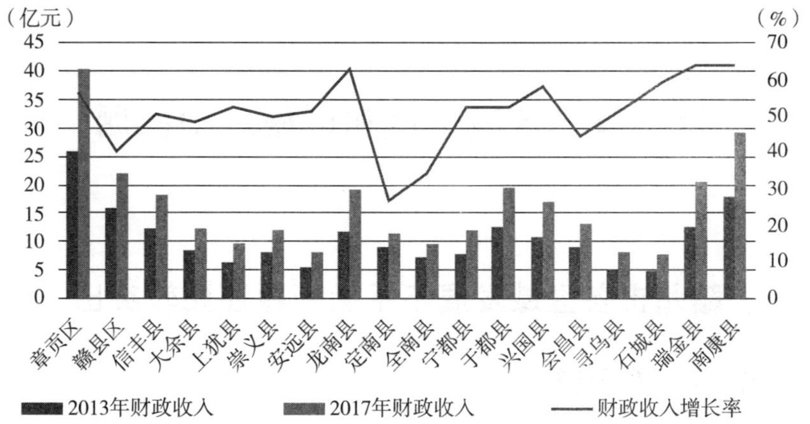

图 12-1　赣州市各县（市、区）财政总收入

区在兴国县、于都县、宁都县、会昌县、安远县、寻乌县等地区，低值区在石城县、全南县等（见图 12-2）。

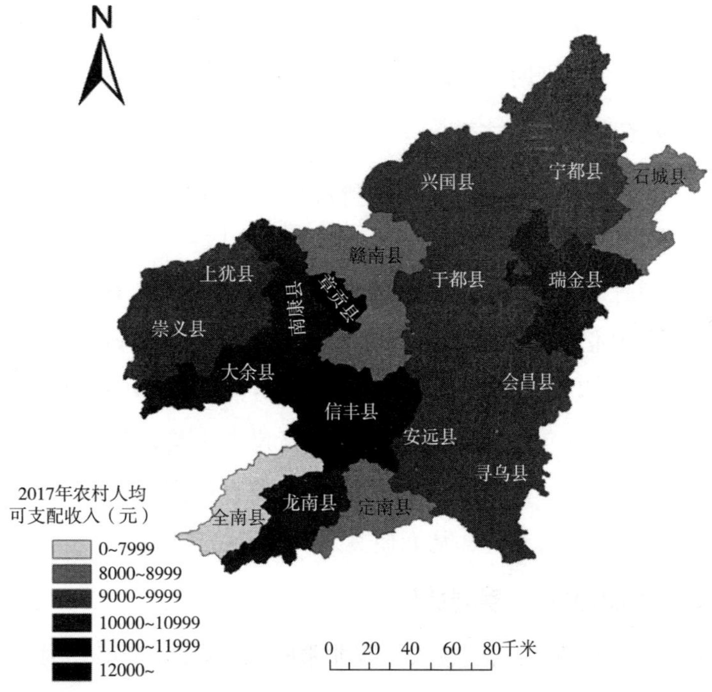

图 12-2　2017 年农村人均可支配收入（元）

全南县农村人均可支配收入为 7802 元，而其邻近县龙南县和信丰县分别为 10481 元和 11909 元。从以上数据很容易看出各县域之间存在着巨大的差距，即便是相邻的县也是如此。

值得一提的是，2017 年瑞金市、兴国县和于都县农村和城镇人均可支配收入排名在前 10 名，处于中高值区域范围，而其人均 GDP 都低于前 10 名，凸显了国家转移支付对其城镇和农村居民收入的影响（见表 12-1）。很显然，这种收入增收状况缺乏可持续性。

表 12-1　各地人均 GDP 排名

排名	人均 GDP	城镇人均可支配收入	农村人均可支配收入
1	章贡区	章贡区	章贡区
2	龙南县	信丰县	信丰县
3	崇义县	南康区	大余县
4	定南县	瑞金市	龙南县
5	大余县	龙南县	瑞金市
6	全南县	赣县区	南康区
7	赣县区	定南县	于都县
8	南康区	于都县	兴国县
9	信丰县	大余县	会昌县
10	上犹县	兴国县	赣县区

二、赣州各区域集聚效应不明显

（一）区域自相关系数不高

如表 12-2 所示，2009~2012 年的 Moran's I 为 0.13 左右，2012~2017 年的 Moran's I 为 0.18 左右，这说明赣南苏区区域之间经济聚集程度有所提升，这也客观反映了 2012 年《若干意见》出台后，赣州各区域之间经济联系有所提升，区域之间结构化、封闭性经济体系朝着开放性的经济转变。但是，赣州市各区之间 Moran's I 系数低于 0.196，说明各区之间相关性还不是特别强，区域集聚程度还有待提高。

表 12-2　2009~2017 年赣州区域自相关 Moran's I 系数

年份	2009	2010	2011	2012	2013	2014	2015	2016	2017
Moran's I 系数	0. 1185	0. 1313	0. 1563	0. 1342	0. 1827	0. 1840	0. 1891	0. 1819	0. 1713

（二）赣州市各地冷点聚居，热点分裂

以人均 GDP 为变量，计算出 2009 年、2013 年和 2017 年时间断面的赣南苏区各县域单位 Getis-OrgG_i * 指数，并用自然间断点分级法（Jenks）将 G_i^* 指数由高至低分为 4 类，得到赣南苏区经济发展冷热点演化图（见图 12-3）。

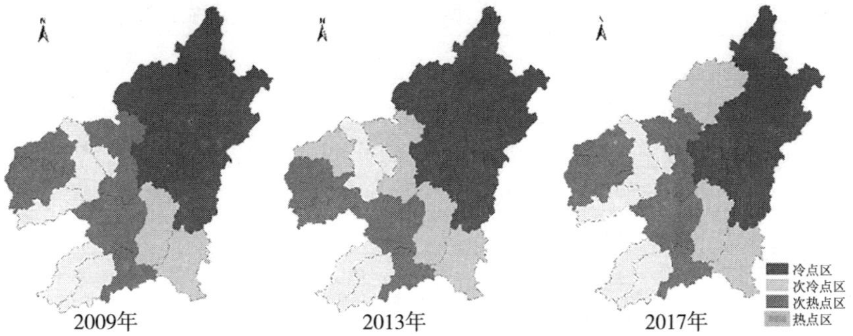

图 12-3　赣南苏区经济发展冷热点格局演变

赣南苏区经济发展热点区整体空间格局呈波动变化趋势。其中 2009 年和 2017 年热点分布大致相同，从热点的数量来看，2009 年和 2017 年热点区域个数都为 5 个，仅 2013 年热点数量减少 1 个，热点区主要分布在赣州南部以及赣州西部，两者处于分割状态，但冷点区大片集中在赣州北部以及东部区域边缘地区。这说明赣州经济热点经济对冷点经济辐射作用不明显，区域经济集聚程度不高。

三、"一区两群"发展战略效应没有显现

（一）一区一群处于"扩散型和极化型"，一群属于"传染型"

通过 Moran 散点地图可将各个地区的经济发展水平分为四个象限的集聚

模式，Moran 散点图的四个象限表达了某一点（区域）和其周围点（区域）四种类型的局域空间联系（见图 12-4）。

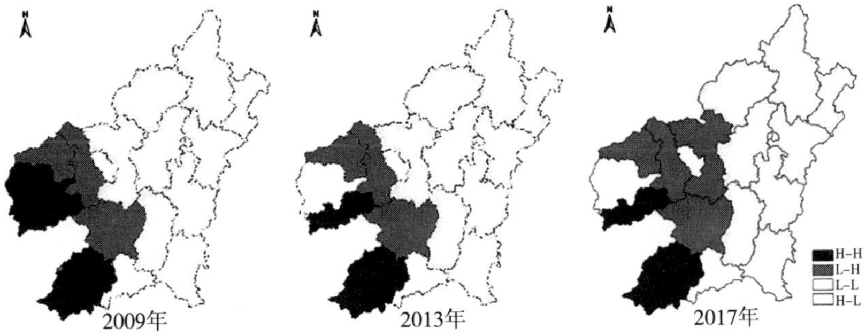

图 12-4　赣南苏区区域人均 GDP 的 Moran 散点地图

我们可以看到，以“章贡”为核心的赣州发展呈现良好发展状态。章贡处于“极化”状态，显现增长极的基本特征，带动南康区和赣县区由“传染型”转向“沉陷型”。同时“三南”地区一直处于“扩散型”和“极化型”中，是驱动赣南经济发展重要板块。但“瑞金、会昌、石城、安远”等赣东地区长期处于“低谷区”，瑞金对其他三县的辐射作用不明显。因此，赣州西区和赣州南区发展潜力不错，但“赣州东区”板块缺乏增长“迹象”。

（二）赣南和赣西处于中高水平发展区，但赣东区处于“中低水平”发展区

为了反映赣南苏区经济发展水平的空间格局及其变化，研究以 2013 年和 2017 年县（市、区）人均 GDP 数据，参照世界银行的区域经济分类方法和标准，按区域人均 GDP（本文分别采用赣州历年人均 GDP 数据）的 50%、100%、150%依次将各县（市、区）划分为低水平发展区、中低水平发展区、中高水平发展区、高水平发展区。

从图 12-5 中可以看出，赣南中高水平发展区域面积增多，中低水平发展区域面积下降。赣西南康区和赣县区由中低发展水平步入中高水平。然而，赣东大部分地区仍然处于中低收入水平，这迫切需要赣州市加大对赣东北改

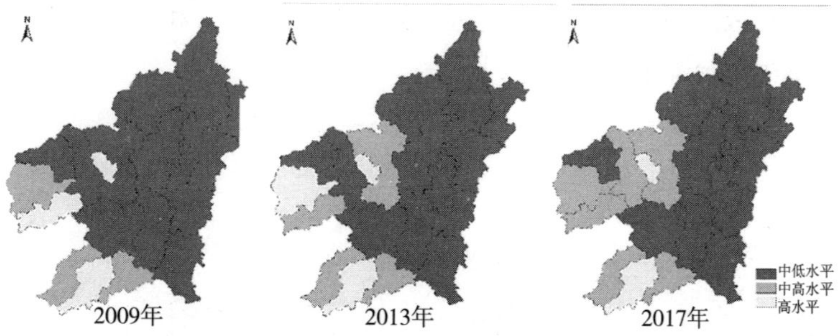

图 12-5 赣南苏区区域经济发展水平空间格局

革力度，搞活以“瑞金”为核心的赣东经济板块是缓解赣南经济发展的关键。

第四节 生态建设面临的问题

赣南地区属于南方丘陵地区，受地质作用影响，地形地貌以山地、丘陵为主，兼有盆地。山地、丘陵面积占了全区总面积的83%，其中山地总面积达8555.23 km^2，约占全区总面积的21.9%；丘陵总面积达23873.35 km^2，约占全区总面积的61.1%。全区地势呈现出周高中低、南高北低的态势，四周山地环绕，中部丘陵绵延，其间分布着近50个大小不等的红壤盆地。赣南处于江西省生态脆弱区，生态脆弱性大体呈现出由南向北增加的趋势，北部的生态脆弱性普遍高于南部地区。同一时期不同县（市、区）的生态脆弱度差别较大，具体如下：

一、自然灾害频发

赣南的自然灾害主要是旱涝灾害和风、雹、低温冷害。相对而言，赣南无严寒，但强寒潮南侵时也造成严重冷冻危害，病虫害也时有发生。据江西省民政厅1954~1978年自然灾害成灾情况统计，水灾和旱灾是区内最重要的自然灾害。区内以山地丘陵为主，洪涝灾害和旱灾除了给农业生产造成重大损失以外，在某种程度上还加剧了区域生态环境的脆弱性。

二、水土流失严重

水土流失不仅直接危害人们的生产生活，而且随着水土流失的进行，将导致区内土层变薄、肥力下降、水旱灾害愈加频繁，不仅制约了当地的经济发展，而且加剧了区域的生态脆弱性程度。赣南地区处于亚热带南缘，雨量大、暴雨多，加之陡坡多，土层薄、透水性能差、可蚀性强，在多种因素的共同驱动下，本区是江西省水土流失最严重的地区。2011 年全国第一次水力侵蚀普查成果数据显示，赣州水土流失面积达 7816.6 km^2，占全省（26496.87 km^2）水土流失面积的 29.5%。其中，轻度、中度、强烈、极强烈和剧烈侵蚀面积依次为 4143.36 km^2、2232.84 km^2、1103.75 km^2、293.43km^2、43.29 km^2；水土流失主要集中分布在宁都、于都、赣县和兴国 4 个县（区），单这 4 个县（区）的水土流失面积就占了本区水土流失总面积的 40%。此外，长期以来的经济活动（如开矿、陡坡开荒、毁林开垦等）严重破坏了地表植被，加剧了区域水土流失的强度。

三、生态治理的难度巨大

赣南是一个矿产资源丰富的地区，享有世界钨都、稀土王国的美誉。当前，要大力开展矿区治理，任务艰巨，环境保护压力大，也需要大量资金投入。赣州境内的章江、贡江、赣江等河流是鄱阳湖水系的重要组成部分，东江是香港和珠江三角洲的主要饮用水水源地之一，是水源涵养生态功能保护区。虽然生态环境与水质总体良好，但江河源头地区生态系统比较脆弱。随着经济社会的加快发展，资源环境约束日益突出，需要进一步保护。

当前，赣州市废弃矿山治理工程全面推进，赣州市（中心城区）、会昌县列为省级循环经济示范城市，瑞金经开区、于都工业园区列为省级园区循环化改造试点。赣州市医疗废物集中处置中心异地技改（搬迁）项目、信丰工业固体废物处置中心项目和赣州市中心城区污水处理厂污泥无害化处置项目、农村环保项目都需要大量资金投入，这将成为制约赣州发展的重要因素。

第十三章

赣南苏区振兴发展的思路与对策

赣南苏区在振兴发展的道路上取得巨大成绩，然而作为全国较大的集中连片特殊困难地区之一，赣南苏区振兴还有很多艰巨的任务。要实现苏区振兴，一方面仍须自强不息，艰苦奋斗；另一方面，需要加大帮扶力度，精准施策，务求实效。

第一节　民生发展与扶贫攻坚策略

一、聚合各方力量打赢脱贫攻坚战

赣南贫困人口基数大，在全国、江西省都占有一定比例。笔者建议国家、江西省立足“没有赣南的小康，就没有全省、全国的小康”，加大对赣南脱贫攻坚的支持力度，在扶贫投入、兜底保障、产业扶贫、金融扶贫、社会扶贫等方面予以帮扶，切实形成扶贫合力，彻底解决赣南贫困面大、贫困程度深的问题。建议赣州市将脱贫攻坚作为新阶段振兴发展的首要任务，将《若干意见》政策倾斜到扶贫领域，把政策资源用在刀刃上，认真总结好扶贫攻坚的经验，大力建设全国革命老区扶贫攻坚示范区，要把脱贫攻坚作为决胜全面建成小康社会最重要的任务，且要做到整合资源、凝心聚力、精准施策。

一是政府牵头，聚合各方力量，构建专项扶贫、行业扶贫、社会扶贫相辅相成的大扶贫格局，举全社会之力攻克脱贫难关。

二是要转换观念，摒弃“等、靠、要”的懒汉思想，发扬自力更生、艰苦奋斗、勤劳致富精神，激发脱贫的内生动力，增强造血功能。

三是实施整村扶贫提升工程。以贫困村为单位，将产业发展，基础设施、社会事业、环境整治、乡村治理、文化建设等项目捆绑打包，整合涉农资金，整村推进、同步实施。

四是让赣州整体执行深度贫困地区脱贫攻坚政策，在开展国家健康扶贫工作试点、农村保障房建设试点、“产业扶贫信贷通”试点等方面，给予相应的政策和资金支持。

五是创建产业扶贫示范区。从国家产业扶贫引导资金中安排风险缓释金，扶助贫困户发展致富产业。围绕特色农业扶贫、电商扶贫、旅游扶贫、光伏扶贫等项目，安排专项补助资金建设一批产业扶贫示范乡镇、示范村和示范户，发挥产业脱贫的示范和带动作用。

六是提高兜底政策保障标准。对于丧失劳动能力、自身没有经济来源的贫困人员，家有长期卧病在床、智障、精神病等重病、恶病成员的深度贫困家庭，要提高补助标准，保证已不能靠自己的勤劳来致富的这部分人能够摆脱贫困，同步进入小康。

二、加大对口支援支持力度

2017 年，26 个对口支援单位 36 位副职以上领导深入我市调研指导，其中，国土资源部、民政部、交通运输部、供销总社、国务院国资委、国家民航局 6 位部委主要领导亲自到我市调研。国家能源局、国台办、公安部等 14 个部委新出台年度支援帮扶文件或召开工作会议。对口支援部委结合自身优势，在政策、项目、资金等方面给予赣南苏区特殊政策扶持，国家、省对口支援单位共明确对口支援事项 196 项，已落实和基本落实 95 项；对口支援“促市”事项 120 项，已落实和基本落实 71 项。

对口支援部委抓住受援地经济社会发展尤其是民生方面的突出困难和问题，整合各种资源，加大支援力度，推动解决了一批重大问题。2017 年，对口支援部委支持县级层面项目 323 个、资金 26.2 亿元，在民生、重大基础设施、产业发展等方面解决了一批难题。

要进一步优化部委资源，深化“援县促市”。开展科研院所对口支援、央企对口支援、沿海发达地区对口支援赣州市工作。支持赣州市落实西部大开发差别化产业政策，全面参与国家层面西部大开发有关活动，从规划编制、项目编报审批、人才交流培训、区域交流合作、工作部署总结、会议研讨活动等方面全方位融入执行西部大开发政策。支持在财税、投资、金融、产业、国土资源、生态补偿、人才等领域持续加大对赣州市政策扶持力度，加大智力帮扶力度，更好地发挥扶持政策对振兴发展的引领作用。建议赣州市各级各部门要加强与国家有关部委的对接沟通，努力完善政策落实条件，增强政策扶持的针对性、实效性。

三、民生福祉和公共服务事业的支持对策

一是财政一般性转移支付资金、各类涉及民生的专项转移支付资金进一步向赣南倾斜，增加赣南城乡居民基本养老保险转移支付，使之达到全国革命老区市的平均水平。帮助解决健康扶贫、被征地农民参保的资金缺口等问题。在中央预算内投资、中央专项彩票公益金和部本级福彩公益金等资金分配上给予重点支持，促进赣南民政事业发展。

二是尽快实现国家贫困地区儿童营养改善项目和国家地中海贫血防控项目的全面覆盖。

三是加大赣南苏区卫生基础设施建设投入，加强对市、县两级医疗卫生机构的对口帮扶，实施中青年卫生人才培养项目，提升赣南苏区整体医疗卫生服务能力。

四是持续支持部省共建赣州市教育改革发展试验区。在支持学前教育发展中央专项资金和扩大学前教育资源中央奖补资金的带动下，多渠道、多层次筹集配套资金，普惠性发展学前教育；加快实施城区学校扩容工程，注重改善乡村义务教育条件，将罗霄山片区县政策延伸到苏区县，共同享受农村义务教育营养改善计划、乡村教师补助等政策，促进义务教育师资力量、经费投入、办学水平均衡发展；实施普通高中改造计划，化解普通高中债务，制定普通高中生均公用经费标准，努力提升高中办学质量，推动高中教育普及发展。进一步加强与教育发达地区的合作，助推赣南苏区教育事业发展。

四、加大人才技术支援和业务支持力度

对口支援部委派出第二批优秀干部实地挂职帮扶，为赣南老区带来了

最直接的人才资源，为赣南广大干部带来了观念革新、方法创新。充分发挥部委优势，帮扶加强干部和人才教育培训，全年累计开展专业人才技术培训6651人次，有效提升了干部工作视野和专业素养。如教育部支持赣州市免费培训教师3万人次，商务部组织全南县干部参加全国投资促进业务培训班，海关总署安排上海海关学院培训赣南有关干部99名，食品药品监管总局安排龙南县干部参加总局组织的各类业务培训班共计33期，国家统计局安排组织赣州市统计业务骨干参加了国家统计局各类业务培训班和专项培训班，国务院扶贫办在石城举办了定点帮扶县和江西省派单位驻村帮扶工作示范培训班等。科研机构和高校对口支援有效开展，省对口支持高校及科研机构明确了80项技术指导事项，已落实和基本落实40项。建议赣州市进一步做好对口支援干部培养和对接工作，成立专门性对口支援干部组织机构，组织对口支援干部参加统一性政治活动，创办相关刊物报道对口支援活动，彰显对口支援人员工作业绩。

第二节　赣州经济振兴发展的对策

一、创新理念，全面推进赣州经济振兴

进入中国特色社会主义新时代，我国主要矛盾已经转化为人民日益增长的美好生活需要和不平衡不充分的发展之间的矛盾。赣南苏区这种不平衡不充分的问题尤为突出，发展不足、经济欠发达的基本市情未变，从工业化发展阶段看，更是远远落后于全国和全省，加快推进新型工业化，跟上全国和全省的发展步伐，改变区域发展不平衡状况，实现同步全面小康，是一项紧迫的历史任务。但在新常态下，依靠简单扩大固定资产投资来带动增长的路子已行不通，必须坚定不移贯彻创新、协调、绿色、开放、共享的发展理念，坚持质量第一、效益优先，发挥后发优势，建设现代化经

济体系。把发展基点放在创新上，集中力量推进技术创新，加快发展以新技术、新产业、新业态、新模式为特征的新经济，转变经济增长动力；着力推进新型工业化、信息化、城镇化、农业现代化，促使经济社会协调并进；大力发展绿色、低碳、环保产业，形成覆盖城乡的资源循环利用体系，力促绿色崛起；主动参与构建陆海内外联动、东西双向互济的开放格局，开拓更加广阔的发展空间；合理调整收入分配结构，确保居民收入增长与经济增长同步，补齐民生短板，让发展成果更多、更公平、更实在地惠及苏区人民群众，实现经济社会又好又快发展。

二、做强供给体系质量，不断提升来增强经济竞争力

一是做优做强做大工业。应以产业链从加工制造向研发设计和营销服务两端延伸与提升为突破口，变制造业苦笑曲线为微笑曲线，尤其要注重发展工业设计，使之成为工业经济发展的主导因素，变单纯争夺现有市场为开拓新的市场需求。促进互联网、大数据、人工智能和实体经济深度融合。建议国家适当放宽赣南苏区具备的资源优势和具有市场需求的行业准入限制，扶持优势比较明显的产业项目优先发展，并在企业技术改造、工业转型升级、重大科技专项等方面给予倾斜，引导优强企业落户赣州市重大产业平台，推动赣南新能源汽车科技城、现代家居城“中国稀金谷”“青峰药谷”和赣粤电子信息产业带的建设。培育壮大新能源汽车、稀土钨新材料、现代家居、生物制药和电子信息等优势产业集群，建造带动能力强的经济航母。

二是加快发展现代服务业。鼓励境内外金融机构在赣州设立经营性分支机构，推进产业与金融的全面嫁接，加强金融产品创新，量身定制适应赣南苏区振兴需要的金融产品。为企业发行债券、并购重组、新三板挂牌等开辟绿色通道。大力发展绿色金融，促使绿色资源转换为绿色资产。着力推进赣州综合物流园、赣州港多式联运示范基地和赣州冷链物流中心建设，形成布局合理、便捷高效的现代化物流网络。打造一批电子商务示范基地和产业集聚区，创建国家跨境电子商务综合试验区。推广线上线下互动社区、电子商务、移动电子商务等新模式。高标准、高起点、组团式开

发丰富的旅游资源，建成全国著名红色旅游目的地，形成若干个在省内外有竞争优势的旅游产品、旅游线路、旅游企业和公共服务体系。鼓励和支持健康产业、医疗养生、文化创意、信息咨询等新兴服务业发展。

三是致力于农业提质增效。唱响“生态赣南、绿色食品”品牌，推进绿色农业标准化，产业化、规模化生产，满足广大消费者日益增长的绿色农产品需求。创建以赣南脐橙为特色的国家现代农业示范区，打造江南重要的蔬菜集散地，扩大赣南油茶的市场占有率，形成一批国内外知名度高的拳头产品。实施“一县一园工程”，建成覆盖不同产业类型，具有不同地域特色，示范带动作用强的现代农业产业园，以促进现代农业发展。

三、寻找发展动力，推进赣州经济全面转型

赣南苏区的创新驱动力弱，研发投入仅占当地 GDP 的 1.2%，不到全国平均水平的一半，这一指标的小康实现程度仅为 44.58%，存在很大的差距。全市只有不足 10%的规模以上工业企业有研发机构，创新主体尚未进入创新主战场。要改变赣南苏区的落后面貌，必须补平创新能力薄弱的这块短板。

一是在加大财政投入的基础上，引导全社会多渠道、多层次增加科技投入，提高科技投入强度，增加科技投入总量。认真落实企业研发经费投入的有关政策，引导企业开展研发活动。

二是制定更加优惠的政策，采取更加有力措施，营造更加良好的环境，鼓励和支持规模以上企业建立研发机构，加大对企业技术中心和工程中心等研发机构的扶持力度，使企业真正成为创新主体，改变长期以来创新主体缺位的状况，让各种创新要素源源不断地汇集于企业，促进企业加快产品创新、产业组织创新、经营管理创新。

三是构建“多元开放、集成高效”的协同创新体系，促进开发类科研院所进入企业，建立多种形式的密切合作关系，促进创新要素有机融合，优质资源充分共享。

四是扩大面向国内外的科技合作交流，高度重视“引技、引智”工作，引进一批优势科研机构、人才、项目、成果，广泛集聚国内外创新资源。

五是以创新支撑产业转型升级，聚焦战略性新兴产业，组织科技专项研发，建设国家重要的新能源汽车研发中心；推动赣州钨新材料产业基地上升为国家新型工业化示范基地；发展全国实木家具知名品牌示范区，培育一批自主品牌企业；依托青峰药业和国家重点实验室优势，大力开展新药研究和创制，促进现代中药、化学药制造等深度研发和加工；积极争取设立“电子薄膜集成器件国家重点实验室”赣州分实验室。运用现代信息技术和“互联网+”促进信息化和工业化相互融合，注重用高新技术改造传统优势产业。在新兴服务业和社会卫生领域，着力提升科技含量和现代化水平，形成新兴产业集群。

四、利用国家战略，谋划在江西省区域经济发展中的地位

要不断提升赣南在全国区域经济发展中的地位和作用。国家在推进实施“一带一路”、长江经济带，以及规划建设粤港澳大湾区等国家战略中，把赣州市作为重要节点城市以及承接先导型产业的重要基地，谋划设立国家赣州经济特区或国家级章康新区，推动融入我国开放最前沿方阵。江西省大力实施“双核”驱动战略，集中资源将赣州市建设成支撑江西南部发展的核心增长板块，形成省会南昌、省域副中心城市赣州双核驱动全省发展的新格局。推动开展央企对口帮扶赣南工作，实行一个央企对口帮扶一个国家级产业园区，落实一个重大产业牵引项目。

五、要大力支持瑞兴于产业园区和“三南”产业园区一体化发展

其一，大力发展条块经济。加快谋划和推进高铁经济带、东江生态经济带、赣粤赣闽产业合作示范区、瑞（金）兴（国）于（都）经济振兴试验区、“三南”承接加工贸易转移示范地等建设，着力打造经济发展新引擎。

其二，大力发展新制造经济。赣州市要加快推进“中国制造 2025”

试点示范城市建设，加快实施“互联网+”协同制造行动计划，大力发展智能制造为重点的新制造产业，进一步改造提升传统优势产业，推动“两城两谷一带”建设，加快打造若干个千亿元支柱产业集群和一批百亿元新兴产业集群。支持赣州建设中国“稀金谷”。在有色金属产业布局时，将赣州高新区列为国家稀有金属产业基地，并将稀有金属产业重大项目向赣州高新区倾斜；支持中国“稀金谷”纳入国家双创平台，在专项建设基金和其他政策扶持资金中予以倾斜；支持赣州高新区申报“军民融合钨和稀土有色金属新材料产业基地”，在军民融合工程中予以倾斜；支持赣州高新区内稀有金属企业参与国家有色金属企业商业储备试点工作。支持赣州新能源汽车及配套产业发展。支持赣州经济技术开发区建设国家级新能源汽车产业基地；帮助协调引进东风、一汽、上汽等新能源汽车优势整车及关键零部件项目落户赣州；支持赣州市优先申报新能源乘用车整车生产资质。

其三，大力发展新服务经济。推动生产性服务业向专业化和价值链高端延伸、生活性服务业向精细化和高品质转变，着力培育服务业新业态、新模式，加快建设全国服务业发展示范基地。

其四，要培育创新型领军企业。支持赣州经开区创建国家级“双创”基地，建设一批国家技术创新中心，增强企业研发能力，引导推动产业技术水平的提升。对中小企业要建立和完善技术创新服务平台，加快推动高校和科研院所向中小企业开放共享创新资源。培育一批掌握行业“专精特新”技术的“隐形冠军”，催生更多创新型企业。

六、完善基础设施，加强开放口岸

从全面融入国家“一带一路”倡议、长江经济带战略去考量，赣州市的基础设施建设需要补短强基、降本增效，通过提供更高效的基础设施服务，提高区域发展竞争优势，强化在开放新格局的重要地位。

（一）加快交通运输发展的对策

其一，加快高速铁路与城际铁路建设。建议加快南昌至赣州、赣州至深圳高速铁路建设，将兴（国）泉（州）铁路由建设普通铁路标准提高到以客为主兼顾货运的快速铁路标准，提高通往沿海城市的铁路等级，实现中部地区达到沿海地区的快速客运通道。推进长沙至赣州高速铁路建设前期工作，打通对接成渝经济区、“一带一路”西南桥头堡的西南通道。规划建设赣州到广州高铁、赣州到福州城际铁路。推进南丰至瑞金城际铁路的前期工作，完善瑞兴于地区的对外通道。

其二，加强机场及航空口岸建设。提升赣州黄金机场航空口岸功能，建设瑞金机场以及龙南、宁都等通勤机场。

其三，加强综合枢纽站场建设。按照一体化建设理念，加强铁路站场与城市交通、公路客运枢纽一体化建设，加强铁路站场设置与城市发展规划的衔接，使站场枢纽不仅是交通集散中转平台，更是城市与产业发展的极核。加强公铁综合物流园区建设。

其四，加强对既有干线公路穿城改线及繁忙路段扩能改造项目支持，将所涉及的改线及改扩建项目按项目类别纳入交通运输部或省级项目库，并对项目给予车购税资金倾斜支持。

其五，加快赣州港、龙南保税物流中心、综合保税区等开放口岸以及平台建设，支持赣州市建成我国中部地区重要的内陆口岸，要加快水运建设。依托长江黄金水道建设，积极推进赣州——吉安——峡江三级通航。

（二）推动能源与水利建设建议

其一，加强水利设施建设。支持赣州市洋前坝、黄坑口、茶坑三座中型水库建设。加强城镇防洪工程建设，提高城镇防洪标准，结合城市河流景观改造，加强河流防洪设施建设。支持上犹江引水工程暨龙华水厂加快建设，寻乌太湖水库完成主体工程建设。

其二，加快能源通道建设。加快赣州交直流特高压输变电工程建设，提高接纳大电源能力，改变单一电源结构。积极发展风电、水电、太阳能等清洁能源点建设。推进成品油、天然气管道建设，支持建设赣州天然气及成品油仓储基地。

其三，加快促进华能瑞金电厂二期复工和神华国华信丰电厂项目前期工作，促进一批500千伏、200千伏输变电工程和油气管道工程建成投产。

七、加快区域平台建设

全力推动瑞兴于经济振兴试验区建设破题运作。市政府出台支持瑞兴于经济振兴试验区建设的意见和方案，启动编制试验区产业发展规划，实施试验区重大项目三年滚动计划，赋予试验区市级经济社会管理权限，开展市直单位对口支援试验区工作，形成“1+N”支持政策体系，构筑了老区中的“特区”；探索开展试验区统一对外招商推介，举办瑞兴于“3+2”经济振兴试验区（厦门）产业合作推介会，打响了“瑞兴于”品牌；创新园区体制机制，推动兴国县、于都县、宁都县、石城县工业园区整合纳入瑞金国家级经开区，实施“一区五园”管理模式，打造数字共享、对外统一、互联互通、优势互补、错位发展的跨区域国家级工业发展平台。“三南”一体化加速推进，启动编制“三南”一体化总体规划；推动全南县、定南县工业园区整合纳入龙南国家级经开区，实现园区一体化融合发展；举办了“三南”园区一体化发展（广州）产业合作推介会。

第三节 赣州市生态振兴的对策

一、筑牢生态屏障，建设全国生态文明试验区

赣州市在建设我国南方地区重要生态屏障中具有重要地位。建议国家进一步加大对赣州市生态建设的投入，支持赣州市推进实施国家山水林田湖生态保护修复试点市、东江流域上下游横向生态补偿、低质低效林改造、农村环境综合整治、水土保持、重金属污染综合防治、废弃矿山修复治理、重点流域区域水污染防治等重大生态项目，切实巩固生态屏障作用。建议赣州市在加快振兴发展的同时，持续提升生态环境质量，严格落实生态空

间保护的管控红线，实施产业准入负面清单制度，保持绿色发展优势，建成全国生态文明试验区、港澳台沿海地区休闲后花园。

二、推进绿色发展，争当生态文明试验区建设排头兵

（一）加大生态保护力度

以前所未有的决心、力度推进生态文明建设，着力构筑我国南方地区重要生态屏障。争取多年的东江流域上下游横向生态补偿机制得到落实，全年获得奖补资金 3 亿元，出境断面水质达标率 100%。森林质量明显提高，10 年改造 1000 万亩低质低效林首战告捷，完成首批 68.23 万亩改造任务，阔叶树比重达到 25%以上，森林覆盖率稳定在 76.4%以上。崇义县获批全国首批县级国家级森林城市创建县，上犹县入选省生态文明建设十大领跑县。

（二）扎实推进生态治理

赣州市获批山水林田湖草生态保护和修复试点，20 亿元中央基础奖补资金全部到位，筹集 183 亿元推进试点实施，首批 28 个项目全部开工。废弃矿山治理工程全面推进，全年完成治理面积 19.1 平方公里，累计完成 83.77 平方公里。赣州市（中心城区）、会昌县列为省级循环经济示范城市，瑞金经开区、于都工业园区列为省级园区循环化改造试点。赣州市医疗废物集中处置中心异地技改（搬迁）项目、信丰工业固体废物处置中心项目和赣州市中心城区污水处理厂污泥无害化处置项目三个重大项目取得积极进展。深入实施节能减排示范工程，单位 GDP 能耗下降 3%。

（三）创新生态文明制度

在全省率先实行生态文明建设领导干部约谈制度，设立市山水林田湖生态保护中心，崇义县完成领导干部自然资源资产离任审计试点，兴国县、于都县列入省自然资源资产负债表编制试点，安远县成立全省首支生态综合执法大队。

三、协同申报“赣粤闽原中央苏区生态补偿机制试验区”的相关建议

（一）加强赣粤闽政府官员之间交流，举办生态补偿问题高峰论坛，尤其要促进思维观念的协调统一

申报“赣粤闽原中央苏区生态补偿机制试验区”，涉及赣粤闽三地多个基层地方政府。各个基层地方政府在整个生态系统中处于不同生态位，其希望谋求的利益和诉求点是不一样的，但申报“赣粤闽原中央苏区生态补偿机制试验区”有利于从中央获取补偿资金，对相关地方政府环境保护均有利。此外，通过加强赣粤闽政府官员、学者之间交流，通过举办生态补偿问题高峰论坛，使各级政府领导认识到申报“赣粤闽原中央苏区生态补偿机制试验区”的重要性。申报“赣粤闽原中央苏区生态补偿机制试验区”可以促进赣粤闽原中央苏区从整个生态系统视角进行顶层设计，这对于协调好赣粤闽原中央苏区经济发展与生态保护矛盾关系，为促进赣粤闽原中央苏区持续健康发展将起到至关重要的作用。因此，观念的交流、思想的交汇将为申报“赣粤闽原中央苏区生态补偿机制试验区”做好舆论准备和技术方案准备。

（二）做实申报内容，将许多申报内容尽量落实到具体项目层面

在对赣粤闽原中央苏区的生态保护顶层设计中，要不断将申报内容尽量落实到具体项目层面，既体现系统性，又强调具体性和可操作性。在赣粤闽原中央苏区生态补偿机制试验区申报内容中，设计专门章节阐述“如何推进武夷山、罗霄山、玳瑁山山脉为核心的区域中部分县（市）补充纳入国家重点生态功能区范围”，设计专门章节阐述“东江源、抚河源、赣江源、闽江源、九龙江源、新丰江源尽快纳入国家生态补偿试点”相关方案和计划。

第四节 赣南苏区振兴战略调整及政策建议

一、启动“十四五”赣南等原中央苏区振兴发展战略

赣南苏区振兴发展起点较低，历史欠账大，到2020年与全国同步实现全面小康，发展水平也相对较低。建议国家启动“十四五”时期的赣南等原中央苏区振兴发展战略，提出巩固扩大振兴发展成果、纵深推进《若干意见》实施的政策建议，谋划出台赣南等原中央苏区新一轮振兴发展的实施意见，明确到2020年赣南等原中央苏区实现全面建成小康社会后，深化《若干意见》扶持政策，并根据新阶段新要求，赋予赣南新的振兴目标任务、战略定位，在“十四五”时期新的发展起点上实现全面崛起和跨越，将赣州市建设成为早日实现“中国梦”的全国革命老区振兴示范区。

二、强化对《若干意见》政策实施的保障

要进一步优化对新阶段苏区振兴发展的政策设计，编制实施赣南苏区振兴项目三年滚动计划（2018~2020年）以巩固和扩大原有政策成果。充分发挥部际联席会议等机制作用，加强对《若干意见》政策落实情况的跟踪评估，协调解决苏区振兴发展中的重大事项，重大问题适时向国务院报告。建议赣州市完善加强对《若干意见》政策落地、实施和转化的机制，深化政策落实成果，加快将扶持政策优势转化为加快发展优势，推动经济保持更好更快追赶势头，促进基本公共服务水平接近或达到全国平均水平，确保如期实现与全国同步实现全面建设小康社会的目标。

对《若干意见》尚未落实的10项政策事项，因国家部委政策调整变化，要根据政策变化的方向，对赣州市予以调整政策的支持；因赣州市自身条件不完善未落实的政策，国家、江西省有关部门要加强指导，帮助赣

州市尽快完善政策实施条件。

三、推进苏区振兴发展作风建设与管理创新

要密切跟踪《若干意见》各项政策落实情况，每季度开展一次赣南苏区振兴发展工作督查，对部际联席会议、省赣南等原中央苏区振兴发展工作领导小组会议、省支持赣南苏区振兴发展工作推进会研究协调事项落实情况，以及《若干意见》尚未落实事项推进情况等重点工作进行专门督查。市委、市政府下发全市北上争资争项工作考评办法，将北上争资争项工作列为各县（市、区）科学发展综合考核评价和市直（驻市）单位年度绩效考核评价的重要内容。

参考文献

［1］周黎安，陈烨．中国农村税费改革的政策效果：基于双重差分模型的估计［J］. 经济研究，2005（8）：44-53.

［2］陈林，伍海军．国内双重差分法的研究现状与潜在问题［J］. 数量经济技术经济研究，2015，32（7）：133-148.

［3］叶芳，王燕．双重差分模型介绍及其应用［J］. 中国卫生统计，2013，30（1）：131-134.

［4］李成，张玉霞．中国“营改增”改革的政策效应：基于双重差分模型的检验［J］. 财政研究，2015（2）：44-49.

［5］钱雪松，康瑾，唐英伦，曹夏平．产业政策、资本配置效率与企业全要素生产率——基于中国2009年十大产业振兴规划自然实验的经验研究［J］. 中国工业经济，2018（8）：42-59.

［6］刘瑞明，赵仁杰．西部大开发：增长驱动还是政策陷阱——基于PSM-DID方法的研究［J］. 中国工业经济，2015（6）：32-43.

［7］郑新业，王晗，赵益卓．“省直管县”能促进经济增长吗？——双重差分方法［J］. 管理世界，2011（8）：34-44，65.

［8］蒲龙．西部大开发战略对重点县经济发展的影响［J］. 财经问题研究，2017（2）：105-111.

［9］沈坤荣，金刚．中国地方政府环境治理的政策效应——基于“河长制”演进的研究［J］. 中国社会科学，2018（5）：92-115，206.

［10］左翔，殷醒民，潘孝挺．财政收入集权增加了基层政府公共服务

支出吗？以河南省减免农业税为例［J］. 经济学（季刊），2011，10（4）：1349-1374.

［11］周国兰，季凯文. 赣南等原中央苏区在全国发展格局中的战略定位及发展建议［J］. 江西社会科学，2012，32（10）：248-252.

［12］孔柠檬，刘桂莉. 赣南苏区发展的滞后性及发展振兴政策建议［J］. 苏区研究，2016（6）：114-123.

［13］李志萌，张宜红. 革命老区产业扶贫模式、存在问题及破解路径——以赣南老区为例［J］. 江西社会科学，2016，36（7）：61-67.

［14］刘善庆，尤琳，张明林，黎志辉. 赣南新型农业经营主体助推脱贫攻坚情况调查［J］. 苏区研究，2017（2）：122-128.

［15］黄小勇. 赣南等原中央苏区振兴发展的财税政策研究［J］. 江西师范大学学报（哲学社会科学版），2012，45（5）：86-91.

［16］高小琼. 金融支持赣南苏区振兴发展的思考与对策［J］. 金融与经济，2012（11）：9-13.

［17］季凯文. 赣南苏区新一轮开放合作的现实基础与战略选择［J］. 苏区研究，2016（5）：123-128.

［18］谢宝河. 赣南等原中央苏区发展战略的提出、推进及其攻坚对策［J］. 苏区研究，2015（1）：114-123.

［19］卢新波，黄滕，郑建明. 经济分权与县域经济增长：以浙江省为例［J］. 财经论丛，2011（1）：3-8.

［20］Tiebout C M. A Pure Theory of Public Expenditures［J］. Journal of Political Economy，1959，64.

［21］王小鲁，樊纲，刘鹏. 中国经济增长方式转换和增长可持续性［J］. 经济研究，2009，44（1）：4-16.

［22］蔡昉. 人口转变、人口红利与刘易斯转折点［J］. 经济研究，2010，45（4）：4-13.

［23］干春晖，郑若谷，余典范. 中国产业结构变迁对经济增长和波动的影响［J］. 经济研究，2011，46（5）：4-16，31.

[24] 白重恩，王鑫，钟笑寒．出口退税政策调整对中国出口影响的实证分析 [J]. 经济学（季刊），2011，10（3）：799-820.

[25] 田存志，付辉，刘可．紧缩性货币政策的投资异质效应 [J]. 经济学动态，2014（7）：23-31.

[26] 刘愿．广东省区际产业转移与环境污染——基于21个地级市面板数据双重差分的实证研究 [J]. 产业经济评论，2016（4）：91-106.

[27] 洪俊杰，刘志强，黄薇．区域振兴战略与中国工业空间结构变动——对中国工业企业调查数据的实证分析 [J]. 经济研究，2014，49（8）：28-40.

[28] 毛其淋．西部大开发有助于缩小西部地区的收入不平等吗——基于双倍差分法的经验研究 [J]. 财经科学，2011（9）：94-103.

[29] 周吉，曾光，龙强．推进赣南苏区产业精准扶贫的对策研究 [J]. 苏区研究，2016（2）：122-128.

[30] 许永兵．河北省经济发展质量评价——基于经济发展质量指标体系的分析 [J]. 河北经贸大学学报，2013，34（1）：58-65.

[31] 汪晓梦．基于主成分分析的安徽省经济开发区发展评价 [J]. 重庆交通大学学报（社会科学版），2018，18（1）：75-79.

[32] 孙冰，王成新，王波涛．山东省开放型经济发展水平评价 [J]. 合作经济与科技，2018（17）：4-8.

[33] 李云霞．河北省与湖北省经济发展比较分析 [J]. 河北企业，2018（1）：47-48.

[34] 朱远程，谭敏．北京经济发展指标体系构建及实证研究 [J]. 商业经济研究，2012（2）：136-137.

[35] 张彩霞，吕伟彩，付小明．基于科学发展观的区域经济发展评价指标体系研究 [J]. 经济与管理，2010，24（11）：84-87.

[36] 商伊娜．赣南苏区县域经济产业结构影响因素实证分析 [J]. 经济研究参考，2016（55）：59-63.

[37] 黄金岭，邓婕．区域金融中心与振兴赣南原中央苏区发展 [J].

杭州金融研修学院学报，2013（11）：29-32.

[38] 史文清．弘扬苏区精神，促进赣南苏区振兴发展［J］. 党史文苑，2012（24）：4-6.

[39] 朱金英．新常态下赣南苏区县域经济发展战略研究［J］. 管理观察，2017（29）：88-90.

[40] 吴义丹，李静，李明娟，等．赣南原中央苏区产业结构分析［J］. 企业技术开发，2015，34（4）：67-70.

[41] 欧阳妤．株洲市民生政策执行存在的问题及对策研究［D］. 湖南大学，2018.

[42] 张明林，刘善庆．民生发展与改革实践——赣南苏区研究［M］. 北京：经济管理出版社，2017.

[43] 刘善庆，张明林．共享理念下的赣南等中央苏区脱贫攻坚研究［M］. 北京：经济管理出版社，2017.

[44] 禹明晓．怀化市民生建设的现状与对策研究［D］. 湘潭大学，2016.

[45] 孙锦程．当代我国民生问题探讨［D］. 吉林财经大学，2016.

[46] 黄光琳．新时期赣南农村民生建设研究［D］. 江西理工大学，2015.

[47] 许萍．民生指标体系及评价方法研究［D］. 湖南大学，2015.

[48] 王贤斌．民生指标体系的构建与评价探讨［J］. 宁波经济（三江论坛），2015（11）：37-39.

[49] 李晓园，钟业喜，黄小勇．振兴原中央苏区的现实条件、产业布局和财政税收政策研究［M］. 北京：中国社会科学出版社，2014.

[50] 王青，王娜．民生统计指标体系的构建与评价［J］. 统计与决策，2014（17）：26-28.

[51] 李辉，相迎昌．关于我国农村民生指标体系构建的思考［J］. 中国市场，2014（27）：115-117.

[52] 康锦．民生评价指标体系的构建与应用［D］. 山东财经大

学，2013.

［53］康琼花．“社会公平正义”与赣州农村民生建设——《国务院关于支持赣南等原中央苏区振兴发展的若干意见》［J］．参花（下），2013（11）：160.

［54］赵西超．民生指标体系的构建及评价研究［D］．江西财经大学，2012.

［55］江西省统计局．江西省统计年鉴［M］．北京：中国统计出版社，2013.

［56］江西省统计局．江西省统计年鉴［M］．北京：中国统计出版社，2014.

［57］江西省统计局．江西省统计年鉴［M］．北京：中国统计出版社，2015.

［58］江西省统计局．江西省统计年鉴［M］．北京：中国统计出版社，2016.

［59］江西省统计局．江西省统计年鉴［M］．北京：中国统计出版社，2017.

［60］国务院关于支持赣南等原中央苏区振兴发展的若干意见（国发〔2012〕21 号）［Z］. 2012-7-02.